U0676809

"双创"教育与"双创"空间探究

张　超　张育广　著

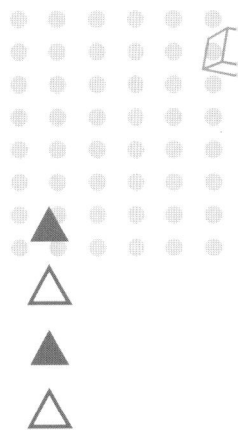

暨南大学出版社
JINAN UNIVERSITY PRESS

中国·广州

图书在版编目（CIP）数据

"双创"教育与"双创"空间探究/张超，张育广著. —广州：暨南大学出版社，2021. 8

ISBN 978 – 7 – 5668 – 3139 – 2

Ⅰ.①双…　Ⅱ.①张…　②张…　Ⅲ.①大学生—创业—研究—中国
Ⅳ.①G647.38

中国版本图书馆 CIP 数据核字（2021）第 077210 号

"双创"教育与"双创"空间探究

"SHUANGCHUANG" JIAOYU YU "SHUANGCHUANG" KONGJIAN TANJIU

著　者：张　超　张育广

出 版 人：张晋升
责任编辑：郑晓玲　王熳丽
责任校对：苏　洁
责任印制：周一丹　郑玉婷

出版发行：暨南大学出版社（510630）
电　　话：总编室（8620）85221601
　　　　　营销部（8620）85225284　85228291　85228292　85226712
传　　真：（8620）85221583（办公室）　85223774（营销部）
网　　址：http://www.jnupress.com
排　　版：广州尚文数码科技有限公司
印　　刷：佛山市浩文彩色印刷有限公司
开　　本：787mm×1092mm　1/16
印　　张：15
字　　数：300 千
版　　次：2021 年 8 月第 1 版
印　　次：2021 年 8 月第 1 次
定　　价：65.80 元

（暨大版图书如有印装质量问题，请与出版社总编室联系调换）

前　言

习近平总书记在党的十九大报告中指出：创新是引领发展的第一动力。在国家实施创新驱动发展战略的背景下，人才是建设创新型国家的关键。但当前高校创新创业人才培养供给侧和社会经济发展需求侧在结构、类型和水平上未能完全匹配，"两张皮"的现象仍然存在。教育部部长陈宝生指出：推动高校创新创业教育改革是高等教育综合改革的突破口，是服务经济结构转型、发展动能转换的根本需要。

当前，大众创业、万众创新取得新进展。创新创业的条件更加便利，创业带动就业渠道更趋多元，创新创业的科技基础更加坚实，创新创业支撑平台的效能更加强劲，全社会的创新创业氛围更加浓厚。

高校创新创业教育也取得新成效。近年来，教育部实施了一系列有力举措，把创新创业教育融入素质教育各环节、人才培养全过程，推动人才培养模式实现了"两个转变"：一是自就业从业教育到创新创业教育的转变，以创新引领创业、以创业带动就业，形成高校毕业生更高质量创业就业的新局面；二是人才培养机制的转变，通过创新创业教育，打破学科专业、产业与学校之间的壁垒，产生了令人欣喜的"破壁效应"，推动了多学科交叉融合、跨学科学习、校内外协同的实现。

然而，纵观当前国内高校创新创业教育现状，可以发现国家在推进创新创业教育改革过程中依然面对诸多新的挑战、新的困境、新的瓶颈，它们都在不同程度地制约着国内高校创新创业教育的改革与发展。

不断探索，势在必行。

本书的"双创"教育是指高校创新创业教育；"双创"空间是指各类众创空间、科技企业孵化器、加速器等。笔者在前期研究和实践的基础上，聚焦"双创"教育和"双创"空间两大方面，针对"双创"教育生态系统、以众创空间为主要载体的"双创"空间以及创新创业生态圈进行了深入研究。

一、"双创"教育生态系统

2015 年，国务院办公厅印发《关于深化高等学校创新创业教育改革的实施意见》，从国家层面作出系统设计、全面部署，推动高等学校创新创业教育的深化改革。在国家实施创新驱动发展战略的背景下，国内高校纷纷把深化创新创业教育改革作为学校的重要战略任务，不断深入探索、实践，逐渐形成各具优势和特色的创新创业教育模式。但是，相比于国外创新创业教育的成熟发展，我国高校的创新创业教育起步较晚，发展历程短，尚未系统建立创新创业教育学科体系，依旧以要素式研究方法破解创新创业教育改革发展的问题，以碎片化、孤立化的思维指导创新创业教育实践，割裂了教育生态要素间的相互联系、需求及其内在逻辑，使得高校、政府、社会和企业等各方主体间缺乏有效沟通，导致在教育实践过程中出现严重的"孤岛现象"。

高校作为服务地方经济发展的主力军，肩负着为推动区域实施创新驱动发展战略、培养创新创业人才的重任，但又面临着经费不足、学科力量薄弱、师资队伍力量不强等现实困境。因此，探索如何更有效地整合、组织各类为高校创新创业人才培养服务的教育因素和支持体系，构建完善的创新创业教育生态系统，分析生态系统各构成要素的交互作用，促使高校创新创业教育在产业内或区域内形成资源互补和良性互动，就显得尤为重要与紧迫。

本书尝试以教育生态学、生态系统等理论为依据，根据高校创新创业人才的培养和成长规律，借鉴教育生态的思维和方法，利用生态位理论，分析创新创业教育生态要素的交互作用机制，寻找各生态要素的合理生态位，探索构建高校创新创业教育生态系统，以生态式推进模式改革创新创业教育，克服既有的要素式顽疾。

二、高校众创空间

众创空间是一种新型的创新创业孵化平台。高校众创空间对提升学生创新创业能力，提高就业竞争力和创业成功率，推动地方经济产业转型升级具有重要的意义。当前，高校众创空间具有公益性、全程化、便利化、开放式等特点，也存在共治合力尚未形成、师资队伍有待加强、优势特色有待发掘、评价体系有待建立等新的问题。本书将高校众创空间的功能定位为非营利性的服务平台、人才培养的试验园区、开放式的资源集聚地、知识产权和技术转移中心，分析其如何从创新创业教育、创新创业训练、创业孵化服务、打造创客文化等方面进行建设实践，设计管理团队、管理制度、进退机制、运营支持等运行机制，确立建设理念、建设虚实平台、组建师资队伍、营造文化氛围。本书还探寻了众创空间实现科教融合、跨界融合、要素融合、产教融合的发展路径，以推动其向 GIS（群体创新空间）、"前孵化器"、PNP 创业孵化器发展。

三、粤港澳大湾区"双创"空间

在粤港澳大湾区建设背景下，"双创"空间成为创新创业孵化服务在社会化进程中的重要载体，对深入推进粤港澳协同创新发展发挥着重要作用。本书针对粤港澳大湾区"双创"空间建设存在的市场壁垒、结构性矛盾、供求关系割裂和协同机制缺乏等问题，探讨如何通过多层面制度创新、全局化空间重构和多维度协同机制创建等路径，建立"双创"空间跨区域融合发展的机制体制，促进"双创"空间集群发展，打造"双创"空间协同创新生态系统，建成深度融合创新链、价值链和产业链的区域协同创新共同体，进而实现湾区内"双创"空间的功能互补、协同合作和错位发展。

四、环广州大学城创新创业生态圈

广州大学城作为广州高水平大学最为集中的区域，拥有突出的知识、人才、软硬件设备、科研机构和服务等创新资源优势，对环大学城创新创业资源形成强大吸附和辐射作用。从创新价值链的角度梳理、整合环大学城创新创业优势资源，结合区域产业链结构部署创新链，布局和建设环广州大学城创新创业生态圈，构建全链条式的科技创新孵化体系，提升高校科技创新成果有效转化率，形成更为紧密的"政产学研用"结合体，为区域经济发展培育新动能，对实施广州大学城提升计划、提高广州科技创新治理水平、推动广州建设成为国际科技创新枢纽具有重要的现实意义。

本书是广东省哲学社会科学"十三五"规划2020年度学科共建项目"新工科背景下高校众创空间的价值共创实现机制及其路径研究——基于平台理论视角（GD20XMK16）"研究成果，并由该项目经费部分资助出版。此外，本书也是广州市哲学社会科学发展"十三五"规划共建课题项目"新工科视域下多学科交叉融合的高校创新创业生态研究"（2019GZGJ75）、广东省教育科学"十三五"规划2019年度高校就业创业研究项目"新工科建设背景下大学生创新创业能力培养路径研究"（2019JKCY005）、2017年广东省科技发展专项"广东工业大学创新创业服务中心"（2017A040403065）和2019年广东大学生科技创新培育项目（"攀登计划"专项）"粤港澳大湾区国家级众创空间的发展模式及实效性分析"（pdjh2019a0149）的先导性理论与实践探究成果。以上项目研究对本书内容进行了实践检验且进一步丰富了本书内涵。

本书主要由张超、张育广撰写，各篇章参与撰写者名单如下：第一篇为张育广、张超，第二篇为张超、张育广、王靖，第三篇为张育广、张超、许金镇、王靖，第四篇为张超、李清霞、张育广、王亚煦，第五篇为张超、张育广、刘贻新。

在撰写本书过程中，丁焕峰、许泽浩、罗嘉文等教授、同事和好友给予了无私帮助，谨致谢忱。

张超　张育广

2021年7月

（作者分别系广东工业大学信息工程学院讲师和广东工业大学政法学院研究员）

目 录
CONTENTS

第一篇

研究现状与经验借鉴

习近平总书记在党的十九大报告中指出：创新是引领发展的第一动力。在国家实施创新驱动发展战略的背景下，人才是建设创新型国家的关键。但当前高校创新创业人才培养供给侧和社会经济发展需求侧在结构、类型和水平上未能完全匹配，"两张皮"的现象仍然存在。教育部部长陈宝生指出：推动高校创新创业教育改革是高等教育综合改革的突破口，是服务经济结构转型、发展动能转换的根本需要。

本篇将依据《2018年中国大众创业万众创新发展报告》，首先，简要介绍我国大众创业、万众创新取得的新进展和高校创新创业教育取得的新成效，并从政府、高校、学生、社会四个维度进行客观梳理并深入分析创新创业教育面临的新挑战与新问题；其次，运用文献分析法，阐述国内外创新创业教育的研究现状、创新创业教育生态系统的研究现状及其价值意义，并对其未来发展趋势进行预测。此外，本篇运用案例分析法，介绍了斯坦福大学、麻省理工学院、慕尼黑工业大学这三所欧美知名大学培育创新创业教育生态系统的经验，以资借鉴。

第一章　创新创业教育的发展概况及困境

2015 年，国务院办公厅印发《关于深化高等学校创新创业教育改革的实施意见》，从国家层面作出系统设计、全面部署，推动高等学校创新创业教育的深化改革。[①] 在国家实施创新驱动发展战略的背景下，国内高校纷纷把深化创新创业教育改革作为学校的重要战略任务，不断深入探索、实践，逐渐形成各具优势和特色的创新创业教育模式。但是，相比于国外创新创业教育的成熟发展，我国高校的创新创业教育起步较晚，发展历程短，尚未系统建立创新创业教育学科体系，依旧以要素式研究方法破解创新创业教育改革发展的问题，以碎片化、孤立化的思维指导创新创业教育实践，割裂了教育生态要素间的相互联系、需求及其内在逻辑，使得高校、政府、社会和企业等各方主体间缺乏有效沟通，导致在教育实践过程中出现严重的"孤岛现象"。[②]

一、创新创业教育的发展概况

（一）大众创业、万众创新取得新进展

2019 年 12 月，按照党中央、国务院部署要求，国家发展改革委会同有关部门编撰了《2018 年中国大众创业万众创新发展报告》。该报告介绍了该年度我国大众创业、万众创新的发展全貌，主要包括如下新进展[③]：

1. 创新创业更加便利

全国深入推进放管服改革，进一步清理、取消、压减一批行政许可事项，普及推广"照后减证"，压缩企业开办时间，加强社会信用体系建设，完善相关行业监管机制，提升政务服务水平，使创新创业生态更加优化。

---

① 国务院办公厅关于深化高等学校创新创业教育改革的实施意见［EB/OL］.（2015 – 05 – 13）. http://www.gov.cn/zhengce/content/2015 – 05/13/content_ 9740. htm.

② 田贤鹏. 教育生态理论视域下创新创业教育共同体构建［J］. 教育发展研究，2016，36（7）：66 – 72.

③ 国家发展和改革委员会. 2018 年中国大众创业万众创新发展报告［M］. 北京：人民出版社，2019.

2．创业带动就业渠道更加多元

鼓励和支持科研人员开展科技创业，强化大学生创新创业教育培训，健全农民工返乡创业服务体系，完善退役军人自主创业支持政策，为归国和外籍人才创业提供便捷服务，引导更多女性、港澳青年、台胞、侨胞参与创新创业，为不同群体创造价值、实现梦想和就业致富提供更有效的途径。

3．创新创业科技基础更加坚实

在重点领域和关键环节新建一批产业创新支撑平台，加大对"专精特新"中小企业的支持力度，深化以科技创新为核心的全面创新，健全科技资源开放共享机制，完善科技成果转化的体制机制，推动创新创业与实体经济加速融合。

4．创新创业支撑平台效能更加强劲

大力支持"双创"示范基地开展先行先试，推动建立长三角、京津冀、西部等"双创"示范基地联盟，强化制造业创新创业平台建设，促进新技术开发和推广应用，不断推动众创空间向专业化、网络化、国际化发展，创新创业服务能力不断增强。

5．全社会创新创业氛围更加浓厚

成功举办全国大众创业万众创新活动周，面向不同群体举办"互联网＋"大学生创新创业大赛、"中国创翼"创业创新大赛、中国创新创业大赛、"创青春"中国青年创新创业大赛、"挑战杯"全国大学生课外学术科技作品竞赛、"挑战杯"中国大学生创业计划竞赛等，进一步激发了全社会投身创新创业的热情。

（二）高校创新创业教育取得新成效

我国创新创业教育起步虽晚，但发展迅速。1999 年，清华大学承办首届"挑战杯"中国大学生创业计划竞赛，拉开了我国高校创新创业教育的序幕。[①] 2002 年，教育部将清华大学、中国人民大学、北京航空航天大学等 9 所院校确定为开展创新创业教育的试点院校，这标志着我国高校创新创业教育正式启动。20 多年来，国内高校不断创新人才培养模式，对创新创业教育的理论和实践进行了纵深的研究探索。党的十八大对创新创业人才培养作出重要部署，习近平总书记多次作出重要指示，要求加快教育体

---

① 林成华. 重塑创新创业教育理念［N］. 光明日报，2019 - 10 - 29.

制改革，注重培养学生创新精神，造就规模宏大、富有创新精神、敢于承担风险的创新创业人才队伍；李克强总理多次强调，大众创业、万众创新的核心在于激发人的创造力，尤其在于激发青年的创造力。2015 年国务院办公厅印发的《关于深化高等学校创新创业教育改革的实施意见》提出完善人才培养质量标准等全面深化高校创新创业教育改革的九大举措，这标志着我国高校创新创业教育正进入全面深化改革的新阶段。2016 年，教育部办公厅印发《关于建设全国万名优秀创新创业导师人才库的通知》，启动了国家级创新创业导师人才库的建设工作。2017 年，教育部公布首批深化创新创业教育改革示范高校名单，积极推进创新创业教育改革示范高校建设工作。2018 年，国务院印发《关于推动创新创业高质量发展打造"双创"升级版的意见》，提出要进一步深化产教融合，加强创新创业教育培训。2019 年，教育部印发《国家级大学生创新创业训练计划管理办法》，进一步规范"国创计划"项目管理，深化创新创业教育教学改革。

教育部高等教育司司长吴岩认为：创新创业教育作为高校人才培养模式的新探索，是高等教育主动适应、积极回应时代呼唤的创新、发展和升华。近年来，教育部实施了一系列有力举措，把创新创业教育融入素质教育各环节、人才培养全过程，推动人才培养模式实现了"两个转变"：一是自就业从业教育到创新创业教育的转变，以创新引领创业、以创业带动就业，形成高校毕业生更高质量创业就业的新局面；二是人才培养机制的转变，通过创新创业教育，打破了学科专业、产业与学校之间的壁垒，产生了令人欣喜的"破壁效应"，推动了多学科交叉融合、跨学科学习、校内外协同的实现。①

截至 2018 年底，全国共建有高校"双创"示范基地 19 个、深化创新创业教育改革示范高校 200 所；全国高校开设创新创业教育专门课程 2.8 万余门、在线课程 4 100 余门、精品慕课 52 门；全国高校共拥有创新创业教育专职教师近 2.8 万人、兼职导师 9.3 万余人、首批全国万名优秀创新创业导师 4 492 人。2019 年，全国有 188 所部属高校、932 所地方高校共 3.84 万个创新实践项目获得立项，参与学生数量超过 16 万人。② 当下，中国"互联网＋"大学生创新创业大赛、"挑战杯"全国大学生课外学术科技作品竞赛、"挑战杯"中国大学生创业计划竞赛成为全国大学生创新创

---

① 教育部新闻发布会介绍深化高校创新创业教育改革及中国"互联网＋"大学生创新创业大赛有关情况［EB/OL］.［2019 － 10 － 10］. http://www.gov.cn/xinwen/2019 － 10/10/content_5438032.htm.

② 林成华. 重塑创新创业教育理念［N］. 光明日报，2019 － 10 － 29.

业项目的竞技场和孵化器，获奖项目签约率、成果转化率不断提升，社会影响力进一步扩大，这说明我国高校创新创业教育正进入快速发展的新时期。

在政府相关政策的推动下，国内各高校都把深化创新创业教育改革作为重点任务进行推动，取得了显著成效。教育部在"2019教育金秋系列发布会"上晒出了我国创新创业教育改革的"成绩单"，主要包括如下几个方面内容①：

1. 创新创业教育改革成为新时代发展素质教育的新突破

自2015年国务院办公厅印发《关于深化高等学校创新创业教育改革的实施意见》以来，教育部采取了一系列有力措施，创新创业教育改革已延伸到课程、教法、实践、教师等人才培养的各个重要环节，实现了知识教育、能力培养、素质养成的有机结合，有效促进了学生的全面发展。2018年，教育部发布《普通高等学校本科专业类教学质量国家标准》，明确了本科专业类创新创业教育目标要求及课程要求；聘请各行各业优秀人才走进高校，担任创新创业指导教师；依托国家级精品在线开放课程建设项目，推出了52门创新创业教育精品慕课；会同国务院发展研究中心研制了创新创业教育质量评价体系。

2. 创新创业教育改革带来高等教育人才培养模式深刻变革

吴岩认为，创新创业教育改革系统带动了我国高等教育理念更新、人才培养机制创新、教学管理制度革新，有力推动了高校人才培养模式改革。目前，协同育人呈现新格局，学科专业调整机制不断健全，教学管理制度体系更加完善，实践能力训练更受重视。

（1）协同育人呈现新格局。如今，部部、部校、校校、校企、校所等各种渠道的协同育人模式更加成熟，"政产学研用"结合更加紧密，一系列卓越人才教育培养计划已覆盖1000余所高校，惠及140余万名学生。

（2）学科专业调整机制不断健全。教育部主动适应国家战略需求，有力推动学科专业建设与经济社会发展紧密对接，增设发展物联网、大数据、轨道交通等国家战略性新兴产业和改善民生急需的专业。

（3）教学管理制度体系更加完善。全面实施弹性学制，建立创新创业学分积累与转化制度、在线开放课程学习认证和学分认定制度，激发大学生创新创业的活力。

---

① 万玉凤，梁丹. 创新创业教育改革晒出"成绩单"[N]. 中国教育报，2019-10-11.

（4）重视增强学生的实践能力。倡导以学生为主体开展创新性实践，深入实施国家级大学生创新创业训练计划。

3. 创新创业教育改革为大学生实现梦想打开一扇窗

创新创业教育已经成为当代大学生展现风采、服务国家的新平台。中国"互联网＋"大学生创新创业大赛作为我国深化创新创业教育改革的重要载体之一，为大学生实现创新创业梦想打开了一扇窗。截至 2019 年底，该大赛共举办了 5 届，累计有 230 万个团队、947 万名大学生参加。在第三届中国"互联网＋"大学生创新创业大赛"青年红色筑梦之旅"中，100 万名大学生、23.8 万个创新创业项目对接农户 74.8 万户、企业 24 204 家，签订合作协议 16 800 余项，产生经济效益约 64 亿元。2017—2019 年，累计有 170 万名大学生踏上"青年红色筑梦之旅"，扎根中国大地，了解国情民情，坚定理想信念，锤炼意志品质，助力精准脱贫扶贫和乡村振兴。[①]

二、创新创业教育的发展困境

我国创新创业教育虽然取得了显著成效，但还存在一些新的问题和挑战。

早在 2015 年 10 月 20 日教育部深入推进高校创新创业教育改革座谈会上，时任国务院副总理刘延东就指出创新创业教育存在的问题：一是思想认识还未完全到位。一些地方和高校认为高校创新创业教育改革是部分学生、少数教师参与的小范围改革，是应对当前经济下行压力加大、高校毕业生就业难的权宜之计，因而深化改革的内生动力不足。二是政策措施还不完善。一些地方和高校调研没有抓住症结与关键，制定的政策不具体，缺乏针对性、实效性。三是推动力度不够。一些地方和高校还只是停留在会议、文件和口头上，没有真正落实到教学观念、培养模式等教育教学的关键环节中，尚未落实到教师、学生的教学和实践上。[②]

针对上述问题，各高校根据自身的实际情况不断深入探索，坚持以适应经济社会转型发展需求为导向，逐渐形成各具优势和特色的创新创业教

---

① 教育部新闻发布会介绍深化高校创新创业教育改革及中国"互联网＋"大学生创新创业大赛有关情况．［EB/OL］．［2019 - 10 - 10］．http://www.gov.cn/xinwen/2019 - 10/10/content_ 5438032.htm.

② 刘延东．深入推进创新创业教育改革　培养大众创业万众创新生力军——在深入推进高校创新创业教育改革座谈会上的讲话［N］．中国教育报，2015 - 10 - 26.

育模式。如今上述问题在一定程度上已得到解决或改善。然而，纵观当前国内高校创新创业教育现状，在推进创新创业教育改革过程中依然面临诸多新的挑战、新的困境、新的瓶颈，它们都在不同程度地制约着国内高校创新创业教育的改革与发展。以下将从政府、高校、学生、社会四个维度进行认真梳理和深入分析。

（一）政府维度

国家和地方各级政府在新发展理念的指引下，不断更新观念、整合资源、加大投入，不遗余力地推进创新创业教育，但刘译阳和边恕认为现阶段还存在如下需要解决的问题①：

1. 政府部门间一体化推进的水平不高

政府推进高校创新创业教育的改革、支持大学生创新创业工作是一项长期的系统工程。目前，我国还处于分散推进的阶段，没有达到多部门共同参与、协同推进、形成合力的高质量发展阶段。发改部门负责推进大众创业、万众创新，但仅局限于面上工作，并不参与具体领域的具体工作；科技部门负责科技创新工作，承担创新平台建设，但支持对象大部分是高端人才，对大学生创新创业的支持力度不足、针对性不强；教育部门虽然是高校的管理部门，但主体作用发挥得不够充分，协调各部门的力度不够到位；人力资源和社会保障部门更偏重保就业、搞招聘；科协、团委等部门虽然也承担一部分职能，但其措施含金量、活动影响力稍显不足。各部门间横向的协调沟通不足，在一定程度上制约了大学生创新创业，影响了创新创业教育的实际效果。

2. 出台的政策系统性、针对性有待提高

国家高度重视创新创业工作，各级政府出台了一系列有关创新创业的政策措施。在国务院出台《关于推动创新创业高质量发展打造"双创"升级版的意见》（国发〔2018〕32号）和《关于强化实施创新驱动发展战略进一步推进大众创业万众创新深入发展的意见》（国发〔2017〕37号）后，各省、自治区、直辖市政府随即出台配套文件。但是，这些文件都是针对全社会而言的，对高校在校学生的针对性不强，涉及支持大学生创新创业的政策内容不多，且相对零散，缺乏衔接性。

---

① 刘译阳，边恕. 高校创新创业教育存在的问题、原因及对策［J］. 现代教育管理，2019（9）：32－37.

3. 高校在校生创新创业实践政策保障不完善

虽然近年来国家和地方政府相继出台鼓励大学生创业的政策，如对大学生创业贷款放宽标准，允许大学生休学保留学籍创业，针对大学生创业出台减免税收等诸多方面的优惠政策，但是针对高校创新创业教育的相关配套保障政策却不足，尚未形成完善保障措施和相关资源的引导政策与支持体系，缺乏创新创业教育多主体高度融合、协调联动的服务机制，无法保障学生个性化、多样化的教育选择权利，导致国家政策对高校创新创业教育实效的影响非常有限。例如，政策落实缺少资金保障，各地普遍没有设立地方性的大学生创新创业引导基金，政府的资金投入明显不足，这在一定程度上对学生创新创业项目的成活率产生了负面影响，致使学生创新创业热情受挫。

（二）高校维度

高校是实施创新创业教育的主体，在教育理念、教育资源、人才培养体系、教育师资等方面需要不断针对问题进行改进。

1. 创新创业教育理念更新不够

创新创业教育是一种教育，这既是其最本质的存在，也是其最基本的内涵。按照教育原理的经典释义与理论，其教育内涵是十分丰富和具体的。对于这一教育内涵，很多高校仍存在较大的认识偏差，它们在推进创新创业教育的过程中，往往忽视其教育内涵，将其视为一种实践活动而不是一种教育理念，视为第二课堂而不是一种教育模式，未能将教育应有的理念、模式的内涵有机地整合到创新创业的实施中。[①] 一些高校存在概念认识模糊问题，仍然狭隘地认为创新创业教育等同于"企业家教育""教育创业"，将其视为简单的"就业指导""职业规划"，以帮助学生成功创业和完成以获得生存技能为目的的就业培训为主要目标，单向度地突出创新创业教育在引领创业、带动就业等方面的作用。这种功利性的思维窄化了创新创业教育的内涵，缺乏对创新创业教育本质性的认知，片面强调狭义的创业取向，只重视就业培训的短期效应，而忽视了对学生创新思维、创业意识和实践能力等方面的培养，偏离了教育育人应有的注重全面性、长效性的价值取向。多数大学生未能将创新创业作为自己应当承担的一种社会责任，认为这只是少数人的事情，而将自己置于创新创业教育之外，

---

① 钟磊，袁媛. 高校创新创业教育的价值定位、现实困境及策略选择 [J]. 黑龙江高教研究，2019（4）：121 – 125.

导致主体意识的缺失。①

2. 创新创业教育资源融合不紧密

目前，国内高校的创新创业教育仍然存在着实践环节薄弱，缺乏与政府、产业的整体联动，资金、平台缺乏等现实难题，未能突破高校创新创业资源分散、疏离的瓶颈。特别是应用型院校，开放办学、借力发展意识淡薄，整合校政企创新创业教育资源、发挥多元主体教育合力的能力不足；实践平台建设乏力，平台育人效果虚化。② 这主要表现在：一是校内资源整合不够，学生创新创业教育尚未全员化，部门配合不协调的现象依然存在。二是校际资源共享平台搭建不力，省域、区域校际创新创业联盟尚未形成，师资、实训基地、孵化基地等资源共享不足。三是学校与社会的深度合作机制尚未形成，缺乏与社会各类创业教育、服务机构的合作，区域化合作创业服务平台建设滞后，没有为学生创业提供政策咨询、扶持资金申请、企业登记注册以及融资等"一站式"服务。四是由政府、风险投资公司和校友搭建的创业项目与基金支持合作平台建设滞后，实习实践、评估项目、项目资助等资源相对贫乏。五是创意对接平台建设不力。高校与创客空间、创客工厂、创业园区等创新创业项目孵化基地缺乏有效联动，导致"挑战杯"、中国创新创业大赛的部分项目由于缺乏资金和孵化基地等相关资源支持，仍停留在计划项目层面，难以付诸实施。

3. 创新创业人才培养体系不完善

高校创新创业教育的主体是学生，目的是培养优秀的创新创业人才，因此一个完备的人才培养体系必不可少。人才培养体系是创新创业教育的核心部分，具有多样性、复杂性、综合性等特征，包括师资、课程、教学、实践、评价、激励等多项内容，旨在从各个方面为学生营造一个良好的学习环境，以全面提升学生的创新创业能力。③ 以往在高校的人才培养体系中，创新创业教育和专业教育都是分散在多个部门进行，相互独立、脱节，没有统一的培养体系。创新创业教育如何融入专业教育的问题有待解决。

（1）教育模式缺乏系统性。部分高校的创新创业教育培养目标缺乏明

---

① 刘福才，王发明. 高校创新创业教育：理性反思与实践路向 [J]. 国家教育行政学院学报，2016（8）：6 – 11.

② 吴学松. 应用型本科院校创新创业教育现状、问题与对策 [J]. 职业与教育，2020（5）：56 – 61.

③ 王雁，张竹，李承霞. 中国高校开展创新创业教育的关键要素与基本模式 [J]. 中国高等教育，2019（17）：44 – 46.

确定位，创新创业教育没有上升到理论学科层面，没有形成科学体系，难以发挥合力作用。这类高校主要依托不同学科的师资和教学条件开展创新创业教育，因此受到传统教学模式刚性的影响较大，导致创新创业教育模式缺乏独立性、针对性和系统性。

（2）课程设置未成体系。一些创新创业课程脱离实践，创新创业教育缺乏足够的实践平台（基地）。多数高校的创新创业教育仍以课堂教学为核心，仅通过校内讲座、选修课等形式设置创新创业课程，对创新创业课程的开发与设计处于零散状态，缺乏与专业教育的深度融合，使得创新创业课程仅仅作为专业教育的一种补充而游离于第一课堂之外，无法适应创新创业教育的可持续发展需求，以及不同专业与不同年级学生的差异化需求。

（3）运行机制未统一。各高校结合自身实际，通过不同模式的创新创业教育探索，逐步形成以下三种不同类型的运行机制：一是"独立式"运行机制，设立专门的教育管理机构，由专职人员负责学校创新创业教育的开展，主要以黑龙江大学、大连理工大学等高校为代表；二是"嵌入式"运行机制，依托工商管理学院、商学院等成立相关教学管理机构，多由兼职教师负责相关工作的开展，以中山大学等高校为代表；三是"联动式"运行机制，由学校领导牵头，协调教务、学生管理、就业指导等部门与科技创业园区共同成立工作指导委员会，协同负责相关事宜，以清华大学、北京航空航天大学、广东工业大学等高校为代表。这导致在国家层面没有统一制度的情况下，各高校对创新创业教育的认知程度和执行力度缺乏相应标准。

（4）评价体系尚未完善。创新创业教育是一个相对复杂的教育过程，包括意识激发、理论传授、模拟演练、实操实践等多个核心环节，同时，它又是一个教育效果呈现周期较长的工程。因此，科学评价教育效果，就成为指引创新创业教育工作发展的风向标。目前，国内高校对创新创业教育效果的评价标准在认识上存在一定争议，大致有三种观点：一是数据指向，将创业率作为衡量创新创业教育的标准；二是锦标指向，将学生参加各级各类创新创业竞赛的成绩作为其创新创业能力的体现；三是能力指向，认为内化的素质和外化的行为是衡量教育效果的标准。① 这些指标都是教育效果的客观呈现，但对于兼具复杂性和长期性的创新创业教育工作来说，又都是极为片面的。

---

① 中国大学生就业创业发展报告课题组. 创新创业教育：多少瓶颈待突破［N］. 光明日报，2016－02－04.

4. 创新创业教育师资力量不强

创新创业教育是一门综合性学科，相关教师不仅要具有较高的理论素养、讲授技能，更要拥有创新创业实践经验和指导能力。在创新创业教育供给侧改革背景下，我国各高校的创新创业师资队伍建设面临严峻考验，高素质创新创业教育师资短缺已经成为制约创新创业教育快速发展的瓶颈。[①]

（1）教师总体数量有限。作为新兴发展的学科和课程，多数高校近年来的创新创业教育师资培养还不能满足实际教学的需求，尤其是缺乏相关专业背景的教师。很多高校并未专门为创新创业教育招聘或培养师资，而是仅仅依靠现有的师资，采取盘活存量的做法。[②]

（2）兼职多、专职少，缺乏实践指导能力。部分高校只把创新创业教育作为就业指导的一部分，创新创业教师多由团委、就业指导中心和学工队伍的教师兼任，教学水平不高，教学技能落伍，师资缺乏"实战经验"[③]；教师培训机制不健全，到企业挂职等交流轮岗制度落实不力，教师缺乏到企业锻炼和创业的经历；教学以理论讲解和案例教学为主，讲授的就业指导内容基本集中于政策法规讲解、就业信息获取渠道和简历制作、面试技巧等方面。

（3）校内多、校外少。高校往往受编制、专业结构等硬性条件限制，难以大量引进、聘任校外企业具有丰富经验和操作能力的企业家或创业成功人士。即便聘请了企业家或创业成功人士担任客座教师，也仅开展有限的几次讲座，缺乏系统性及延续性。同时，由于缺乏系统、专业的教学技能培训，部分企业家或创业成功人士缺乏相应的教学经验，教学效果有时不尽如人意。

（三）学生维度

学生是创新创业教育的受教育者，他们的意识、知识、能力、素质也直接影响到教育效果。当前，高校创新创业教育存在学生创新创业意识薄弱、对创新创业在理解上存在偏差，以及创新创业实践能力需要加强等问题。

① 黄兆信，曾尔雷，施永川. 高校创业教育的重心转变——以温州大学为例[J]. 教育研究，2011（10）：101-104.

② 钟磊，袁媛. 高校创新创业教育的价值定位、现实困境及策略选择[J]. 黑龙江高教研究，2019（4）：121-125.

③ 吴学松. 应用型本科院校创新创业教育现状、问题与对策[J]. 职业与教育，2020（5）：56-61.

1. 学生创新创业意识薄弱

部分高校的学生先入为主地将创新创业教育视为一种本科教育的负担、压力，呈现被动接受、被动吸收和被动成长的状态。① 特别是在地方本科高校，学生获得学分的主要途径是上课、考试，毕业去向主要是就业与考研深造，参与创新创业的意愿不强烈，加之创新创业成功的典型案例较少，可以学习复制的范本不多，学生往往望而却步。②

2. 学生对创新创业在理解上存在偏差

部分高校的学生没有准确理解创新创业教育的初心和本意，对其内涵理解较为肤浅、不够深刻。例如，有的学生认为创业就是自己开公司当老板；有的学生认为创新创业教育主要是针对少数学生的非常规教学，用于挖掘他们的创新创业潜能，并非面向全体学生的普惠式教育；更有一小部分学生不了解创新创业教育到底是教什么的，应该从中学什么等。③

3. 学生创新创业实践能力需要加强

高校大学生因长期在学校学习，缺少充足、必要的社会实践活动，社会阅历浅，实践经验不足，很难快速融入社会。他们普遍存在创新创业实践能力明显不足的问题，有的仅具有在课堂上学到的零散的创新创业理论知识，缺乏有针对性的实践经验，理论联系实践不够。同时，部分大学生由于生活条件较为优越，缺乏吃苦耐劳的精神和抵抗挫折的韧劲。④ 此外，部分大学生缺乏对市场的正确判断和创新创业艰辛历程的深入了解，在创新创业时有一定的盲目性。

（四）社会维度

在社会维度上，高校创新创业教育存在的问题主要体现在教育生态的失衡。

---

① 钟磊，袁媛. 高校创新创业教育的价值定位、现实困境及策略选择［J］. 黑龙江高教研究，2019（4）：121 - 125.
② 朱华兵，费志勇. 地方本科高校开展创新创业教育的路径探讨［J］. 学校党建与思想教育，2020（1）：63 - 64.
③ 刘译阳，边恕. 高校创新创业教育存在的问题、原因及对策［J］. 现代教育管理，2019（9）：32 - 37.
④ 刘译阳，边恕. 高校创新创业教育存在的问题、原因及对策［J］. 现代教育管理，2019（9）：32 - 37.

1. 创新创业文化氛围的缺失

第一，当前高等教育领域普遍存在"重学轻术，重普轻职"的现象，重视理论学习而轻视实践锻炼。这显然与创新创业活动需要学生具备极强的动手实践能力的要求背道而驰，无形中扼杀了创新创业的文化基因。

第二，社会尚未形成开放、多元、包容的创业观念。"敢为人先、宽容失败"的创业氛围不浓，对学生的创业热情和需求缺乏包容与引导，全员支持创新创业的理念尚未形成。

第三，高校对创业教育的认识存在偏差。部分高校教育者认为创新创业教育就是教学生如何创办企业，并且认为创新创业只是少数掌握资本者的事情，而缺乏资本和经验的学生很难成功。

第四，高校缺乏创新创业文化积淀。创新创业教育游离于高校人才培养模式之外，创新创业指标并没有真正纳入对高校的考核，许多高校对于学生创新创业的态度都是"说起来重要，做起来次要，忙起来不要"。

2. 创新创业实践政策保障不完善

近年来，国家层面与地方政府虽为推动大学生创新创业相继出台了一系列激励政策，如放宽贷款要求、减免初创企业税收等，但由于社会上缺乏针对高校创新创业教育相关实践保障政策的同步配套支持，使得政府政策的落实效果受到制约。同时，面对创新创业教育实践中多元主体协同合作与联动互补的发展需求，高校尚未建立完善的链接与整合社会资源的政策服务体系，无法为创新主体提供个性化、多样化、市场化的创业选择，导致在响应国家推进高校创新创业教育实践的能动效能发挥时存在现实局限性。

3. 创新创业实践扶持资金短缺

当前大学生创新创业资金的来源主要是政府和高校，渠道狭窄，高校创新创业教育专项资金和配套资金投入不足。同时，社会、校友资助的资金少，而且没有专门的部门进行有效的整合，并将其用于大学生创新创业教育。

三、创新创业教育的发展趋势

（一）形成特色鲜明的教育模式是重要途径

高校应将"校本""区域""行业"三方面有机结合，形成"三位一体、特色鲜明"的创新创业教育模式，主要涵盖"校本模式""区域模式""行业模式"三类。高校应以"利益契合、准确定位"为核心，以实效性作为创新创业教育模式选择的判别标准，使创新创业教育的效果最大化。高校应结合实际，积极探索研究与区域特色、行业特色融合的利益契合点，让地方政府、企业通过"官产学"合作的形式积极参与创新创业教育，为创新创业教育提供资源，并构建高校与区域经济和行业共同进步的良性互动机制，整合校内外资源，最终实现区域特色、行业特色与高等教育的协调、互动和可持续发展。

（二）完善教育体系是实现纵深发展的关键

创新创业教育体系的核心是课程教育体系和实践教育体系，发展的方向是通过"课程实践化、实践课程化"，实现从"知行并重"到"知行融合"的跨越。课程教育体系的实践化包括"课程内容实践化"和"教学方法实践化"两个方面。"课程内容实践化"是指教学内容要与创新创业实践紧密结合，在创新创业教育课程中增加创新创业实践内容。这是将理论知识与实践教育有机融合，通过实践案例来丰富理论知识，通过理论知识来指导创新创业实践。"教学方法实践化"是指在教学中综合运用开放式、互动式、研讨式、案例式等多种实践取向的教学方法，如开展创新创业竞赛、项目训练和创新创业文化活动等。在课程教学中，要综合运用模拟教学、活动教学、体验教学、案例教学等方式，探索新型载体，增加学生的创新创业实践体验，强化育人功能，实现创新创业教育体系的规范化发展。具体做法：一要科学规划，将创新创业实践教育与专业实践教育有机结合，在内容、形式、师资、管理和保障等方面参照课程体系的标准去构建和完善；二要转变实践教育观念，使学生和教师正确看待创新创业实践的目的和意义；三要规范实践教育过程，突出强化创新创业基地实践教育的育人功能；四要完善实践教育考核方式，轻结果评比、重能力培养。

（三）构建系统化协同推进的支持体系是有力保障

创新创业教育是一项系统工程，需要体制机制、师资队伍、社会资源等多个因素作为支撑保障。首先是成立大学生创新创业教育专门机构，完善体制机制。要统筹校内资源，整体规划和协调创新创业教育、创新创业基地建设、创新创业政策扶持和创新创业指导服务等工作，明确分工，确保人员、场地、经费投入。其次是打造"三师型"师资队伍。要重点建设、完善师资队伍结构中的三种类型：理论型的校内专职教师、综合型的校内外兼职教师、实践型的社会兼职教师。教师必须具备三种素质：能讲课，拥有"广而深"的专业知识；能咨询，拥有"精而专"的实践技能；

能实战，拥有"丰而强"的创业阅历和能力。再次是构建科学化、规范化且具有可行性的产学联盟支持系统。产学联盟是一种全新的合作形式，包括各高校之间的高校联盟以及各企业之间的企业联盟。产学联盟支持系统的构建有三个原则，即利益契合、优势互补、资源整合。它包含五个子系统，即平台系统、协同作用系统、组织保障系统、机制保障系统和过程控制系统。依托平台系统集聚匹配对接校内外创新创业资源，搭建合作渠道，通过协同作用系统推动高校和企业等多元创新主体协同合作，利用组织保障系统和机制保障系统确保产学联盟运行有序高效，通过过程控制系统厘清创新创业要素的相互作用机制，为创新创业教育提供资源、实践、经验和研究支持。[①]

① 王占仁. 中国创业教育的演进历程与发展趋势研究［J］. 华东师范大学学报（教育科学版），2016，34（2）：30－38.

第二章 创新创业教育生态系统研究现状及意义

一、创新创业教育研究现状

(一) 国内创新创业教育研究现状

自 2015 年 2 月李克强总理首次在《政府工作报告》中提到"大众创业、万众创新"以来，国内创新创业教育研究学术论文发文量呈井喷式增长。笔者于 2020 年 7 月 24 日在中国知网期刊数据库进行检索，在"高级检索"中限定篇名含"创新创业"，来源类别为"核心期刊 + CSSCI（含扩展版）"，时间若选取"不限年份—2014 年"共检索到 408 条结果，时间若选取"2015—2020 年"共检索到 1 679 条结果。可见，从 2015 年开始，我国创新创业教育研究进入空前高涨阶段。

据中国知网计量可视化统计，2015—2020 年中国知网期刊数据库收录的 1 679 篇创新创业教育研究论文中，出现 30 次及以上的研究主题共 20 个，见表 2 - 1。

表 2 - 1　出现 30 次及以上的研究主题

研究主题	频次	研究主题	频次
创新创业教育	803	创新创业教育体系	60
创新创业	622	创新创业能力培养	59
高职院校	173	创业教育	53
高校创新创业教育	172	创新创业人才	53
大学生创新创业	164	专业教育	46
大学生创新创业教育	115	高校创新创业	46
创新创业人才培养	106	创新创业教育课程	45
人才培养	105	创新创业教育模式	45
创新创业能力	90	人才培养模式	36
创新创业教育改革	86	创新创业人才培养模式	33

以上这些高频的研究主题反映了在"创新创业教育"核心议题下，学者的研究热点主要聚焦在高校（含高职院校）创新创业教育研究、创新创业人才培养、创新创业教育与专业教育、创新创业教育课程体系、创新创业实践育人体系等方面。例如，在高校创新创业教育研究方面，有学者通过高校研究视角，以本校创新创业教育模式为蓝本进行个案研究，探究高校创新创业教育改革、管理体制机制、实践教学、生态系统构建、教育效果评价体系构建等。① 又如，在植根于专业的创新创业教育研究方面，有学者提出应共同致力于开展结合专业教育的嵌入式创新创业教育，即将创新创业理念融入专业教育，建立"专业嵌入式"创新创业教育课程体系，建立与专业实践教学对接的创新创业教育实践教学体系，建立促进创新创业教育与专业教育深度融合的保障体系。② 此外，部分学者认为我国高校创新创业教育课程定位不清，目标模糊；课程内容同质化、碎片化，不能满足不同层次、不同学科、不同学生的实际需求；课程结构单一，重创业课程、轻创新课程；教学方式简单、形式化等③。

2015 年以来，创新创业教育研究的热度一直不减，受到众多学者和研究人员的持续关注。从众多研究中，我们也可以清晰看出新兴的研究方向，例如，思想政治教育与创新创业教育关系研究、"互联网＋"创新创业教育研究、创新创业教育生态系统研究等，这些研究方向均为潜在的研究热点。

（二）国际创新创业教育研究现状

创新创业教育作为一种新的教学理念和模式，虽然发展起步较晚、历程较短，但近 10 年来在全球范围内还是备受关注的，关于创新创业教育的研究也逐渐增多、热度持续走高。例如，范昕俏基于 Web of Science 核心合集数据库，发现 2018 年发表的创新创业主题论文就有 952 篇，并预测未来该领域的研究成果数量会趋于稳定。同时，范昕俏发现国际上在创新创业教育领域的研究主要聚焦在"学科体系""生态网络""教育评价"三个维度，涵盖了创新创业教育的诸多方面。④

① 沈成君，杜锐. 基于文献计量的创新创业教育研究热点与趋势可视化分析 [J]. 中国大学教学，2020（1）：79-83.

② 杜辉，朱晓妹. 创新创业教育与专业教育的深度融合——基于北京地区高校的数据分析 [J]. 中国高校科技，2017（5）：91-94.

③ 成希，张放平. 基于核心素养理念的高校创新创业教育课程建设 [J]. 大学教育科学，2017，3（3）：37-42，50.

④ 范昕俏. 国际创新创业教育研究现状及启示——基于 Web of Science（2009—2018）文献的数据分析 [J]. 技术经济与管理研究，2019（6）：36-40.

第一个研究热点是创新创业教育的学科体系建设。这是开展创新创业教育的基础。国际学者积极关注创新创业教育学科体系建设，采用理论研究、纵向案例研究等方法，探索出诸多创新创业教育方面的学科体系建设举措。例如，Avid Kolb 提出"体验式学习"理论，倡导创新创业学习应该始于体验。David A. Kirby 提出由"盲目灌输内容"转变为"有针对性、有侧重点地进行教育"的建议。Denis Gregoire 和 Jean Pierre Bechard 认为理论要与实践相结合。Solomon 等学者认为，创新创业教育课程不是一门单纯的独立学科，而是多种学科的综合。

第二个研究热点是创新创业教育的成效评价。国外的创新创业教育研究更注重应用性和实践性。国际学者研究最多的对象之一就是斯坦福大学的创新创业模式，比较关注斯坦福大学的"产学研一体化"和"技术产业园"模式。南洋理工大学作为典型的"创业型大学"，在创新创业教育方面取得的成效也受到国际学者的关注。

第三个研究热点是创新创业教育的生态网络。国际上普遍认为创新创业教育需要国家、社会、高校和个人等多元主体协同完成。从现有的研究文献来看，政策（policy）、大学（university）、政府（government）、机构（institution）等都是出现频率较高的词汇，可见当今国际创新创业教育研究较关注教育生态网络构建、"大学—政府—机构"等生态网络模式理论，正寻求解决创新创业教育问题的具体思路。

二、创新创业教育生态系统研究综述

（一）教育生态学

教育生态学是生态平衡与生态和谐概念在教育上的移植、借用，它强调运用生态学原理、法则来观察、思考、解释和解决教育问题，以生态的视域来研探教育理论与实践。1966 年，英国高等教育学家阿什比（Ashby E.）首次提出"高等教育生态学"概念，开始运用生态学的原理和方法研究高等教育。1976 年，美国教育学家劳伦斯·克雷明（Lawrence A. Cremin）从生态学的角度提出了"教育生态学"概念。此后，国内外学者对教育生态学进行了纵深与拓宽研究。1977 年，Eggleston J. 在其著作《学校生态学》中从教育资源的分布以及个体对教育资源分布的反应研究教育生态学，开辟了教育生态学研究的新思路。1987 年，Goodlad J. I. 首次提出"文化生态系统"概念，强调要从管理的角度研究学校建设问题，统筹生态因子，建立健康的生态系统。国内对教育生态学的研究起步较晚，研究内容主要包括三个方面：第一，教育生态环境。从生态环境多因素的角度来研究各种生态环境与教育的关系以及对教育的作用和影响。1975 年，方炳林的《生态环境与教育》提出，生态环境与教育研究就是对教育生态的研究，他以社会生态、文化生态、家庭生态和学校生态为主，分别研究了各种环境因素与教育的关系；1990 年，吴鼎福与诸文蔚的《教育生态学》从教育的生态环境、生态结构、生态功能、生态基本原理等方面对教育生态系统进行了深入的探讨。第二，教育生态系统与生态平衡。以任凯、白燕为代表的学者们将教育生态学的研究对象设定为教育生态系统，即"一定社会的教育生态系统的结构和功能及其演化规律"。第三，教育生态规律与原理。教育生态规律揭示的是教育与外部生态环境之间的关系，主要包括教育生态的平衡与失调、迁移与潜移规律、竞争机制与协同进化、富集与降衰规律等。而揭示教育生态内部规律的基本原理则包括教育生态位原理、教育生态的边缘效应、限制因子规律、教育生态系统的整体效应、耐度定律和最适度原理等。1998 年，方然的《教育生态论纲》从教育生态建构的基本理论范畴和教育生态建设与培育的实践方向等方面，论述了教育中的"智能生态圈""教育生态系统""教育生理节律"和"教育生态位"。进入 21 世纪，国内教育生态学研究呈现兴起之势，一批教育理论研究者和实践工作者开始对教育生态平衡、教育生态规律与原理、教育生态系统等问题进行纵深分析。

总体来说，教育生态学的学术研究逐渐增多，但整体研究的广度和深度还有待拓展，没有形成严谨、系统的研究体系，多数研究仅停留在对生态学理论的概念、原理等的简单引用和述评上，缺乏严谨的数理分析和实证研究。主要包括以下不足[①]：

1. 研究者对于生态学原理的把握还不够准确，对研究对象的理解不明晰

很多研究者将教育生态学的研究对象误解为简单地研究教育与周围环境之间的关系，在研究教育环境的同时又与环境科学、社会学等学科混淆。究其原因是他们对生态学原理把握得不够准确，不能熟练地将生态学思想和原理应用到教育组织上。

2. 对教育生态层次和结构的研究不够平衡

在教育生态层次上，目前已有的研究主要集中在学校生态和班级生态，对于教育的内部生态如区域生态、制度生态等的研究非常匮乏。在教

---

① 闻慧，梁磊，贺嫱敏. 教育生态学研究发展综述［J］. 现代经济，2011（11）：123 – 125.

育生态结构上，对学校结构的研究较多，而对教育者年龄结构、水平结构等的研究较少。同时，已有的研究多数集中在高等教育生态上，对基础教育的研究相当罕见。这种研究不平衡的现状不但影响教育生态理论的完善和研究的科学性，而且不利于人们对教育整体生态的准确认识。

3. 教育生态学本身的研究理论体系尚不明确

自教育生态形成以来，虽有学者对其进行了积极的探讨和研究，但是规范的理论体系却还未建立起来，仍存在不少困惑。在这种背景下，学者们需要不断对教育生态学的理论进行扩充和改进，广泛吸收个体生态学、种群生态学、生态伦理学等学科的理论和研究方法，扩充研究的视野，打造系统、科学的研究体系。

（二）生态位理论

"生态位"概念首先由 Grinell 于 1917 年提出，他在研究加利福尼亚长尾鸣禽的生态关系时使用了生态位术语并给予了首次定义："恰好被一个种或一个亚种所占据的最后分布单位。"[①] 它侧重于强调物种在空间分布上的意义，因此被称为"空间生态位"。1927 年，动物生态学家 Elton 强调物种在群落关系中的角色，他认为："生态位是指生物在环境中的地位及其与食物和天敌的关系。"[②] 它侧重于研究个体生态学，强调生物在群落的功能作用、角色及营养关系，因此被称为"功能生态位"。1957 年，英国生态学家 Hutchinson 引入数学的点集理论，将生态位定义为"一个生物单位（个体、物种或种群）生存条件的总集合体"。他从空间、资源利用等多维度应用数学抽象思维研究生态位，提出"多维超体积生态位"概念，开辟了生态位定量研究的范式。[③] 尚玉昌认为生物在环境中得到多个资源因子的供应并受其限制，每个因子对于该物种都有一定的合适度阈值，在这些阈值所限定的区域内，在任何一点所构成的环境资源组合状态下，该物种均可以生存繁殖，所有这些状态组合点共同构成了该物种在该环境中的多维超体积生态位。[④] 1959 年，Odum 对生态位进行重新定义："一个物种在群落和生态系统中的位置与状态决定了该生物的形态适应、生理反应及特

---

① GRINELL J. The niche relationship of the California thrasher [J]. Auk, 1917, 21: pp. 364 - 382.

② ELTON C. Animal ecology [M]. New York: Macmillan, 1957: pp. 209 - 232.

③ HUTCHINSON G E. Concluding remarks [J]. Cold spring harbor symposia on quantitative biology, 1957, 22 (2): pp. 414 - 427.

④ 尚玉昌. 现代生态学中的生态位理论 [J]. 生态学进展, 1988, 5 (2): 77 - 84.

有行为。"而 Pianka 则认为一个生物单位（个体、种群或物种）的生态位就是该生物单位适应性的总和。

20 世纪 80 年代，国内开始较全面地开展生态位理论和生态位研究。1984 年，王刚等学者对"生态位"概念进行广义定义："生态位是表征环境属性特征的向量集到表征物种属性特征的数集上的映射关系。"[①] 刘建国和马世骏提出了扩展的生态位理论，根据生态位的存在与非存在形式，以及生态位的实际和潜在被利用状态，将生态位分为存在生态位（包括实际生态位和潜在生态位）和非存在生态位。他们认为生态位是在生态因子变化范围内能够被生态元实际和潜在占据、利用或适应的部分，拓展了生态位的研究范围。[②] 随着生态位的内涵、外延被不断丰富和拓展，其逐渐发展为解释物种为了适应环境所采取的多样性生存策略，促进了生态位理论的体系化和多元化。

1. 生态位态势理论

生态位是生物单元在特定生态系统中与环境相互作用过程中所形成的相对地位与作用。任何生物都在不断地与其他生物相互作用并不可避免地对其所生存的物理化学环境产生影响，其地位与作用也必然是在一定环境条件下与其他生物的比较中才体现出来的。其中，生态位的"态"和"势"是生态位在生态系统中的两个基本属性，包括生物单元的"态"和生物单元的"势"。"态"是指生物的生存状态或适应程度，是生物过去的生长发育、学习以及与环境相互作用积累的结果，如能量、适应能力、个体数量、智能水平、资源占有量、经济发展水平等；"势"是指生物单元对环境及其他生物的影响力或作用力，如生产力、占据新环境的能力、增长率、能量和物质变换的速率等。"态"是"势"的基础，"势"的积蓄能够提高"态"的转化能力。[③]

生物都有无限增长的潜力，由生物单元无限增长的潜力所引起的"态"和"势"的增加被称为该生物单元生态位的扩充（也称为生态位的移动）。生态位的扩充体现的是生物种群与环境之间的关系调整，也就是生物单元通过与环境的相互作用调整了自身在生态系统中所形成的相对地

---

① 王刚，赵松林，张鹏云. 关于生态位定义的探讨及生态位重叠计测公式改进的研究 [J]. 生态学报，1984，4（2）：119 - 126.

② 刘建国，马世骏. 扩展的生态位理论 [M] // 马世骏. 现代生态学透视. 北京：科学出版社，1990：72 - 89.

③ 朱春全. 生态位态势理论与扩充假说 [J]. 生态学报，1997，17（3）：324 - 332.

位和作用。从生物进化角度看，生态位的"态"与"势"的变化规律反映了生物的发展与演化过程，说明生态位的扩充过程实质上是生物的进化过程，是推动生态系统由低级向高级、由简单到复杂的演化动力机制。

2. 生态位重叠和分离理论

生态位重叠理论是指由于环境的变化，不同物种之间出现共享生态位空间的现象，即它们需要利用相同的资源序列。为了在相同资源序列上不同物种能够持续共同生存，物种之间就要对资源数量进行分割，但分割到多大程度才能彼此稳定共存，取决于不同物种相互间生态位分离的程度，因此形成生态位分离理论。[①] 根据生态学观点，在一个完整的生态链中，不同物种的生态位关系可以根据其关联属性分为三种形式，分别为生态位高度重叠、生态位部分重叠、生态位完全分离。[②] 2010 年，马金虎通过分析高等教育生态位的重叠问题得出生态系统平衡性的理想状态为"生态位部分重叠"，其生态意义表示这种状态下的生态位符合生态平衡所要求的生态多样性、丰富性特征，有利于种群间不同生态位的个体形成合理、适度的竞争，进而激活生态位之间相互牵制、共同发展的可持续属性。而生态位高度重叠，会使种群间竞争激烈，导致生态资源浪费，形成生态矛盾。生态位完全分离，表明生态位曲线中间的生态资源被限制，不利于生态效益的最大化。[③] 生态位分离理论表明，在一个相互作用、生态位分化的种群系统中，各种群对群落的时间、空间和资源的利用以及相互作用都应趋向于相互补充而不是直接竞争。这样由多个种群组成的生物群落才能比单一种群的群落更有效地利用资源环境，具有更大的稳定性。[④]

近年来，随着各学科的不断发展与学科融合，生态位重叠和分离理论已广泛应用于政治、经济、农业、工业和教育等各个领域，形成了强有力的理论分析和实践工具。

（三）创新创业教育生态系统

2004 年 12 月，美国竞争力委员会发表的《创新美国：在挑战和变革的世界中实现繁荣》研究报告把"生态系统"首次引入创新相关领域，探

---

① 张录强. 生态位理论及其综合应用 [J]. 中学生物学，2005，21（7）：2 - 4.
② PRAHALAD C K，HAMEL G. The core competence of the corporation [J]. Harvard business review，1990（3）：pp. 79 - 91.
③ 马金虎. 论高等教育生态位的重叠与矫正 [J]. 教育评论，2010（3）：57 - 59.
④ 王子迎，吴芳芳，檀根甲. 生态位理论及其在植物病虫害研究中的应用前景（综述）[J]. 安徽农业大学学报，2000，27（3）：250 - 253.

讨了从国家角度构成创新模式的社会因素。但目前学术界对于"创新生态体系"的定位理解还有很大的讨论空间，不仅对其内涵和外延的讨论百家争鸣，而且针对不同层次、不同主体所需要的"创新生态系统"模型也没有统一定论。2005年，Katherine Dunn提出"创业生态系统"概念，研究麻省理工学院（MIT）如何形成完备的创业人才孵化生态系统，并利用该系统盛产出诸多创新企业和创业人才。该研究成果得到广大学者的认同，并逐渐在国内外广泛推广。[①] 创新创业教育生态系统是在教育生态学研究的基础上，由创业教育延伸，引入"生态系统"而提出的概念，重点研究的是以高校为核心、以培养创新创业人才为目的的教育生态系统。国内外学者对其进行的研究主要包括以下几个方面：

1. 概念内涵

Dunn通过麻省理工学院研究如何构建基于大学的创业生态系统，提出了创业生态系统的基本框架，认为其基本要素包括课程、师资、项目、服务、资金、资源与学生社团等，覆盖各类学生的创业需求，突显校企之间的密切合作，注重知识创新和成果转化，直接参与经济社会的科研、咨询服务，在高校、企业、政府与大学生之间形成了彼此关联、彼此促进的生态系统。Cohen提出创业生态系统是在特定区域内相互作用的主体形成的群落，通过支持和促进新企业的创建和成长来实现可持续发展，创造社会和经济价值。[②] Isenberg教授提出了百森创业生态系统项目，在全球范围内实施，基本框架包括政策、金融、文化、市场、人力资本、支撑系统六个方面，通过在当地建立和管理相应的工作组以形成具有区域特色的创业生态系统来改善创业环境，从而提高特定区域的创业能力。[③] 董旖旎和徐阳提出了"创业教育生态发展体系"概念，即包括高校、政府、企业、家庭、学生等多个子系统在内的相互影响、相互作用、协同发展的生态系统。[④] 黄国辉提出，建设创业教育生态系统应强调其针对性和协作性，创业教育涵盖校内和外部组织及个人，并通过有效协同实现"产学研"的良

---

① DUNN K. The entrepreneurship ecosystem［EB/OL］.［2014 – 11 – 15］. http://www. technologyreview. com/article/404622/the – entrepreneurship – ecosystem/page/1/.

② COHEN B. Sustainable valley entrepreneurial ecosystems［J］. Business strategy and the environment, 2006, 15（1）: pp. 1 – 14.

③ ISENBERG D J. How to start an entrepreneurial revolution［J］. Harvard business review, 2010, 88（6）: pp. 40 – 50.

④ 董旖旎, 徐阳. 高校创业教育生态发展体系的构建［J］. 中国大学生就业, 2013（2）: 42 – 46.

性循环。①

2. 理论创新

创业生态系统研究在本质上属于组织生态学的一个分支，主要运用生态学的概念、模型、理论和方法研究创业生态结构及其所受环境的影响。Aldrich 从生态学视角分析了在创业成长环境中各类组织以及相应的社会人群对创业过程的影响。② Leung 通过网络视角构建创新创业教育生态系统，揭示了创新创业行动与各类组织群体之间的关系和结构。③ Cheng 通过协同创新理论研究创业教育生态系统内各要素各司其职而又相互作用的机理。赵涛等学者运用系统动力学的有关理论和方法，建立区域科技创业生态群落系统的动力学基本结构模型，分析了科技创业人才、创业技术、创业资金和创业服务四个重要创业资源的创业教育生态系统反馈机制，等等。这些不同视角的研究从理论上对与创业生态系统密切相关的一系列研究议题进行了解释，使得创业生态系统的概念发展具备一定的理论基础。④

综合国内外相关研究成果可见，这些成果多数是从构建创新创业教育生态系统的视角来整体地看待创新创业教育，但对创新创业教育中各主要因素的定位和职责还不够简明化、清晰化，针对创新创业教育本身形成的生态系统的论述不多，对生态系统间的因子互动、协同方式有待讨论，集中体现如下：忽视创新创业教育生态系统中的教育设置、人才、法制环境、优质市场化机构设置、文化等的协同作用，未能对创新创业教育生态系统形成全面、完善、深入的认识；忽视高校创新创业教育与区域经济和发展转型的互动互促，导致政府、科研机构、社会、学校对于如何促进创新创业教育尚未形成共识；系统性的区域创新创业生态系统尚未形成，高校创新创业教育活动的整体联动缺乏，研究的协作对象仅限于某一具体经济圈，协同平台单一。

目前，国内外创新创业教育生态系统研究多数集中于理论探讨和案例分析，没有对生态系统构成要素与创业过程予以相应分析，忽视了不同阶

---

① 黄国辉. 地方高校大学生创业教育生态系统的构建 [J]. 创新与创业教育，2015（1）：21 – 24.

② ALDRICH H E. Using an ecological perspective to study organizational founding rates [J]. Entrepreneurship theory and practice, 1990, 7: pp. 7 – 24.

③ LEUNG A, ZHANG J, WONG P K, et al. The use of networks in human resource acquisition for entrepreneurial firms: multiple "fit" considerations [J]. Journal of business venturing, 2006, 21（5）: pp. 664 – 686

④ 林嵩. 创业生态系统：概念发展与运行机制 [J]. 中央财经大学学报，2011（4）：58 – 62.

段发挥主导性作用的系统要素的差异性；聚焦于各个构成要素的作用，忽视了系统要素之间的互动影响，难以深究其相互间的共生演化，从而无法满足复杂的创业实践的动态需求。也有些研究尝试以生态位理论分析高校创新创业教育生态系统各要素的交互作用，可为设计适合高校创新创业教育生态运行机制提供理论依据和借鉴。

三、创新创业教育研究的意义

（一）破解瓶颈问题

当前，高校创新创业教育的瓶颈问题严重制约了创新创业教育的深化改革与发展，导致学校产学错位、学生自主创业意愿不强、创业项目的转化落地率较低等问题。面对创新创业教育改革发展新形势，高校迫切需要完整、准确地理解创新创业教育新理念，把握创新与创业的"双生关系"。"创新"后面加上"创业"，实质是明确了创新的应用属性——指向创业的创新，重在应用的创新，促进创新成果的市场化、商业化；"创业"前面加上"创新"，实质是指明了创业的方向性——创新型创业、机会型创业，高增长的创业，提升了创业的层次和水平。创新创业教育既包含了"创新教育""创业教育"的科学内涵，又不与二者简单等同，而是综合性、系统性的教育。其实质是以创新为基础的创业，支持创新者以创新成果去创业，使创新创业成为驱动经济社会发展的引擎。而高校作为服务、促进社会经济转型发展的生力军，肩负着推动实施创新驱动发展战略以培养创新创业型人才的重任。高校创新创业教育必须走出"表层教育"的初级阶段，探索更深层次的发展，纵向贯穿人才培养的全过程，横向打通学校教育、家庭教育和社会教育的各个环节，以适应经济转型发展的现实需求为导向，实现"课内课外相衔接、教育实践一体化"，突破创新创业教育的现实瓶颈，着力促进全体学生创新创业素质的提升。因此，探索如何更有效地整合、组织各类为高校创新创业人才培养服务的教育因素和支持体系，构建完善的创新创业教育生态系统，分析生态系统各构成要素的交互作用，促使高校创新创业教育在产业内或区域内形成资源互补和良性互动，显得尤为重要与紧迫。

（二）符合时代要求

党的十八大明确提出，实施创新驱动发展战略，要转变观念，鼓励创业，加大创新创业人才的培养支持力度。2012 年，教育部《关于全面提高高等教育质量的若干意见》明确提出：加强创新创业教育，把创新创业教育贯穿人才培养全过程。2015 年 5 月，国务院办公厅印发的《关于深化高等学校创新创业教育改革的实施意见》提出"深化高等学校创新创业教育改革，是国家实施创新驱动发展战略、促进经济提质增效升级的迫切需要，是推进高等教育综合改革、促进高校毕业生更高质量创业就业的重要举措"。《关于发展众创空间推进大众创新创业的指导意见》《关于大力推进大众创业万众创新若干政策措施的意见》等重要文件明确提出要"打造创新创业生态系统"。高校要在实施创新驱动发展战略中发挥作用，关键是要推动高等教育内涵式发展，在体制改革和教育教学改革的重要领域与关键环节上取得突破，通过改革创新创业教育支撑大众创业、万众创新的新局面。在此背景下，对高校创新创业教育生态系统的深入研究不仅是学术理论发展的要求，更是有效解决创业问题的实践诉求。

（三）推动区域协同

协同创新是创新体系的一种新思路、新模式，核心在于对区域内创新要素、资源的有效聚集和共生效应的产生。区域协同创新的动力来源于区域内高校、企业、政府及相关机构的相互作用，以自身的目标和需求、资源和优势为标识聚集，为适应环境而对自己的行为规则作出相应的调整。[①]

为适应新常态要求，我国把深化跨区域合作、促进协同发展作为现阶段区域发展战略的重点。而单区域化的人才培养模式有诸多局限性，诸如资源单一、人才流动性低、平台功能重叠等，严重制约了创新创业教育生态链的可持续发展。在协同创新中，高校创新创业教育面临的最大困难和挑战首先在于能否把区域内的创新创业资源进行有效整合，其次要将有关创新创业教育的政策法规，以及地方政府、科研单位、风投公司、行业协会等创新创业资源协同起来，共同为高校创新创业教育营造优良环境，促进创新创业教育效益最大化。在国家加强区域合作转型的背景下，各地区应对教育体系如何实现区域协同进行思考和探索，鼓励加大探索创新的力度，共建跨区域共享机制，形成优势互补、共赢发展的区域利用协调合作机制。高校创新创业人才培养的探索进入了一个模式创新的阶段，推动区域协同下的大学生创新创业机制建立、课程建设、孵化平台构建、实践锻炼、师资队伍建设、资金保障等工作，丰富高校创新创业教育的路径，使师资、课程、资金、平台等校内与校外资源有机融合起来，进而构建起平衡发展的高校创新创业教育生态系统。

---

① 齐绍平，张婧. 区域协同创新动力机制研究 [J]. 求索，2013（2）：230 - 232.

应以教育生态学、生态系统等理论为依据，根据高校创新创业人才的成长和培养规律，构建高校创新创业教育生态系统模型，从其内部运行模式出发，利用生态位理论分析创新创业教育生态系统构成要素的交互作用机制，纵向探讨生态系统的演化方式和演化机理；同时，依托区域经济社会发展和产业转型升级所需的协同创新平台，设计高校创新创业教育生态系统的运行机制。相关研究结论对推动我国高校创新创业教育生态系统的持续发展，具有一定的理论与实践指导意义。

第三章　创新创业教育生态系统培育经验

本章将对斯坦福大学、麻省理工学院、慕尼黑工业大学创新创业教育的实践进行研究与分析，总结其成功的生态系统培育经验，为下一章引入生态系统理论，构建多元主体协同共建的生态系统及运行机制做准备。

一、斯坦福大学：“全大学范式”

斯坦福大学素有硅谷“心脏”的美誉，不仅培养了众多高科技创新领域的领导者和创业精英（包括 HP、GOOGLE、YAHOO、NIKE、NVIDIA、Cisco 及 eBay 等跨国大型企业的创始人），更引领了创新创业的理念发展潮流。斯坦福大学以培养师生的创新创业精神为教育理念核心，利用大学相关资源和硅谷的区域优势搭建平台，为有创新创业相关需求者提供一站式、全过程创业知识服务链条，引导学生培养创新意识、挖掘创意项目，实现技术转移、成果转化，让想法孵化为产品，乃至创办企业，促进斯坦福大学创新创业体系各组织间的交流与合作，形成“全大学范式”的斯坦福大学创新创业生态环境及合作网络，产生网络协同效应，展示了斯坦福大学创新创业教育生态系统的独特之处。

作为一名富有创业精神的企业家，利兰·斯坦福将注重实用与创新的精神注入斯坦福大学，塑造了其独特的创新创业文化，经过多年的发展，形成了完善的创新创业教育生态系统。[①] 斯坦福大学独特的创新创业生态环境是其形成领先的创新创业教育模式的关键要素。这种创业精神通过学科和院系、非营利性组织、人文艺术等多种创新方式渗透到斯坦福大学的整个体制。斯坦福大学鼓励与维护创新文化和创业精神，主要通过项目来培养创造力，从而吸引有创业志向的人。图 3 - 1 为斯坦福大学创业教育生态系统，充分展示了其整体性和关联性。[②]

---

① 李琳璐. 斯坦福大学的创新创业教育：系统审视与经验启示［J］. 高教探索，2020（3）：56 - 65.

② 郑刚，郭艳玲. 世界一流大学如何打造创业教育生态系统——斯坦福大学的经验与启示［J］. 比较教育研究，2014（9）：25 - 31.

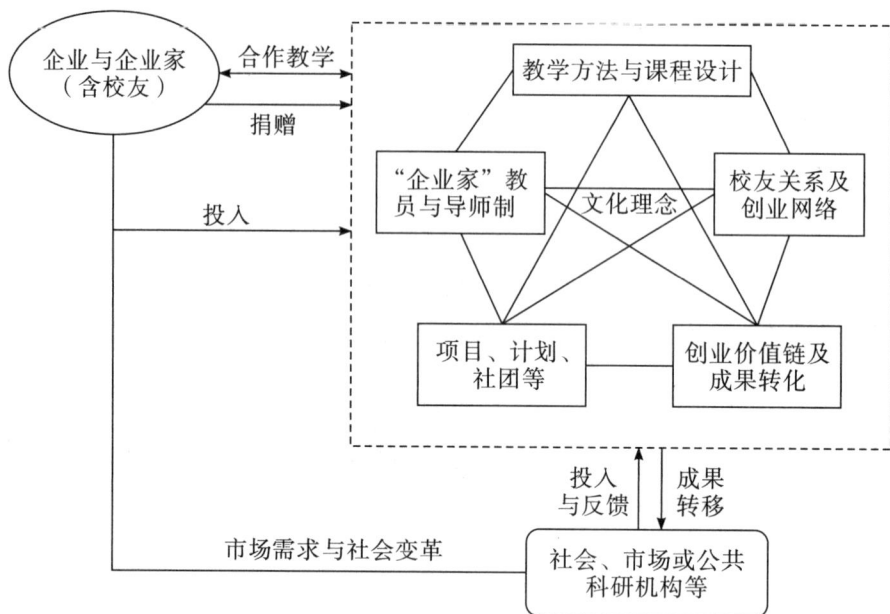

图 3-1 斯坦福大学创业教育生态系统

（一）博专并举：坚持将创新创业教育深度融合于通识教育与专业教育

斯坦福大学非常重视通识教育，将创新创业教育纳入通识教育范畴，各学科专业的课程设置坚持多学科交叉、教学与科研结合、文化教育与职业教育结合、文科和理科结合，开展全校性的创新创业教育，构建较完善的创新创业教育课程体系。[①] 首先，建立一个庞大的培育学生综合素养的通识性课程体系，打破创新创业教育的学科门类壁垒。创业课程涵盖了建立和运营一个企业应涉及的各个方面，包括创业想法的形成、企业的建立、融资等，开设了创业管理、技术和创新的战略管理等20余门相关课程以及在线创新创业认证项目。[②] 其次，构建以商学院为中心的多学科协同教育体系，充分利用商学院创新创业教育的优质资源，将创新创业扩展到商学院以外的其他院系。例如，工学院和设计学院借助斯坦福大学科技创业项目（STVP），面向全校学生开设数门与创业相关的课程，以及创业思想领导者研讨会等一系列活动。医学院、法学院、教育学院也各自开设了

---

① EESLEY C E, MILLER W F. Stanford University's economic impact via innovation and entrepreneurship［R］. Palo Alto：Stanford University，2012.

② Stanford innovation and entrepreneurship certificate：certificate courses［EB/OL］. (2016－02－14). http://create. stanford. edu/courses/certificate－courses. php.

1~3 门创业方面的课程，如"教育中的商业机会""生物革新：需要发现与观念创新""社会创业"等，充分体现了学科特色与创业精神的融合。最后，强化专业课程设置的前沿性和引领性，严格评估教师的专业课程教学和学生的专业课程学习。斯坦福大学建立了严格的教师考核制度和学生考试制度，每年因专业考试不及格而重修的学生比例都在 20% 以上。

（二）产教一体：坚持将创新创业教育深度融合于理论学习与实践探索

斯坦福大学积极倡导实用主义的教育观，坚持寻求教育的生产性功能，认为研究学习的最终目的是实践探索。该校第一任校长斯塔尔·乔丹曾明确指出："斯坦福不会像旧的教派学院一样使学生与世隔绝，而要使他们为实际世界的生活做准备。"[①] 第一，注重理论与实践相结合。创新教学形式，包括以学生为中心的案例教学、项目与实务导向性教学、体验式教学、主讲教师与客座嘉宾合作授课等，将所有前沿理论和实践知识融入课堂。邀请资深企业家和创业者走进课堂，与学生分享创业实践经验和见解。例如，谷歌公司董事长艾瑞克·施密特、风险投资人彼得·温德尔和斯坦福大学校友安迪·拉切列夫为学生讲授创业精神和风险资金；英特尔公司前总裁安迪·葛洛夫自 20 世纪 80 年代开始就与该校商学院战略与创新大师伯格曼教授合作讲授技术与创新的战略管理等 MBA 课程。第二，推进校企合作，实现人才、知识与资金的有机结合，积极为在校学生的知识成果转化和创业实践探索提供优质服务。斯坦福大学位于硅谷的核心，集人才、知识与资金于一体，在校企合作以及人才、知识与资金的有机结合方面有得天独厚的优势。

（三）供需结合：坚持将创新创业教育深度融合于个体发展与市场需求

创新创业教育面向两个市场：一是高校内部市场，高校是服务供给方，学生是服务需求方；二是高校外部市场，高校是人才供给方，社会是人才需求方。为妥善处理两个市场供给方与需求方的关系以及两个市场之间的关系，斯坦福大学在创新创业教育实施中主要从三方面进行了重点突破。首先，关注不同学科、不同学生的差异性需求，提供精细化教育服务。每个学院根据学科属性特征和学生个体需求开展具有针对性的创新创

---

① 丽贝·卡洛温. 创建冷战大学——斯坦福大学的转型［M］. 叶赋桂，罗燕，译. 北京：清华大学出版社，2007：22.

业教育服务。其次，通过与企业建立联合研究中心等方式，追踪市场前沿、推进科研创新，主动开辟和引领市场需求。斯坦福大学的创新创业教育不是对市场的被动适应和迎合，而是一种主动的开辟和引领。现阶段，斯坦福大学各个学院都与企业尤其是高科技企业建立了密切的长效合作关系，这种合作关系可以保证创新创业教育紧贴市场需求，触发科研创新，从而更好地促进和引领市场发展。据统计，斯坦福大学与企业建立的联合研究中心有 120 个以上。最后，贯通高校内部市场与外部市场的内在联系，实现产学研一体化的协同发展。斯坦福大学根据市场需求建立了学科专业的动态调整机制，并且根据学科专业的动态调整及时更新和开发创新创业教育资源与课程，实现了个体发展与市场需求的充分对接。①

（四）协同推进：坚持将创新创业教育深度融合于制度建设与文化塑造

创新创业教育是一项复杂的系统工程，需要协同高校、政府、企业、教师和学生等多方力量，形成内在凝聚力和推动力，构建生态综合发展体。首先，根据《董事会章程》《行政管理指南》《评议会宪章》等规范性文件，斯坦福大学明确了高校、政府、企业、教师和学生等多方主体的关系，倡导学术自由、鼓励创新创业的理念始终贯穿其中，而且给创新创业教育的具体实施预留有较大的制度空间。其次，为充分调配创新创业教育资源，斯坦福大学组建了斯坦福创业网络（Stanford E-corner），将创业研究中心、社会创新中心和技术许可办公室等机构全部囊括进去，统筹管理创新创业教育工作。最后，以第二课堂形式丰富创新创业活动，培育以创新创业为核心的特色校园文化。斯坦福大学的创新创业活动可分为两类：创新创业竞赛类活动、学术研讨类活动。斯坦福社会创业挑战赛和斯坦福社会运动挑战赛吸引了来自教育学、历史学、社会学以及众多理工类专业的学生参与。创业教育圆桌会议及创业周等学术研讨活动每年都会定期举办，为学生提供了良好的学习平台。美国高校创新创业教育鼓励学生树立创新创业思维方式和价值取向，鼓励学生不拘泥于传统、张扬个性、大胆实践，鼓励学生用企业家精神武装头脑，并且积极进行跨学科组队以实现优势互补，使创新创业文化特质深深地烙在每一位学生身上，使学生素质成为美国高校的一种潜在竞争力。②

---

① 田贤鹏，夏爽. 斯坦福大学创新创业教育实施的特色之路及启示 ［J］. 现代教育管理，2016（12）：98 – 102.

② 包水梅，杨冬. 美国高校创新创业教育发展的基本特征及其启示——以麻省理工学院、斯坦福大学、百森商学院为例 ［J］. 高教探索，2016（11）：62 – 70.

二、麻省理工学院:"三位一体"生态系统

麻省理工学院享有"世界理工大学之最"的美誉,是全球最具影响力的创新创业型大学之一。麻省理工学院的成功无疑与其业已形成的以学生为中心,融合创新创业教育课程体系、创新创业实践竞赛体系、创新创业教育保障体系于一体的完整生态系统息息相关。[①]

麻省理工学院的创业教育从点到面覆盖各类学生的创业需求,突出体现了校企之间的密切合作,注重知识创新和成果转化,直接参与经济社会的科研、咨询服务,在高校、企业、政府与大学生之间形成了彼此关联、彼此促进的生态系统[②],见图 3 - 2。

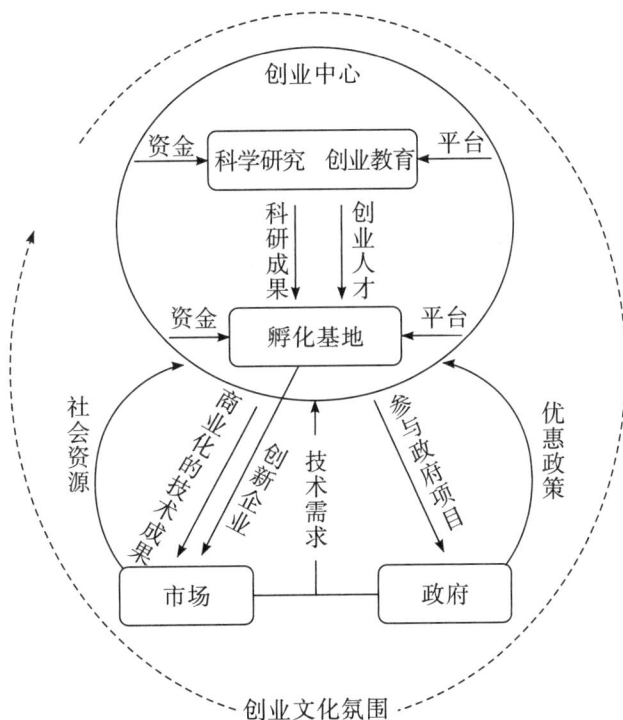

图 3 - 2　麻省理工学院创业教育生态系统

① 胡剑,张妍. 麻省理工学院创新创业教育课程体系建设特点研究 [J]. 高教探索,2019(2):69 - 73.

② 张昊民,张艳,马君. 麻省理工学院创业教育生态系统成功要素及其启示 [J]. 创新与创业教育,2012(2):56 - 60.

（一）全方位的课程设置

麻省理工学院是美国最早开展创新创业教育的高校之一。1958 年，Dwight Baumann 教授开设了麻省理工学院的第一门创新创业课程。麻省理工学院坚持以"实用性"为原则，以培养新一代的创业领导和精英为愿景，对创新创业课程进行了系统化设计。

1. 完善的课程体系，推倒专业教育与创业教育之间的围墙

麻省理工学院的创业教育课程包括理论型创业课程、实践型创业课程与团队项目型创业课程。理论型创业课程包含"没有边界的创业""管理技术与创新"等课程，为学生的实践活动提供了完善的理论基础；实践型创业课程包含"社会创业""发展型创业"等课程，帮助学生将创业的初步设想形成计划，为他们提供相关的指导与培训；团队项目型创业课程包含"创业实验""创新团队"等课程，让学生可以跨专业自由组建团队，共同解决创业项目中的实际问题。同时，团队项目也为学生提供进入知名公司实习的机会，让他们能够在真实的企业环境中得到锻炼，运用课程所学理论知识解决实际操作问题，实现教学与实践紧密互动。

2. 丰富的第二课堂，搭建知识传授与创业活动之间的桥梁

麻省理工学院校园内与创新创业相关的实践活动、学生社团、科研项目很多，形成了丰富多彩的创业教育第二课堂。例如，麻省理工学院"大学生研究机会计划（UROP）"以研究性项目为基础，本科生作为教师的初级同事参与研究工作；麻省理工学院 10 万美元创业大赛培育、孵化了很多创新企业，创造了超过 4 600 个工作岗位。①

3. 特色跨学科设计，跨越专业教育与素质教育之间的鸿沟

麻省理工学院设立了大量文理交叉、理工交叉的跨学科课程，允许学生跨专业、跨学科、跨学院学习。一方面，该校强调科学和人文的联系，提高了理工科专业人文（包括经济）科学课程的比重，培养了学生在工程科学与社会人文两个方面处理问题的综合能力。另一方面，该校跨学科聘请教师，为学生提供大量知识新颖、交叉性强、水平较高的课程和讲座，不断丰富和更新学生的知识结构，培养其前沿意识和创新能力。例如，麻省理工学院成立"科学、技术与社会规划（STS）"学院，实现在自然科

---

① Entrepreneurial impact：the role of MIT—an updated report ［EB/OL］. ［2016 – 06 – 24］. http：//photos. state. gov／libraries／russia／231771／PDFs／Roberts_ Eesely_ 2011_ update. pdf.

学、技术科学、人文科学、社会科学等领域进行跨学科交叉教育。①

（二）专兼结合的师资队伍

按照所从事的科研属性可将麻省理工学院的教师分为两种类型：一类是内部学术型教师，他们主要利用麻省理工学院的内部资源进行相关学术研究，不从事外部工作。另一类是外部实践型教师，他们在完成学校科研与教学的同时，还会为社会企业、客户提供智力和技术等咨询服务。麻省理工学院创造性地推出一条"黄金法则"——"五分之一原则"（教师一周内有一天时间专门用于与创业相关的服务和实践工作，其余四天需为大学履行义务）。该做法使参与创业相关工作或在创业一线的教师有时间讲授创新创业课程，补充了创新创业教育的师资力量。更重要的是，麻省理工学院将有无参与企业创建等经历作为教师聘用、考核和晋升的重要参考依据，极大地调动了教师创新创业的积极性。同时，教师通过参与企业管理、创业实践，提升了对创新创业的理解与认识，并将这些理解与认识融入课堂教育，提高了理论知识的实践性，避免了理论与实际脱节。②

（三）完善的组织保障

根据学生的创新创业需求，麻省理工学院设立了多种创业组织机构，为学生创业提供全方位的服务保障。例如，创业中心（MIT Entrepreneurship Center）主要整合创业教育各种资源；创业辅导服务中心（MIT Venture Mentoring Service）主要提供创业咨询与支持；技术专业办公室（MIT Technology Licensing Office）主要服务于校内科研成果的专利申请与转移；资本网络（The Capital Network）主要吸纳与提供创业所需资本，实现创业资本的流通。同时，麻省理工学院创建了不同类型的学生社团组织，开展了丰富的创业教育活动，提高了学生创业的积极性与参与度。如全球创业工作坊（Global Startup Workshop）、创业者俱乐部（MIT Entrepreneurs Club）、创业社区（MIT Entrepreneurship Society）等组织为学生之间的信息流通、创意激荡、经验分享提供了平台，风险资本和私人直接投资俱乐部（The MIT Venture Capital & Private Equity Club）为创新创业教育生态系统

---

① MIT STS［EB/OL］.（2011 - 11 - 27）. http://web. mit. edu/sts/academic/index. html.

② 亨利·埃兹科维茨. 麻省理工学院与创业科学的兴起［M］. 王孙禹，等译. 北京：清华大学出版社，2007.

注入了宝贵的资金流。①

（四）多维度的支撑平台

一是政府制定相关政策法规，保护高校合法权益，为大学生创新创业提供良好环境，如出台相应的中小企业免税法，采用调控手段使资金流向大学生创业主体等。二是社会多元机构（包括各种科技园、创业培训机构、创业资质评定机构、风险投资机构等组织）通过开展创业教育宣传，开发创业教育课程，提供创业知识和专业训练，为创业者出谋划策。例如，通过提供创业经费赞助、奖励优秀学生等方式，促进麻省理工学院创业实践和创业教育成果的市场转化。② 三是形成以高校为主导的高校、政府和产业有机结合的创新创业模式，一方面通过签订协议与政府、产业界建立合作关系并接受其资助，另一方面为政府、产业界培养人才和输送最新科研成果，实现"政产学研"的优化组合。③

三、慕尼黑工业大学：螺旋式循环系统

慕尼黑工业大学（TUM）作为德国高水平理工大学的典范，以创建"创业型大学"为学校发展的战略目标，坚持将自身发展融入区域经济建设，以服务区域市场需求为导向，注重创新人才培养的针对性、适用性以及创新科技的成果转化，把内部创新创业教育改革与对外产业融合紧密结合起来，吸纳社会多元要素参与，不断完善创新创业课程体系、创新创业支持机构，加强创新创业服务网络建设和创新创业文化建设等，逐步构建起具有自身特色、适应市场需求的创新创业教育生态系统。从创新创业课程体系（生产者）培养创新意识、创业思维，经过全方位、全过程创新创业服务机构（分解者）和多科学融合的创新创业文化体系（催化剂）产生创新创业人才及科技型初创企业，再经过应用市场（消费者）将检验成果反馈给慕尼黑工业大学，该校根据检验成果继续完善理论体系及教学模式，从而形成一个螺旋式循环系统。可借鉴自然生态系统中生产者、分解

① 张昊民，张艳，马君. 麻省理工学院创业教育生态系统成功要素及其启示[J]. 创新与创业教育，2012（2）：56 – 60

② 刘凤云. 借鉴美国经验的中国高校创业教育研究［J］. 江苏高教，2010（4）：83 – 85.

③ 包水梅，杨冬. 美国高校创新创业教育发展的基本特征及其启示——以麻省理工学院、斯坦福大学、百森商学院为例［J］. 高教探索，2016（11）：62 – 70.

者、消费者、催化剂之间相互作用的思想，分析慕尼黑工业大学创业教育生态系统的构成要素①，见图 3 – 3。

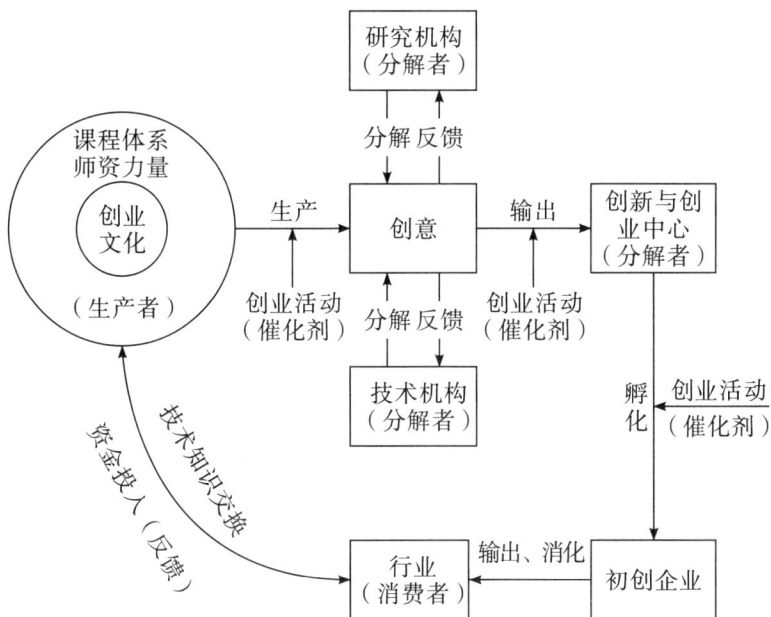

图 3 – 3　慕尼黑工业大学创业教育生态系统

（一）以实践为导向的创业课程（生产者）

慕尼黑工业大学的创业教育课程突破学科之间的界限，形成了以实践能力为导向的课程体系。以 Start TUM 为例，其作为一个集成式创业教育方式，十分注重创业实践培训，为学生创办企业提供全程指导，教学内容以实践为导向、以需求为基础。Start TUM 教学课程分为 Sense、Touch、Assess、Recognize、Take-off、Understand More 6 个模块。每个模块对应不同的创业阶段，力图为学生提供全面、系统的创业培训，帮助他们学习整个创业过程的相关知识（见表 3 – 1）。这种纵向分布式教学，将创业全过程的相关知识都包含在内，使学生能够逐步掌握全面的创业知识，提升创业技能。

---

①　何郁冰，周子琰. 慕尼黑工业大学创业教育生态系统建设及启示［J］. 科学学与科学技术管理，2015，36（10）：41 – 48.

表 3-1 Start TUM 创业课程教学模块

模块	阶段	问题思考	代表性课程和项目
Sense	感知	比成为员工更好的职业是什么	创业学、创业准则、组织心理学、创新型企业家
Touch	接触	我愿意过创业者的生活吗	创业准则、创新型企业家、商业计划研讨会（基础班）、创业培训（春季班、夏季班）
Assess	评估	我想成为创业者吗	创业准则、组织心理学、创业营销实验室、创新型企业家、商业计划研讨会（基础班）、创业培训（春季班、夏季班）、技术创业实验室
Recognize	识别	要成为一个创业者必须做什么	创业准则、技术融资和商业化、创新和营销的可持续性、沟通和领导力、领导力的激励、营销创业实验室、商业计划研讨会（基础班、高级班）、创业培训（春季班、夏季班）、技术创业实验室
Take-off	创办	我要如何开始创立企业	创业融资、创业者的债务金融、企业家精神和法律、技术融资和商业化、高级战略和组织、创新和营销的可持续性、沟通和领导力、领导力的激励、战略与组织（导论班、高级班）、营销和战略及领导力、商业计划研讨会（高级班）
Understand More	理解更多	我要如何通过开展前沿研究去理解更多创业理论	创业及创业管理研讨班、创业融资、创业者的债务金融、技术融贷和商业化、创新和营销的可持续性、组织心理学、沟通和领导力、领导力的激励、战略与组织（导论班、研讨班）、营销和战略及领导力

资料来源：慕尼黑工业大学官网。

（二）全方位的创业支持系统（分解者）

为提升学生创业技能，并提供创业支持，慕尼黑工业大学根据学校组织机构的职能和研究项目的应用，搭建了系统的创业支持机构，为初创企业的成立和发展提供了全方位的支持，有利于推进新创意快速地转变为商业机会。创业支持机构包括创新与创业中心、社会创业协会、创业研究

所、创业和金融研究所、行业联络办公室、研究和创新办公室、技术创业
实验室、创业基金①，见图 3 - 4。

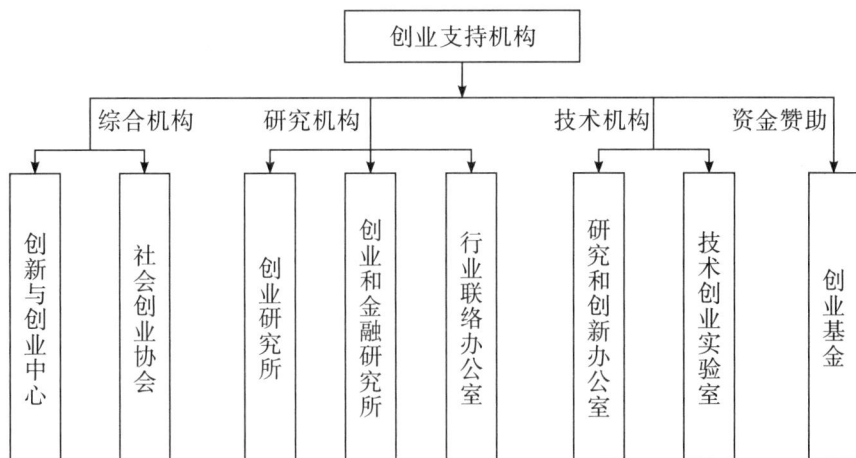

图 3 - 4　慕尼黑工业大学创业支持机构②

（1）创新与创业中心（Unternehmer TUM）成立于 2002 年，截至 2015
年已发展成为欧洲最大的校级创新与商业创造服务中心，员工有 70 多名，
每年开设超过 1 000 次与创业相关的讲座、研讨会和项目分析会，并推出
50 多个创业项目和初创企业，创造性地把天赋、技术、资本和客户进行紧
密联系，开发出一套系统的程序来鉴别和利用创业机会。创新与创业中心
由 4 个组织构成：gGmbH（通过提供卓越和具实践性的创业训练、孵化技
术创业团队、产品原型所需的基础设备或条件等，激励和授权学生、研究
者及专家开展创业活动）、Project GmbH（通过"创业企业加速器项目"并
联合新成立的企业来识别、开发及实现创业合作项目，以成功地产生新企
业）、Funds Management GmbH（设立风险投资，为处于新兴技术领域的创
业者提供进入国际市场的机会）、Maket Space GmbH（会员制开放型组织，
包括高新技术研讨会和模拟工作室）。

（2）社会创业协会（SEA）由慕尼黑工业大学、慕尼黑大学、慕尼黑
联防国防军大学、慕尼黑应用技术大学等在 2010 年共同创立。其关注的领
域包括教育和集成、社会和参与、医疗保健和社会挑战、环境和可持续、
内部创业和创新，致力于"为社会变革而教学"，主要任务是进行资格培

①　何郁冰，周子琰. 慕尼黑工业大学创业教育生态系统建设及启示 [J]. 科学
学与科学技术管理，2015，36（10）：41 - 48.

②　参见慕尼黑工业大学官网。

训和推动创业，提供初创咨询服务以及网络、合作伙伴和团体。

（3）创业研究所（ERI）是欧洲领先的创业研究机构之一，分为教学、研究两部分，拥有一个由20多名不同背景和资质的科学家组成的跨学科团队，主要研究创业者及初创企业的成长规律，涉及创业认知、创业决策、创业心理、新企业绩效及其影响因素等多个领域。其研究内容主要包括两个方面：一是从经济学和心理学的角度探索开拓商业的途径及机制，提高学生对创业者和创业组织的认知；二是从商业科学的角度去理解新兴组织及其成功的影响因素。

（4）创业和金融研究所（CEFS）由慕尼黑工业大学与德国复兴银行首席教授安·克里斯汀·阿赫莱特纳、财务与资本市场系首席教授克里斯托夫合作创办，开展了大量关于初创融资的外部资助项目研究，包括中小企业期权融资、新创企业私募股权、欧洲风险投资市场、家族创业的资本市场融资、社会创业的绩效管理、德国创业指数（German Entrepreneurial Index）等。

（5）行业联络办公室（ILO）是慕尼黑工业大学连接研究和商业的服务中心。慕尼黑工业大学重视在促进基础研究的同时加强科学知识的应用研究，形成了一个互补的研究链，并通过与商业伙伴的合作，使知识和技术转移到社会。每年慕尼黑工业大学都会与科学界和企业界的合作伙伴签署1 000多项合作研究与开发协议，催生了不少技术型新企业。

（6）研究和创新办公室（ORI）除了具有与行业联络办公室类似的功能之外，还会为慕尼黑工业大学所有有意申请专利的师生提供关于知识产权的全面建议，评估他们的发明及其专利保护的可能性和工业实用性，帮助他们提出专利申请，明确发明者的专利权。

（7）技术创业实验室（TEL）主要是帮助创业者评估技术，讨论其用途及客户群体，探索实现想法的最佳商业模式及相关专利战略。它还有一个"机会评估计划"，旨在帮助创业者厘清和执行创业步骤，如发展趋势分析、市场机会和环境分析、下一步行动计划等。

（三）产学深度融合的协同模式（消费者）

慕尼黑工业大学充分利用身处慕尼黑这座工业城市的资源优势，与产业界紧密联系、协同发展。一方面，学校不断调整自身的教育模式，以适应产业的最新发展，不仅在教学上注重理论与实践的结合，还在工程应用研究领域与工业企业深入合作，承担大量的合作项目，致力于生产实践的研究和探索，使得人才培养更有针对性；另一方面，学校注重与产业界保持长期、密切合作，鼓励相关用人单位吸纳该校培养的高素质初级工作人员或毕业生。2011 年 8 月，德国政府在高科技战略框架下发起"科研校园：公私创新伙伴联盟"竞争性行动计划并设立行动基金，致力于促进企业、大学和研究机构之间形成长期伙伴关系，通过深化合作加快科研成果的转化利用。[①] 慕尼黑工业大学与宝马、大众、安联保险等多家知名企业都建立了良好的长期合作关系，不仅为其解决了急需的生产技术问题，还促进了对创新型产品与方法的研究与开发，并将相关研究成果转化于实际生产。

（四）多学科融合交流的创业文化（催化剂）

慕尼黑工业大学依托丰富的外部资源及网络，强化跨领域的交流合作，打破因学院门派分割形成的学术封闭状态，为学生提供多个跨学科、国际化的研究和学习平台，实现创业文化与学术文化的融合；开展各种类型的创业活动，构建各学科之间相互融合交流的校园文化，将创业文化渗透到教学的每一个环节，加速创意的产生以及转化，在提供创业资金的同时还构建了创业所需的社会关系网络，通过 Evobis、IdeaAward 等商业计划大赛提供创意展示平台，不断激励学生创业，激发他们的创业灵感，鼓励他们自主创业；多渠道拓展外围资源，搭建交流合作和互助平台，积极联系校友资源，构建校友联盟，实施"导师辅导咨询计划"，通过校友企业家的指导和分享创业经验，帮助学生通过创业网络获得人脉资源、职业经验和资金支持。

综上所述，斯坦福大学、麻省理工学院和慕尼黑工业大学创新创业教育的成功经验在于构建一个开放、融合的创新创业教育生态系统，协调系统持续运转中生态要素的互动关系，实现政策、资金、资源等要素的有效聚集，打造协同育人的创新创业教育平台。下一章将借鉴国外创新创业教育的先进经验，构建符合国内实际的区域协同创新创业教育生态系统，引入生态位理论，厘清生态系统中各生态要素的定位、职责以及交互作用，探索高校创新创业教育生态系统的运行机制。

---

① 徐强. 德国政府引导科技与经济紧密结合的举措及其借鉴意义 [J]. 经济研究参考，2012（51）：38－44.

第二篇

创新创业教育生态
系统构建与策略

从创业教育到创新创业教育，经历了 20 余年的实践探索。在政府驱动与市场带动下，全国各大高校纷纷投入大量资源、加大力度参与其中，推进高校创新创业教育的深化改革。虽然创新创业教育的基本内容和体系已经逐步完善，但是外部驱动发展模式和要素式研究思维逐渐出现瓶颈问题，从而导致创新创业教育仍处在"外热内冷"的阻滞状态。

在国家实施创新驱动发展战略的背景下，随着创新创业教育的不断推进，其迫切需要从"外驱式建设"转向"内涵式发展"。高校作为创新创业教育的主阵地，不仅要思考创新、创造、创业的融合，更要思考如何与社会、政府更好地互动，因而需要将其作为一个整体存在的生态发展问题来研究。

正在转型的创新创业教育，其理论与实践的发展必须以更高、更广的视角，超越创新创业教育要素论，探寻创新创业教育与内外环境的相互关系，进而为创新创业教育的发展提供理论指引及实践导向。生态式思维方法强调从整体出发，尤其关注系统的平衡性和联动性，把握事物之间的因果关系，从而改变目前研究中"只见局部、不见整体""头痛医头、脚痛医脚"的研究现状，从整体、共生、协同的角度探讨和解决我国高校创新创业教育面临的一些问题。

高校创新创业教育生态系统本质上是一个社会生态系统的子系统，也是一个耦合开放的创新创业关系网络，其发展演变过程涉及生态位、生态系统、社会生态系统、创新生态系统和协同创新等众多理论的交叉。因此，本篇将以生态位理论和生态系统中的"整体""共生""协同"思想为主要视角，推动创新创业教育研究从"要素完善"转向"生态发展"，运用生态式思维寻求生态系统中各要素间及与系统生态环境之间的整体互动、协同发展，构建高校创新创业教育生态系统。

构建高校创新创业教育生态系统，有助于我国高校创新创业教育从"权力推进、资源驱动"等外部驱动发展模式走向基于自组织生长机理的开放协同的生态发展机制，从无序走向有序，在国家实施创新驱动发展战略的背景下推进以创新创业教育为突破口的高等教育改革。

第四章 创新创业教育生态系统的理论基础

根据生态学理论的演进逻辑，创新创业教育生态系统代表着创新创业教育体系的高阶进化形态，构建了一种创新创业教育要素的共生关系。它是一个由创新主体、创新资源和创新环境等生态要素组成的协同开放、共生竞合、动态演化的复杂系统；是一种基于特定区域生态环境和创新主体与资源分配形成的纽带关系，由多元创新主体构成、主体之间存在内在关联且时常发生复杂的动态交互过程①，如同生物生态系统一样，从生态要素随机选择不断演变到结构化的生态群落。将生态系统理论引入创新创业教育中，由关注系统中要素的构成向关注要素之间、系统与环境之间的动态过程转变，突出强调了创新创业教育生态系统的联动、开放、协同、共生、演化等生态特征，实现了创新创业生态理论的研究范式转变。② 创新创业教育生态系统的发展演变过程涉及教育学、生态学、生态系统、协同创新等理论的交叉，因此，在研究实践中往往需要基于上述理论基础从多角度交叉研究创新创业教育发展逻辑、功能定位和运行机制的影响机理，为研究与构建创新创业教育生态系统提供理论基础。

一、生态系统理论

（一）生态系统的概念内涵

生态系统理论源于生态学，是生态学上的一个主要结构与功能单位，属于生态学学科领域内的最高层次。生态学认为，生态系统是在一定空间范围内，由不同生物群落间及生物群落与其环境之间借助于功能流（物种流、能量流、物质流、信息流和价值流）而形成的具有一定格局的稳态系统。③ "生态系统"概念最早由英国生态学家坦斯利（A. G. Tansley）在1935 年提出，他用系统的方法解释生物与其所属自然环境的关系，认为在

---

① 成希，李世勇. 大学创新创业教育生态系统的指标构建与权重分析 [J]. 大学教育科学，2020（1）：99 – 106.

② 曾国屏，苟尤钊，刘磊. 从"创新系统"到"创新生态系统"[J]. 科学学研究，2013，31（1）：4 – 12.

③ 蔡晓明. 生态系统生态学 [M]. 北京：科学出版社，2000：11 – 12.

特定空间内所有生物间以及生物与环境之间能通过能量交换、物质流动和信息传递形成彼此间相互作用、相互联系的统一整体。① 一般来说，生态系统的构成包括生物要素和非生物要素：生物要素可分为生产者、消费者、分解者三个类群；非生物要素即非生物环境，包括无机物质、有机化合物、气候因素等。生物部分可以从非生物部分获取营养成分以及维持生命活动所需要的能量，非生物部分则为生物部分的生存提供了良好的生活环境。生态系统各成分之间相互关联并且发生作用，从而形成固定的结构模式，如食物链和食物网结构、层级系统结构、时间和空间结构、物种结构等。

（二）生态系统的基本特征

根据生态进化原理，生态系统一般具有如下基本特征：平衡性和动态性、协同性与竞争性、区域性与差异性、多样性与复杂性。生态系统的诞生演进是一个动态发展的过程，从低阶到高阶、从简单到复杂，经历"平衡—不平衡—新的平衡"动态变化过程，最终会趋于相对稳定的平衡状态，但是系统内部的资源、信息、能量的交换却从来不会停止，即在特定空间范围内物种的种类、数量以及能量的交互流动能够形成动态平衡。达尔文的物竞天择理论反映出在生态系统中生物之间既存在竞争关系，也存在相互依赖行为，即表现为相互间竞争性与协同性并存。不同的地理环境拥有不同的生态条件，则会有与之相适应的生物种群，从而形成了生态系统的区域差异，这是由系统的组织成分对地理环境的适应和相互作用导致的。生态系统内部各物种之间不是简单的线性关系，而是呈现出一种复杂的、非线性的耦合关系。一方面，当一个物种发生变化时，可能会引起与它直接或间接相关的物种发生改变；另一方面，每一个物种都可能同时受到若干其他物种的影响。② 黄轩认为，生态系统的生物多样性是指在一定时间和地区内所有的物种及其遗传变异和生态系统的复杂集合，主要表现为物种多样、物种之间或物种与环境之间相互作用的多样、生态环境和生物群落的多样。③

随着生态系统理论的发展，生态学的研究范畴早已超出了生物学的研

---

① 罗汉军. 生态系统的演化 [J]. 自然辩证法通讯，1981（3）：23 – 27.

② 刘海滨. 高校创业教育生态系统构建策略研究 [J]. 中国高教研究，2018（2）：42 – 47.

③ 黄轩. 生物多样性与景区生态系统稳定性关系探讨 [J]. 河南林业科技，2011（3）：50 – 52.

究领域，它不仅适用于自然科学，还适用于社会科学，已经成为一门交叉学科。胡艳和张光辉曾对生态系统的应用研究进行概括，指出可将具有生态系统特征的研究对象纳入生态系统研究框架，并在此假设下对中国投资生态系统进行了有益的理论探索。① 侯杰等学者指出，生态学的隐喻能给管理现象的研究带来更广阔的视角，他们基于组织生态学中种群演化的理论，对企业成长演化进行了案例研究。② 还有一些学者开始尝试用生态系统理论来指导高校创新创业教育，探索创新创业教育生态系统的构建思路。黄兆信和王志强认为，高校创业教育生态系统必须使关键行动主体、支持群体、环境要素组成动态的闭环结构，形成知识生产—知识扩散—知识创新—价值创造的完整链条。③ 刘海滨认为，高校高层领导、师资队伍、资源、创业课程、创业活动与实践、组织架构、环境要素是我国高校创业教育生态系统构建中的关键要素。④ 杨晓慧提出，高层领导的愿景与推动、强大的行政及教师领导力、财政资源的持续投入、课程及项目的持续创新、恰当的组织架构、创业活动的扩张与进化是创业教育生态系统构建的关键因素。⑤ 相关研究一方面通过生态系统理论对创新创业教育的内动力和外动力做了深层次的探析，另一方面注重创新创业教育各要素的融合和互动的有效性，以推动创新创业教育的全面发展和可持续发展。

二、社会生态系统理论

（一）社会生态系统的概念与内涵

随着人类活动的增加，自然系统与社会经济系统已相互渗透，纯自然的生态系统已被自然—社会—经济耦合的社会生态系统所取代。生态学的学科视野与理论方法已应用到多门社会科学之中，有苏联学者将这一趋势

---

① 胡艳，张光辉. 风险投资生态系统的构建及其特征分析 [J]. 武汉理工大学学报（信息与管理工程版），2007（8）：98–99.

② 侯杰，陆强，石涌江，等. 基于组织生态学的企业成长演化：有关变异和生存因素的案例研究 [J]. 管理世界，2011（12）：116–130.

③ 黄兆信，王志强. 高校创业教育生态系统构建路径研究 [J]. 教育研究，2017（4）：37–42.

④ 刘海滨. 高校创业教育生态系统构建策略研究 [J]. 中国高教研究，2018（2）：42–47.

⑤ 杨晓慧. 高校创业教育生态系统建设的国际比较和中国特色 [J]. 中国高教研究，2018（1）：48–52.

归纳为"科学的未来是生态学的综合"。① 国内外学者对生态系统的研究领域逐渐由自然生态系统扩大到人类活动主导的社会生态系统。Gumming 等学者提出"社会生态系统"概念，认为社会生态系统是人与自然紧密联系的复杂适应系统，具有不可预期、自组织、多稳态、阈值效应、历史依赖等多种特征。② 余中元等学者认为社会生态系统是人、自然、社会组成的复杂系统，是社会系统和生态系统的耦合，是自然环境、经济、政治、历史、文化、治理、意识复合的巨系统，在这个系统里，任何一个要素的变化都会引起其他要素的连锁反应。③ 奥斯特罗姆（Elinor Ostrom）在《科学》杂志上发表的《社会生态系统可持续发展总体分析框架》引起了学术界对社会生态系统理论与实践探索的高度关注④，为解决社会问题及生态问题提供了全新的视角。

（二）社会生态模型

社会生态模型是人与社会环境相互影响的一种动态模式，包括人与人、人与环境交互形成的社会环境以及生物与生物、生物与环境交互形成的生态环境，其组成有个人、社会环境、物理环境和政策法规等。⑤ 奥斯特罗姆建立的社会生态系统分析框架表明，社会生态系统具有四个核心系统要素：管理体系、资源系统、行为主体和资源单位（见图4-1）。这些系统之间存在相互影响的交互关系，同时与社会、经济、文化与政治措施等相关联。另外，每个核心系统由多个次级变数（如管理体系的服务水平、资源系统的规模、行为主体的认知水平、资源单位的灵活性等）构成。随着人类社会系统与自然生态系统的结合愈发紧密，仅强调自然生态系统的韧性管理已难以应对耦合社会生态系统的复杂动态。因此，应将源于人类社会系统的治理思想与生态系统研究相结合，并融合多学科对人—

---

① 叶峻. 从自然生态学到社会生态学［J］. 西安交通大学学报（社会科学版），2006，26（3）：49－54，62.

② CUMMING G S, BARNES G, PERZ S, et al. An exploratory framework for the empirical measurement of resilience［J］. Ecosystems, 2005（8）：pp. 975－987.

③ 余中元，李波，张新时. 社会生态系统及脆弱性驱动机制分析［J］. 生态学报，2014，34（7）：1870－1879.

④ OSTROM E. A general framework for analyzing sustainability of social ecological systems［J］. Science, 2009, 325（5939）：pp. 419－422.

⑤ BRONFENBRENNER U. Ecological systems theory. Six theory of child development：revised formulations and current issues［M］. London：Jessica Kingsley Publishers Ltd. , 1992：pp. 187－248.

环境相互作用问题的探讨。①

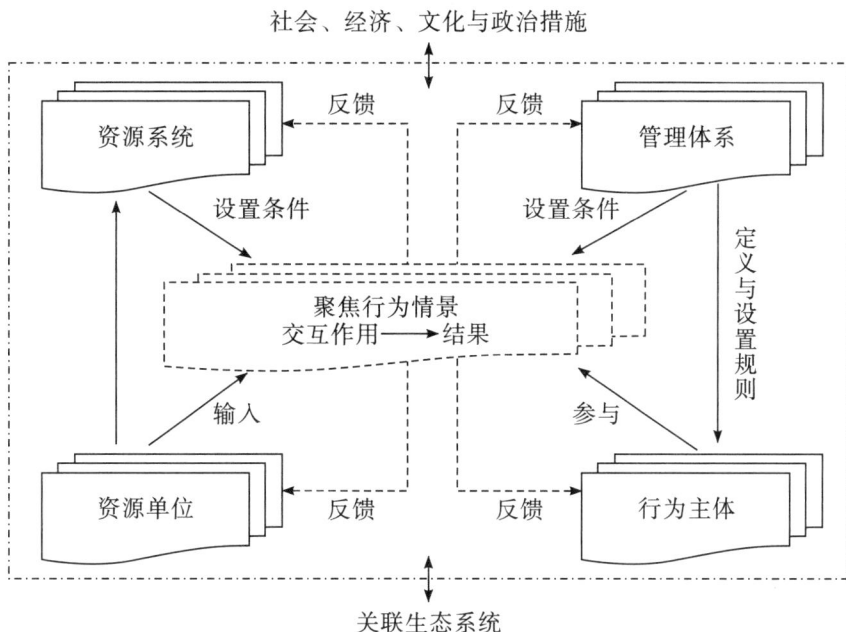

社会、经济、文化与政治措施

图4-1 社会生态系统分析框架

创新创业教育诞生于高校教育生态，其多年来的发展囿于高校范围，未能真正融入社会市场。究其本源，创新创业教育在本质上是一种教育活动，目的在于培养学生的创新精神、创业能力和创新创业思维，理应是一种可以贯穿人的社会化全过程的教育实践活动，但事愿相悖。因此，创新创业教育的未来发展要打破这一"天花板"，就必须增强创新主体与社会生态环境的交互性，使其不断循环，以促进创新创业教育活动中异质创新主体的协同创新。社会生态系统理论为其提供了有力的理论支撑。社会生态系统理论认为，在创新主体与环境互动的三个核心系统中，每个系统的不同层面与创新主体的交互性活动都能产生互相影响，就好像一个互相咬合的齿轮，任何一个环节出问题都会影响整个生态系统的全局发展。创新创业教育作为一种教育活动，通过理论与实践结合，潜移默化地渗透到创新主体不同的生态系统中，依托校内外协同创新平台整合校内外创新创业资源，构建创新创业教育生态系统，建立系统生态要素交互作用机制，把创新创业教育贯穿创新主体的全部社会生活，促进创新创业教育的持续发

① STARZOMSKI B M. Navigating social-ecological systems: building resilience for complexity and change [J]. Ecology and society, 2004, 9 (1): p. 1.

展。2005 年，Katharine Dunn 根据麻省理工学院在全校范围内突破学院、学科和专业界限整合全校资源开展普及性创业教育的模式，提出"创业生态系统"概念。① 但是不难发现，这种在麻省理工学院成功实践的创业生态系统仍然局限在学校范围内，而根据现实需求，光靠高校这一主体是远远不够的。创新创业活动应在社会生态这个大环境下进行，加强"政产学研用"的协同合作有助于其形成有机统一的整体，最终促使创新创业教育实现良性发展。

三、创新生态系统理论

（一）创新生态系统的概念与内涵拓展

"创新"概念由美国经济学家熊彼特在 1921 年首次提出并运用到经济学中，其最初的实际意义是将生产要素与生产手段重新组合，并与经济发展联系起来，成为推动经济发展的持续动力。② Moore 将生态学理论带入经济创新领域，提出了"商业（企业）生态系统"概念。③ 2004 年，美国总统科技顾问委员会（PCAST）发布的《维护国家的创新生态体系、信息技术制造和竞争力》研究报告指出，创新生态系统是国家创新能力不断发展的关键，国家经济繁荣和实现全球领先得益于其完善的创新生态系统。④ 随着创新环境的改变，创新已经不仅仅是简单关注创新内部的要素构成，还需要关注要素间、要素与外界环境间的动态关系，创新生态理论逐渐兴起。但目前对于创新生态系统尚未形成统一的界定，学者们从微观、中观和宏观等不同层次及结构、要素、功能等不同角度来理解创新生态系统，使其得以在创新研究的各个领域、各个层次展现生命力，并形成了多样化的分析框架。Adner 认为，创新生态系统作为一种协同整合机制，将系统

---

① DUNN K. The entrepreneurship ecosystem ［J］. MIT technology review, 2005 (9)：pp. 23 – 35.

② 约瑟夫·熊彼特. 经济发展理论 ［M］. 郭武军，译，北京：华夏出版社，2015.

③ MOORE J F. Predators and prey：a new ecology of competition ［J］. Harvard business review, 1993, 71 (3)：pp. 75 – 86.

④ President's Council of Science and Technology of the Untied States. Sustaining the nation's innovation ecosystems, information technology manufacturing and competitiveness ［R］. Washington DC：President's Council of Advisors on Science and Technology, 2004：pp. 1 – 30.

中各个企业的创新成果整合成一套协调一致、面向客户的解决方案①；
Shakera 和 Zahrasn 提出，创新生态系统是一个由各种关系联结而成的网络，
通过信息、人才等要素在该网络中的流动，以实现持续性共创价值②；
Luoma-aho 等学者把创新生态系统定义为一个在生态环境中起互动和交流
作用的长久性或临时性系统，在这个生态环境中存在着各种各样的创新主
体，它们能相互传授思想，推动创新发展③；Russell 等学者认为，创新生
态系统是指由跨组织、政治、经济、环境和技术等子系统组成的系统，通
过各子系统的互动，形成一种有利的创新氛围，以催化和促进业务持续增
长。④ 国内的创新生态系统理论最早由黄鲁成提出，他强调区域技术创新
与生态之间的关系，更多是从可持续发展角度探究生态系统理论对区域技
术发展的重要性。⑤ 曾国屏等学者认为，创新生态系统理论就是用生态学、
生态系统理论来研究整个创新过程，把创新过程视为一个生存、发展、消
亡以及与周围环境不断发生联系的生态过程，强调整个生态系统的多样性
和适应性，并将创新生态系统概括为一个由创新物种、群落、创新链构
成，系统内创新要素聚合并相互反应的复杂开放系统。⑥ 张运生和张利飞
认为，创新生态系统是高科技企业在全球范围内形成的具有自然生态系统
某些特性的基于专利许可、技术标准合作、协作研发的标准化战略的模块
构件间协同配套、共同进化的面向客户需求的技术创新体系。⑦ 郑小勇认
为，创新生态系统是围绕技术创新和技术商业化而形成的一种组织间的广

---

① ADNER R. Match your innovation strategy to your innovation ecosystem [J].
Harvard business review, 2006, 84 (4l)：pp. 98 - 107.

② SHAKERA, ZAHRASN. Entrepreneurship in global innovation ecosystems [J].
Academy of marketing science review, 2011 (1)：pp. 4 - 17.

③ LUOMA-AHO, VILMA, HALONEN S. Intangibles and innovation：the role of
communication in the innovation ecosystem [J]. Innovation journalism, 2010, 7 (2)：
pp. 1 - 19.

④ RUSSELL M G, STILL K, HUHTAMAKI J, et al. Transforming innovation
ecosystems through shared vision and network orchestration [R]. Triple Helix IX International
Conference, 2011.

⑤ 黄鲁成. 关于区域创新系统研究内容的探讨 [J]. 科研管理, 2000 (2)：
43 - 48.

⑥ 曾国屏, 苟尤钊, 刘磊. 从"创新系统"到"创新生态系统"[J]. 科学学研
究, 2013, 31 (1)：4 - 11.

⑦ 张运生. 高科技企业创新生态系统风险识别与控制研究 [J]. 财经理论与实
践, 2008, 29 (3)：113 - 116；张利飞. 高科技产业创新生态系统耦合理论综评 [J].
研究与发展管理, 2009, 21 (3)：70 - 75.

泛联系。① 黄敏认为，创新生态系统是核心组织和其他不同层次的相关组织基于共同的创新目标而建立起来的一种网络组织形式，核心组织在创新的过程中频繁地与相关组织发生联系、交换知识或信息等资源，并进化发展出系统化、网络化的新型组织模式。② 杜德斌把创新生态系统定义为在一定地域内相互作用的各种创新机构（企业、大学、研究机构）与创新服务机构（政府、金融、法律、中介等）和创新环境的各个要素形成的统一整体，是创新体系、创新网络和创新环境的集合。③ 创新生态系统理论强调创新物种、创新种群、创新群落以及创新环境之间物质、能量和信息的传递过程，通常将此过程视为一个共生竞合、协同演化的复杂系统。

（二）创新生态系统的结构与功能延伸

随着对创新生态系统的概念完善与内涵挖掘，对其系统结构的认识发生了一系列改变。早期的创新生态系统强调创新主体之间的相互依赖，形成"主体依赖"模型结构，引入生态学理论，强调主体与环境的关系。杨荣提出了包括核心层、中间层和外围层三个层次的创新生态系统结构（见图 4-2）。核心层由异质创新主体组成，其功能为创新知识的生产、扩散与利用；中间层由支持机构组成，包括政府机构、创业机构、金融机构、中介机构等；外围层属于创新支持环境层，包括创新资源、创新激励机制、创新文化和创新基础设施等生态要素。④ 赵放和曾国屏以多重视角将研究范围从"主体之间相互依赖"拓展到"主体与环境的相互作用"，将三个层次的创新生态系统归纳为"中心生态—外围生态"结构分析框架（见图 4-3）。"中心生态"是由政府部门、高等院校、创新型企业、科研机构等异质创新主体构成的系统；"外围生态"则由社会环境与自然环境融合而成，如市场需求、经济条件、政策制度、基础建设等。⑤

---

① 郑小勇. 创新集群的形成模式及其政策意义探讨 [J]. 外国经济与管理，2010，32（2）：58-65.

② 黄敏. 基于协同创新的大学学科创新生态系统模型构建的研究 [D]. 重庆：第三军医大学，2011.

③ 杜德斌. 破解创新密码 [N]. 文汇报，2012-11-21（12）.

④ 杨荣. 创新生态系统的界定、特征及其构建 [J]. 科学与管理，2014（3）：12-17.

⑤ 赵放，曾国屏. 多重视角下的创新生态系统 [J]. 科学学研究，2014，32（12）：1781-1788，1796.

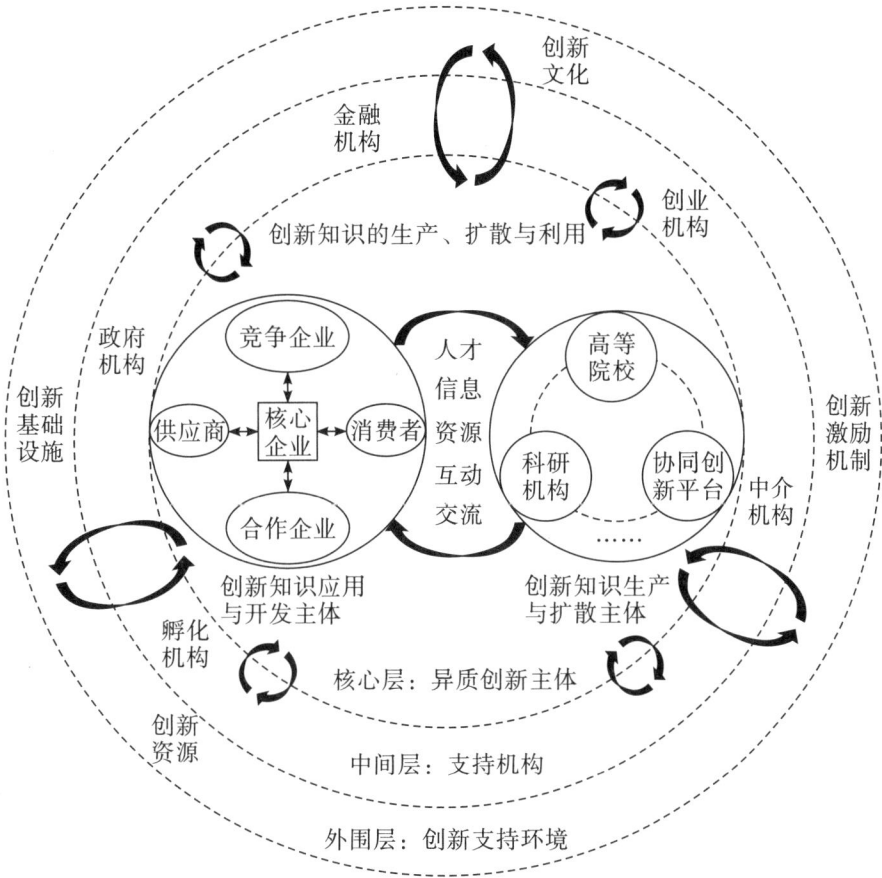

图4-2 创新生态系统结构简图

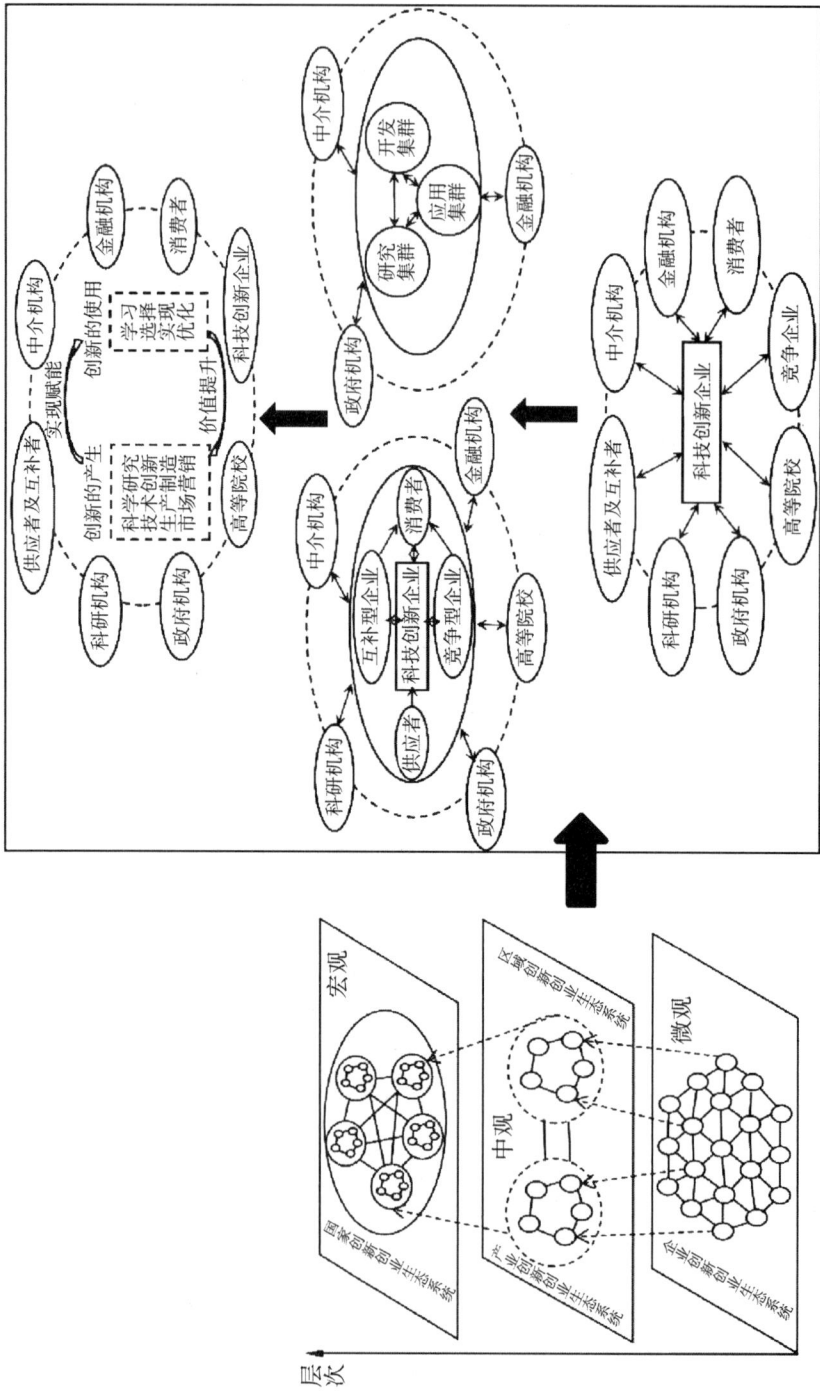

图4-3 多层次创新生态系统模型及其演化路径

创新生态系统的特征是系统固有属性，会随着系统内部构成要素的种类、数量及组合方式改变而产生巨大差异。相比于创新系统对资源配比的静态分析，创新生态系统更倾向于对创新主体与生存环境共生机制进行动态分析，包括异质创新主体间的共生演化、创新主体与系统环境的共生关系。① 创新主体间的竞合共生关系强调的是异质创新主体间为获取更大竞争优势而建立的合作关系②，并非彼此间毫无竞争的生存模式，其本质是基于合作共存的竞争③。创新主体依靠稳定的生态系统环境，从中汲取生态营养而获得创新效率的快速提升，并在创新过程中不断产生知识溢出，从而与系统环境形成共生性。创新生态系统内的各要素共生共荣，协同演化和互相适应，纵向演进呈现主体成长动态性、要素交互动态性、系统提升动态性三个层次。主体成长动态性即创新主体通过创新知识与资源积累、技术研发与应用实现自身核心竞争力的提升，最终抢占适宜自身发展的合理生态位④；要素交互动态性不仅表现为两个或更多生态要素共同参与的各种合作活动，更反映了协同关系的建立、放弃与再建立的调整过程。在此过程中，创新生态系统在协同合作、交互运行和共生竞合中逐渐积累更多信息、知识、资源与技术，生态要素间的协同关系更加紧密并相互适应，同时不断有物质和能量输入和输出，生态系统整体趋向于多维度的互动开放与动态发展。⑤

从生态系统的共生性来看，创新创业教育嵌构在高校教育生态和整个社会的大创新生态系统之中，进行高校教育系统内外的能量流动、物质交换和信息传递；从生态系统的动态性和平衡性来看，创新创业教育处在一个不断变化发展的过程中，其在外部环境的影响和自身要素的发展下，将逐步走向基于系统变革的生态发展；从生态系统的多样性和层次性来看，不同类型高校的创新创业教育发展模式应有所区别且各具特色，系统内部

① 李万，常静，王敏杰，等. 创新 3.0 与创新生态系统 [J]. 科学学研究，2014，32 (12)：1761 - 1770.

② 陈菲琼，范良聪. 基于合作与竞争的战略联盟稳定性分析 [J]. 管理世界，2007 (7)：102 - 110.

③ 魏江，曹建萍，焦豪. 基于竞合理论的集群企业技术能力整合机理研究 [J]. 科学学与科学技术管理，2008 (6)：135 - 141；GNYAWALI D, HE J, MADHAVAN R. Impact of co-opetition on firm competitive behavior: An empirical examination [J]. Journal of management, 2006, 32 (4): pp. 507 - 530.

④ 叶芬斌，许为民. 技术生态位与技术范式变迁 [J]. 科学学研究，2012，30 (3)：321 - 327.

⑤ 汤临佳，郑伟伟，池仁勇. 创新生态系统的理论演进与热点前沿：一项文献计量分析研究 [J]. 技术经济，2020，39 (7)：1 - 9，26.

应注重异质创新主体的多元化，以及课程、师资、平台、机制等要素和资源的多样化，以提升创新创业教育生态系统的稳定性和生态承载力。因此，高校创新创业教育生态系统在构建过程中必须遵循创新创业教育的本质属性，使不同层次、不同主体、不同因素组成动态演进的闭环结构，遵循系统自身发展规律，调整系统内部各角色和环节的功能与结构，依靠内生性力量的驱动和外部技术发展、进步的支持，在协同创新和合作演化的治理机制中，通过自我调节、相互适应、共同推进的过程，最大限度地激发相关利益群体参与创新创业教育的意愿。

四、协同创新理论

（一）协同创新的基本内涵

协同创新在本质上就是合作创新，即通过多元主体协同互动的创新组织模式提高创新绩效。创新与协同的组织模式是新时期对科技创新提出的新要求、新范式。Ansoff 在 1957 年首次提出"协同"概念，认为协同就是企业间在资源共享的基础上保持共生互长的合作关系，使得企业的整体价值有可能大于部分价值的总和。[①] 1971 年，哈肯提出协同理论，认为通过系统中各子系统的相互协调、合作或同步的联合作用及集体行为，可以产生"1 + 1 > 2"的协同效应，并创建了系统科学的重要分支——协同学。[②]随着协同思想融入创新理论与实践的逐渐深化，衍生出"协同创新"概念。Peter Gloor 最早给出协同创新的定义："由自我激励的人员所组成的网络小组形成集体愿景，借助网络交流思路、信息及工作状况，合作实现共同的目标。"[③] 自此，协同创新的理论研究与实践探索日益得到国内外学者的广泛关注。当前，理论界对协同创新的研究主要有三大流派（见表 4 - 1）。关于协同创新的概念，国内外许多学者从不同的角度进行了探究（见表 4 - 2）。

---

① ANSOFF H I. Strategies for diversification [J]. Harvard business review, 1957, 35（5）：pp. 113 - 124.

② H. 哈肯. 协同学——自然成功的奥秘 [M]. 上海：上海科学普及出版社, 1988.

③ GLOOR P. Swarm creativity：competitive advantage through collaborative innovation networks [M]. Oxford：Oxford University Press, 2005.

表 4 - 1　不同流派对协同创新的研究概况

流派类别	研究领域	代表学者
第一类：基于国家创新系统宏观视角的研究	探索国家创新系统以及内部各创新主体之间的协同创新规律，随后演化出区域创新系统研究和产业创新系统研究	Freeman, 1987[1]; Nelson, 1993[2]; Patel & Pavitt, 1994[3]; 陈劲, 2000[4]; 许庆瑞, 2010[5]; Braczyk, Cooke & Heidenreich, 1998[6]; Daim, 2005[7]
第二类：基于高等院校视角的研究	研究现代大学教育、研究和服务社会三大职能的均衡协调，以三重螺旋式推进国家创新系统发展	Etzkowitz, 2002[8]; Clark, 2000[9]; 王成军, 2005[10]; 王雁, 2005[11]; 易高峰、赵文华, 2009[12]

---

[1]　FREEMAN C. Technology and economic performance：lessons from Japan ［M］, London：Pinter Publishers, 1987.

[2]　NELSON R R. Papers and proceedings of the ninety-eighth annual meeting of the American Economic Association ［J］ // Institutions supporting technical advance in industry. American economic review, 1986, 76 （2）：pp. 186 - 189.

[3]　PATEL P, PAVITT K. National innovation systems：why they are important and how they might be measured and compared ［J］. Economics of innovation and new technology, 1994, 3 （1）：pp. 77 - 95.

[4]　陈劲. 完善面向可持续发展的国家创新系统 ［J］. 中国科技论坛, 2000 （2）：23 - 25.

[5]　许庆瑞. 研究、发展与技术创新管理 ［M］. 北京：高等教育出版社, 2010.

[6]　BRACZYK H J, COOKE P, HEIDENREICH M, et al. Regional innovation systems：the role of governances in a globalized world ［M］. London：UCL Press, 1998.

[7]　DAIM T U. Sectoral systems of innovation：concepts, issues and analyses of six major sectors in Europe ［J］. Technological forecasting and social change, 2005, 72 （9）：pp. 1153 - 1154.

[8]　ETZKOWITZ H. Incubation of incubators：innovation as a triple helix of university-industry-government networks ［J］. Science and public policy, 2002, 29 （2）：pp. 115 - 128.

[9]　CLARK B R. Collegial entrepreneurialism in proactive universities：lessons from Europe ［J］. Change the magazine of higher learning, 2000, 32 （1）：pp. 10 - 19.

[10]　王成军. 三重螺旋：官产学伙伴关系研究 ［M］. 杭州：浙江大学出版社, 2005.

[11]　王雁. 创业型大学：美国研究型大学模式变革的研究 ［D］. 杭州：浙江大学, 2005.

[12]　易高峰，赵文华. 创业型大学：研究型大学模式的变革与创新 ［J］. 复旦教育论坛, 2009, 7 （1）：53 - 57.

（续上表）

流派类别	研究领域	代表学者
第三类：基于企业视角的研究	研究企业开放式创新对国家创新系统的作用	Chesbrough，2003①；陈钰芬、陈劲，2008②

表4-2　不同研究视角下的协同创新概念

研究视角	协同创新概念	代表学者
中观、宏观、外部主体	协同创新是在共同利益的驱使下，企业、高校、科研院所、政府、中介机构等多方主体得到外部支撑环境的支持，进行知识、技术、组织、战略等要素资源的交互，构成自有的协同创新组织模式并实现良性运作，达到协同效应，完成创新突破，并实现协同多方共赢的局面，最终促进整个社会、国家、地区发展的系统创新过程③	吴琨等
微观	为实现共同的目标，不同创新主体（企业、高校、科研机构等）相互配合、合作和整合，发挥各自的优势，获取外部性效应，使各种分散的作用在联合后的总效果优于单独效果之和，即"1+1>2"的效用，从而降低创新成本，提高创新绩效④	李祖超等
微观、内部要素	创新要素发挥各自作用、提升自身效率，通过技术创新与制度创新子系统相互作用，使技术创新、制度创新或两者共同主导企业的创新发展⑤	许庆瑞等

---

① CHESBROUGH H W. Open innovation：the new imperative for creating and profiting from technology [M]. Cambridge：Harvard Business Press，2003：pp. 43-44.

② 陈钰芬，陈劲. 开放度对企业技术创新绩效的影响 [J]. 科学学研究，2008（2）：419-426.

③ 吴琨，殷梦丹，赵顺龙. 协同创新组织模式与运行机制的国内外研究综述 [J]. 工业技术经济，2016（4）：9-17.

④ 李祖超，梁春晓. 协同创新运行机制探析——基于高校创新主体的视角 [J]. 中国高教研究，2012（7）：81-84.

⑤ 许庆瑞，谢章澍. 企业创新协同及其演化模型研究 [J]. 科学学研究，2004（3）：327-332.

（续上表）

研究视角	协同创新概念	代表学者
中观、外部主体	协同创新是为了提升创新能力，多个参与者基于研发合作而进行的协同过程①	Persaud
微观、中观	在整合和互动维度，协同创新是一个通过系统优化各个创新主体要素，从沟通到协调，再到合作，最后实现协同的过程②	Serrano 等
微观、中观	协同创新是不同创新主体的创新要素有机配合，在复杂的非线性相互作用下产生单独要素所无法实现的整体协同效应的过程③	杨耀武等
中观	协同创新是开放式创新和点对点创新的途径，是在点对点的合作机制下跨企业边界的创新，其本质是在特定环境下成功交互的复杂系统的运行机理④	Satzger 等
微观、中观	协同创新是企业、政府、知识生产机构（大学、研究机构）、中介机构和用户等以实现重大科技创新为目的，以知识增值为核心，大跨度整合的创新组织模式；是对各创新要素的整合和创新资源在系统内的无障碍流动⑤	陈劲等
中观、宏观、外部主体	协同创新是科学技术创新与人才培养创新的完美结合，同时是大学、科研院所和公司等组织共同增强创新能力的一致措施⑥	侯普光

① PERSAUD A. Enhancing synergistic innovative capability in multinational corporations: an empirical investigation [J]. Journal of product innovation management, 2005, 22 (5): pp. 412 – 429.

② SERRANO V, FISCHER T. Collaborative innovation in ubiquitous systems [J]. Journal of intelligent manufacturing, 2007, 18 (5): pp. 599 – 615.

③ 杨耀武，张仁开. 长三角产业集群协同创新战略研究 [J]. 中国软科学，2009 (S2): 136 – 139.

④ SATZGER G, NEUS A. Innovation and international corporate growth [M]. Berlin Heidelberg: Springer-Verlag, 2010.

⑤ 陈劲，阳银娟. 协同创新的理论基础与内涵 [J]. 科学学研究，2012 (2): 161 – 164.

⑥ 侯普光. 基于协同创新与国家创新体系建设研究 [J]. 科学管理研究，2013 (2): 8 – 11.

（续上表）

研究视角	协同创新概念	代表学者
微观、中观	协同创新是集体愿景的自我激励组织（企业、研究机构和大学）基于新知识而形成的知识集成和分享，为共同目标分享创意、信息和知识的创新行为①	王众托
微观、中观、外部网络	协同创新是以信息技术网络环境为基础，以提高系统协同创新绩效为目标，以增强创新生态系统协同创新能力为核心，在系统内成员的密切合作与众多创新要素的协同作用下，完成创新生态系统内技术或产品从创新产生到技术扩散的整个过程②	刘丹等
中观、外部网络	协同创新是企业在创新过程中与其他行为主体（供应商、客户、竞争对手、政府部门、投资机构、中介机构、科研院所、大专院校、行业协会）互动时形成的正式与非正式关系的集合③	范群林等

协同创新的内涵主要包含以下四个核心特征：①创新效率的高效性。协同创新通过对各参与主体资源的优化配置，提高了整个协同网络的效率。②创新要素和资源的可得性。协同创新各参与主体通过交互协作与耦合能够获取人才、资金、技术、信息等创新要素和资源。③创新成果的共享性。协同创新各参与主体可以利用信息平台共享研发成果和技术知识，进而提高核心竞争力。④创新的持续性。协同创新中信息的双向传递促进了各参与主体之间的交流互动，推动了企业的持续创新。④

（二）协同创新的组织模式

协同创新模式是指企业在创新实践过程中结合自身的创新要素，基于

---

① WANG Z T. Knowledge integration in collaborative innovation and a self-organizing model ［J］. International journal of information technology & decision making, 2012, 11（2）：pp. 427－440.

② 刘丹，闫长乐. 协同创新网络结构与机理研究 ［J］. 管理世界，2013（12）：1－4.

③ 范群林，邵云飞，尹守军. 企业内外部协同创新网络形成机制——基于中国东方汽轮机有限公司的案例研究 ［J］. 科学学研究，2014，32（10）：1569－1579.

④ 解学梅，方良秀. 国外协同创新研究述评与展望 ［J］. 研究与发展管理，2015（4）：16－24.

技术开发、应用需求，通过企业间以及企业与高校、政府、研究机构、金融机构、中介机构等创新行为主体互动联结、协同合作所形成的各种创新模式。① 国内的协同创新研究主要集中在产学研、供应链、产业集群、区域发展、战略联盟和生态系统等领域。协同创新在合作初期普遍表现为产学研合作，各方通过低紧密度产学研合作增加相互信任程度，从早期的线性合作模式发展到非线性交互/融合创新模式，慢慢形成更为紧密的协同关系。根据产学研协同合作的紧密程度和知识流向两个维度，可以将传统产学研协同创新模式划分为技术/专利转让、联合开发、创新孵化器、大学科技园、联合实验室等（见表4-3）。随着经济、科技全球化发展和技术创新复杂度的增加，协同创新模式开始向更高级阶段、更深层次合作的战略联盟或平台方向演变，实现了人才、技术、资金等创新要素的优化组合，共同致力于研究开发国家战略性产业的共性、关键技术，提升产业技术创新能力，以建立一种长期、稳定的利益共同体（见表4-4）。

表4-3　传统协同创新模式

协同创新模式	内涵	主导者	协同程度
技术/专利转让	合作各方以签订契约的方式对专利权、专利申请权、专利实施许可、非专利技术等无形资产进行使用权转让，这是各方在合作中以法律为依据、以政策为指导，风险共担、利益共享的一种经济法律行为	高校或科研机构或企业	★
联合开发	以契约和经济利益为基础，产学研各方以共同出资、共担风险、共享收益的方式进行非常紧密的合作	企业或高校	★★
创新孵化器	这是政府或实力较强的企业通过为新创办的科技型中小企业提供物理空间、基础设施以及服务支持，降低创业风险和创业成本，促进协同创新，实现科技成果转化的一种模式	政府或企业	★★

---

① 解学梅，左蕾蕾，刘丝雨. 中小企业协同创新模式对协同创新效应的影响——协同机制和协同环境的双调节效应模型［J］. 科学学与科学技术管理，2014，35（5）：72-81.

(续上表)

协同创新模式	内涵	主导者	协同程度
大学科技园	政府、大学、科研院所和企业系统配合，提高并充分发挥各创新主体自身的创新能力，以更快更好地进行创新活动，产生"1＋1＋1＋1＞4"多方共赢的协同创新效应	政府或高校	★★★
联合实验室	高校、科研机构、企业、政府等组织相互寻找有效的协同伙伴，形成资源优势互补，联合建立实验室开展技术创新工作，以实现创新能力的提升	高校或企业	★★★★

表4-4　新兴协同创新模式

协同创新模式	内涵	典型例子	主导者	协同程度
产业技术创新平台①	包括产业技术研究院和产业技术战略联盟，是以产业共性技术和关键技术为研究对象，以推进先进技术产业化、促进产业结构升级为目标，由企业、大学、科研机构或其他组织机构形成的资源互补、协同开发、风险共担、利益共享的技术创新合作组织	美国半导体行业研究联盟（SRC） 中国台湾工业技术研究院 德国卡尔斯鲁厄技术研究院（KIT） 日本产业技术综合研究院（ATST） 中国无线通信技术协同创新中心 中国产业技术创新战略联盟（CITISA） 中国人工智能开放创新平台	企业或政府	★★★ ★★

---

① 马硕，沈艳. 中兴通讯知识产权：立足国内，面向国际［J］. 科技创新案例与研究，2014（1）：1-14.

（续上表）

协同创新模式	内涵	典型例子	主导者	协同程度
高校协同创新中心/平台①	这是由高校牵头，科研机构、企业和地方政府协同，为实现重大科技创新而开展大跨度整合的创新组织模式，也是协同创新的基地	美国高校中的纳米研究中心 2011 计划协同创新中心 美国"冯·李比希中心" PoCC（概念验证中心） 澳大利亚 Monash 大学科技平台	高校	★★★ ★★
政府层面协同创新联盟/平台②	政府通过政策指导、资金投入，引导高校、科研机构和企业等进行紧密合作，在各种要素资源的支撑下，成为主体间共同交流的桥梁，实现网络型协同创新组织关系的跨组织集成	欧洲创新工学院（EIT） 美国"州/产业/大学合作研究中心"（S/I/UCRC） 欧洲技术转移办公室（TTO） 加拿大卓越中心网络创新联盟（NCE） 英国技术战略委员会	政府	★★★ ★★

（三）创新生态系统协同创新网络运行机制

一个协同创新网络的内部包含资源整合系统、自组织系统、生态环境系统、社会系统等子系统，其中不同主体获取异质或同质资源时的转移和扩散过程就是生态系统中资源的流动过程。因此，协同创新网络在本质上是一个开放的创新生态系统，具有动态性、自组织性、系统性和复杂性等特征，具有自增益循环作用，可通过系统非线性网络关系中的协同作用实现技术扩散、知识流动和资源共享，促使创新主体间以及与外界环境之间进行动态平衡的能量、物质与信息交换。在创新生态系统中，不同创新主

---

① PONOMARIOV B. Government-sponsored university-industry collaboration and the production of nanotechnology patents in US universities［J］. The journal of technology transfer，2013，38（6）：pp. 749－767.

② COATES D. Sustaining innovation：collaboration models for a complex world，innovation，technology，and knowledge management［M］. LLC：Springer Science + Business Media，2012；MATT M，SCHAEFFER V. Technology transfer in a global economy［M］. New York：Springer Science + Business Media，2012.

体仅靠自身能力以及自身所控制的资源来获取发展所需的资源是远远不够的，还必须通过不同层面的网络协同关系联结其他创新主体来获取其控制的资源乃至整合整个网络组织的资源，包括创新主体间的节点协同、创新群间的关系协同、内外部创新环境协同，促使各创新主体共存共生、协同进化，最终实现创新效率最大化（见图4-4）。

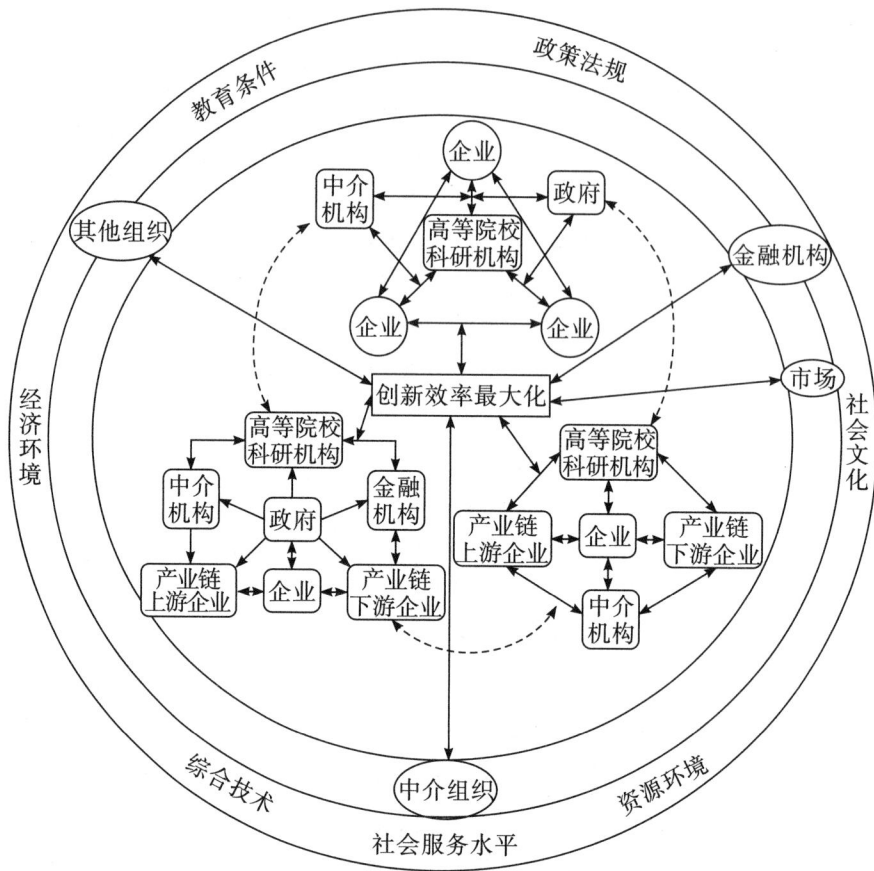

图4-4　创新生态系统协同创新网络的运行机制

1. 创新节点协同

创新生态系统的节点主要由高等院校、政府、科研机构及科技企业等核心要素和中介机构、协同创新平台、金融机构、非营利性机构等辅助要素构成。它们在生态系统中扮演着不同的角色，成为连接物质交换、能量流动和信息传递的桥梁，发挥着枢纽作用。创新节点通过不同的创新活动将协同关系网络中的资源、信息联系起来，促使异质创新主体在交互作用中突破原有边界建立新的关系组合，形成一种协同创新能力。在节点协同层面，创新主体间不再是传统组织结构中的垂直等级关系，没有确定的契约和组织结构，不存在支配和依附关系，所有创新主体都以平等的身份和地位参与到网络关系中，共享节点创新界面。

2. 创新群协同

"创新群"概念源于组织理论和组织生态学理论，它是以技术为核心，通过自身优势聚集异质创新主体形成创新群落，位于创新生态系统的最核心层，具有稳定性和边界可渗透性。根据创新生态系统中优势创新主体的核心地位来分，常见的创新群模式有核心企业群模式、高校及科研机构衍生群模式和政府主导群模式。在核心企业群模式中，核心企业（主要是龙头企业或者掌握核心技术的企业）通过技术或资源优势吸引或辐射其他节点企业，不断突破自身组织边界，依托其他节点企业主动寻求网络联系，并在与其他创新主体的交流合作中共享资源和开发新技术。在高校及科研机构衍生群模式中，高校与科研机构利用自身知识资源和人才优势不断地生产、创造新的知识和技术，通过"政产学研"合作与政府、企业建立合作渠道，吸引相关科技企业聚集，形成良好的反馈回路。在政府主导群模式中，政府利用政策制度优势，吸引异质创新主体不断加入系统，并与原有创新主体竞合共生，形成新的创新群落，丰富系统中整体创新主体的多样性，加快资源、信息在系统内的流动。

3. 创新环境协同

创新生态系统是一个开放的自组织系统，创新主体与创新生态环境的交互作用不仅仅是创新的需求，更是生存的需要。创新生态环境汇集了大量政策法规、市场规则、技术环境、中介服务、经济条件、社会文化等相关信息，将不同来源、不同层次、不同类别的资源或能力带入协同创新网络，并通过协同创新机制识别与选择、汲取与配置异质资源，建成具有特定目标的价值创造系统。因此，创新主体要想在创新生态系统中获取最大化的创新价值，就必须与创新生态环境协同，进行全方位的资源整合，与其他异质创新主体产生正反馈效应。

高校创新创业教育作为一项复杂而系统的工作，涉及多元化的主体和内容，所形成的创新创业教育体系也是一个复杂的创新生态系统。这个复杂系统的运行过程及其结果可以为协同创新理论的研究提供丰富的分析素材。同时，协同创新理论作为分析系统运行发展规律的理论，可以帮助高校更好地把握创新创业教育生态系统运行发展的规律，更准确地找出影响创新创业教育工作开展效果的关键生态因素，进而有针对性地制订工作方案，为创新创业教育生态系统的研究提供支持。

第五章 高校创新创业教育生态系统模型构建

我国高校创新创业教育以要素式研究方法破解创新创业教育改革发展的问题，仅寻找局部问题的突破口，忽视了生态系统中各组成要素间的互动影响，以碎片化、孤立化的思维指导创新创业教育实践，割裂了教育生态要素间的相互联系、需求及其内在逻辑。这个过程往往容易引发"头痛医头、脚痛医脚"的短视性行为和后续的次生性弊病，使得高校、政府、社会和企业等各方主体间缺乏有效沟通，导致在教育实践过程中出现严重的"孤岛现象"，存在着组织机构设置失效、教育资源疏离、培养体系设置僵化、师资队伍匮乏、教育生态失衡等瓶颈问题。因此，本章以教育生态学、生态系统等理论为依据，根据高校创新创业人才的成长和培养规律，利用生态位理论探析创新创业教育生态要素的交互作用机制，构建高校创新创业教育生态系统，以克服要素式顽疾，促使高校创新创业教育在产业内或区域内形成资源互补和良性互动。

一、高校创新创业教育生态位适用的理论逻辑

根据生态位理论，任何生态因子都是在其所占据的生态位上与周围生态环境因子不断进行相互交换的过程。生物在生态系统中的生态位反映了该物种在特定时期与环境范围内所占据的空间位置，在气候、温度、土壤等生态因子所形成的环境梯度中的位置，以及在生态系统（或群落）的物质循环、信息传递和能量流动过程中所承担的角色。生态位理论揭示：①生态位是生态系统中某生物单元的"态"和"势"两个基本属性的综合。生态位"态"与"势"的变化在生物进化中反映了生物单元间以及与生态环境因子相互作用的演变过程。其中，生态位扩充就是利用生物单元无限增长的潜力扩展其生态位的"态"和"势"，增强不同物种在生态系统中的生存与发展能力。[①] ②合理的生态位关系有助于促进生态系统动态平衡。根据生态学观点，在完整的生态链中，不同物种由于彼此所占生态位的关联属性不同，会导致相互间的生态位出现部分重叠、高度重叠、完

---

① 朱春全. 生态位态势理论与扩充假说 [J]. 生态学报，1997，17（3）：324-332.

全分离（见图5-1）。① 生态位分离是不同物种在相同资源序列上为减少对资源的竞争而选择差异化的生态位，对同域资源数量进行合理分割，从而使物种间持续稳定共存的现象。在合理的生态位关系条件下，由多种群组成的生物群落能够更有效地利用资源环境，保持更大的抗压性和稳定性。② ③生态位协同进化有助于促使系统生态资源共建共享，形成内外互补、竞争有序的系统和谐进化。每个生物个体在生态系统中都有适应自己生存发展的、特定的生态位，具有差异性、竞争性和互补性，能通过彼此间的协同互动进行物质、能量、信息的交换，从而提高共生组织或个体的生存能力和增殖能力，增强生态主体共生关系的创新活力和协同效应。③

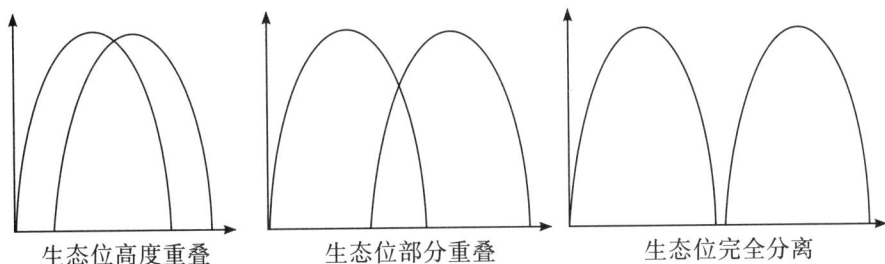

生态位高度重叠　　　　生态位部分重叠　　　　生态位完全分离

图5-1　生态系统中生态因子在不同状态下的生态位关系

与此类似，高校创新创业教育生态系统作为一个社会生态系统的子系统，在一定时间和空间范围内，高校教育主体与政府、社会等外界生态环境因子的相互作用、协同演化，形成了系统内物质循环、能量互换、信息传递和资源互补的动态平衡。④ 因此，生态位原理同样适用于高校创新创业教育生态系统，这对于创新创业教育生态主体在实践中寻求和扩充合适的生态位以及发挥生态位之间的协同作用，具有普遍的现实意义。

① PRAHALAD C K, HAMEL G. The core competence of the corporation [J]. Harvard business review, 1990 (3): pp. 79-91.

② 王子迎，吴芳芳，檀根甲. 生态位理论及其在植物病虫害研究中的应用前景（综述）[J]. 安徽农业大学学报，2000，27 (3)：250-253.

③ 袁纯清. 共生理论——兼论小型经济 [M]. 北京：经济科学出版社，1998：1-30.

④ 陈少雄. 大学创业教育生态系统培育策略研究——基于广东省高校的调查分析 [J]. 教育发展研究，2014 (11)：64-69.

二、构建高校创新创业教育生态系统的现实目标

（一）教育育人目标

理念是实践的先导。高校应将新型的、科学的创新创业教育理念贯穿育人全过程，把创新创业教育目标纳入学校教育教学目标体系，推进"面向需求、融入全程、与产业深度融合，多样性培养创新创业人才"育人模式改革，营造协同、融合、共享的创新创业教育生态，确保每名学生都能接受创新教育和训练，每名有创业需求的学生都能获得相应的知识和服务，引导学生结合专业特色进行高水平创新，从事高质量创业。

（二）服务地方目标

在国家实施创新驱动发展战略的背景下，地方经济发展不断转型升级。这不仅给应用型创新人才带来了巨量的需求空间，更提供了培养应用型创新人才所需要的广阔资源。因此，高校创新创业教育要适应地方经济发展的新要求，瞄准产业转型升级的新需求，激活内生的创造力，强化高校服务地方的职能，推进"政产学研"合作，创建与产业深度融合的创新创业教育生态系统，培养具有高度社会责任感、宽广视野和创新创业能力的高素质应用型创新人才，为地方经济社会发展提供新的增长动力。

（三）学校建设目标

高校应坚持以立德树人为根本任务，深化学校综合体制改革，聚合适应多样性创新创业人才培养的高层次人才，聚集政府、社会及校内各类创新创业资源，搭建协同创新与协同育人并重的实践平台，实现"与产业深度融合"培养观念和"人人成才"教育理念的纵横聚交，实现创新创业教育的全面覆盖和相互融合，构建创新型大学。

（四）人才培养目标

高校应通过多渠道挖掘校内外创新实践教育资源、多专业融合培养组织教学、多维度评价创新能力等推进教育教学模式改革，培养学生成为科技拓路人、行业带头人、产业领军人。高校还应聚焦市场需求和学生成长需求的"双向柔性对接"，邀请产业等相关领域专家共同制订教学计划，根据市场不同需求制订多套多样化、个性化培养方案，培养具有创新思维、富有创业意识、了解创业知识、掌握基本创新专业技能、善于将创新成果转化为创业行动的新型应用人才。

三、构建高校创新创业教育生态系统的基本原则

（一）坚持育人为本，打造有针对性、实效性的教育教学体系

高校应树立先进的创新创业教育理念，遵循学生的成长规律，根据学生多样化的发展需求，以素质教育为基础，面向全体、分类施教，通过分类、分层、分段相结合的差异化教学模式，实现创新创业教育的面上覆盖与点上突破，培养学生的创新精神、社会担当意识和创业责任感，打造符合时代需求的创新创业生力军。

（二）坚持融入专业，构建多学科交叉、多元化联合培养模式

高校应坚持创新教育与学科专业教育相融合，创新教育与创业教育相融合，创新创业教育与社会需求相融合，以及创新创业教育的课堂理论教学与实践训练相融合，构建多学科交叉、科研与实践应用相结合的产学研协同培养新模式，提高学生的创新创业实践能力。

（三）坚持协同推进，建设资源共享、协同育人的生态环境

创新创业教育涉及多方主体（包括高校、政府、社会以及学生等）协作，各主体既有不同的资源优势，又有不同的利益诉求，因此单一主体无法满足创新创业人才培养的内在需求。高校创新创业教育协同培养机制打破各要素之间的壁垒，实现多元主体间互补资源的需求对接、整合与利用，形成资源共享、优势互补、协同共进的长效机制。高校作为创新创业教育的组织者，应发挥关键作用，通过协同培养机制有效集聚校内外创新创业教育要素与资源，增强各资源要素之间的有效互动，形成开放共建、共享发展的创新创业良好生态环境。

四、高校创新创业教育生态系统的结构模型

与生物体系类似，从生态学观点出发，高校创新创业教育是一个多层次、多环节、多要素、多阶段的复杂生态系统工程。根据生态位理论，创新创业教育生态位的内涵可界定为：在特定的阶段、领域和资源环境中，创新创业教育生态系统所表现出来的生态因子之间的作用空间和功能关系，是系统构成要素与生态环境交互作用所呈现的共存状态。根据系统构成要素的类型和功能来划分，创新创业教育生态因子可分为以教育客体、

高校主体、教育载体、文化氛围为核心的内部生态因子和以政府、市场、平台、资源为核心的外部生态因子（见图 5 – 2）。

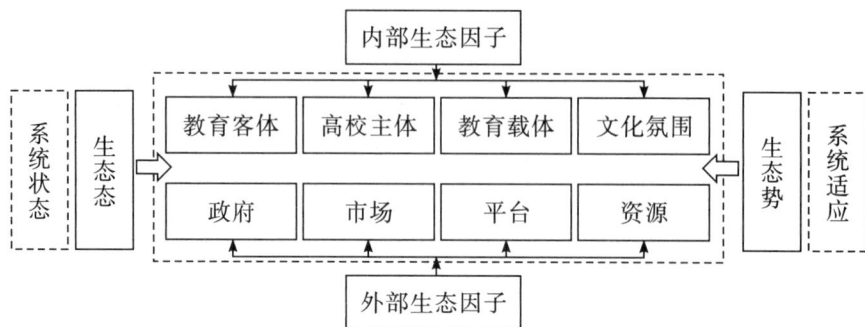

图 5 – 2　高校创新创业教育生态因子构成

生态态是指创新创业教育所表现出的状态，是不同阶段中不同生态因子在创新创业教育生态系统中所占的结构比例及功能效果（如丰富的创新创业活动、完善的创新创业教育课程体系、强大的创新创业师资力量、持续的孵化资金供给等），反映了高校创新创业教育在区域创新创业生态中所占据的空间位置和所承担的功能角色。

生态势是指高校创新创业教育对政策发展、市场需求、资源利用和协同创新平台共建的适应度，反映了创新创业教育对政府、社会等外部生态因子的主动适应性，以及对创新创业项目培育和创新创业人才培养的现实影响力与作用力（如创新成果转化率、创业成功率、高层次人才比例等）。

在生态位理论支撑基础上构建一个良性运转的创新创业教育生态系统，需要不同主体在不同生态位态势下给予充裕的资源以及配以合理的空间定位，避免生态位高度重叠、资源过度竞争、服务内容同质化等现象产生，促使不同生态要素在不同阶段寻求最适合自身生存和可持续发展的生态位，提升各生态要素的自我功能效应和要素间的交互作用效果，增强系统内外动力的沟通，发挥生态系统多元主体的协同效用（见图 5 –3）。

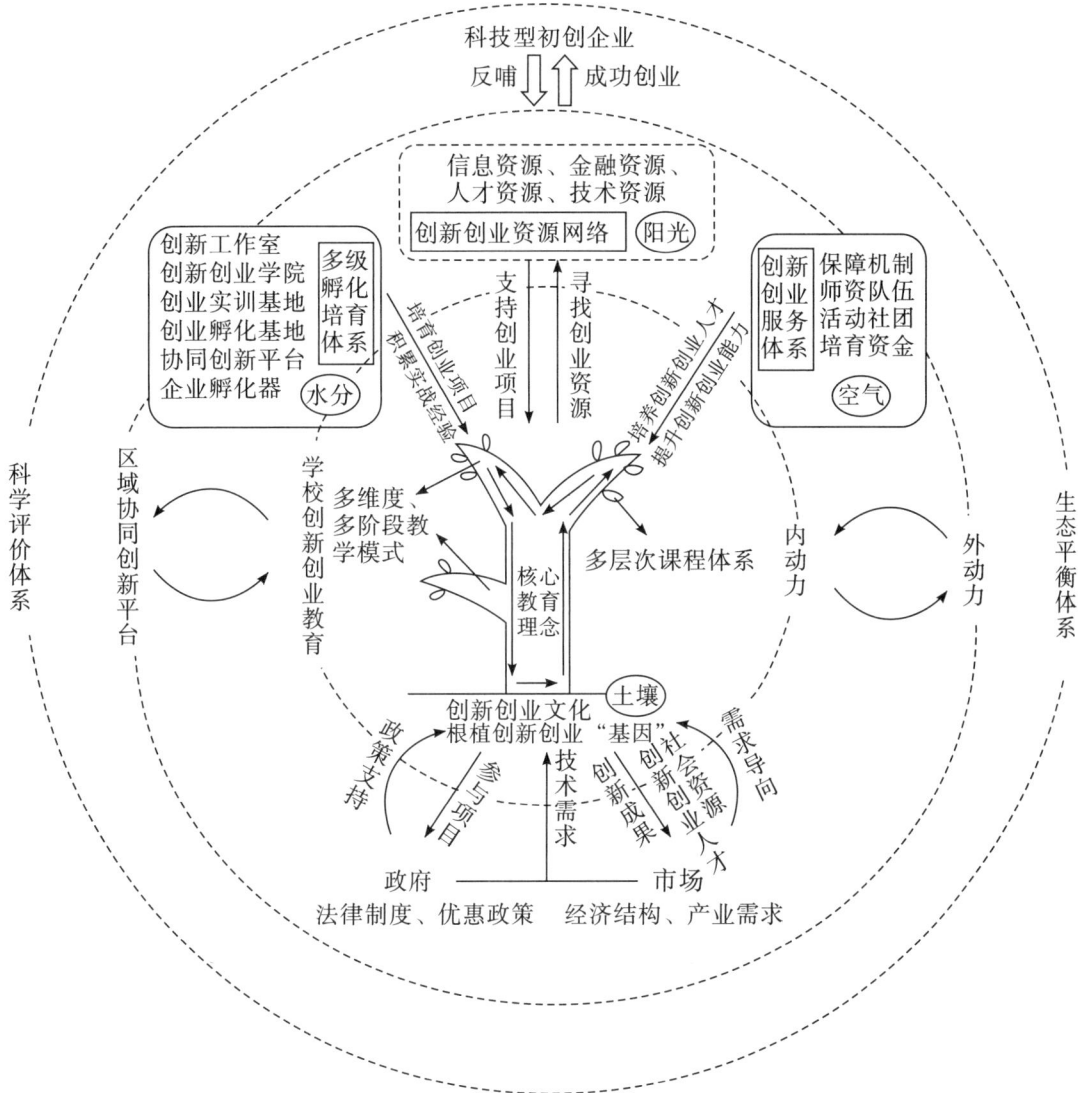

图 5-3　生态位理论视域下高校创新创业教育生态系统模型

五、高校创新创业教育生态系统模型的运行原理

可将高校创新创业教育生态系统类比于一个生物个体成长时所处的生态系统。在国家实施创新驱动发展战略的背景下，国家层面、地方政府纷纷出台创新创业相关扶持政策、法律法规及激励措施等，社会与市场发挥联动作用，以产业市场需求为导向，建立创新创业支撑服务体系，增强政

策普惠性、连贯性和协同性,支持、鼓励全社会积极参与创新创业活动,营造浓厚的创新创业文化氛围,为高校孕育创新创业个体的种子提供肥沃土壤,激发学生的创新潜能和创业活力。创新创业教育理念(树干)作为核心教育理念贯穿于人才培养全过程,在创新创业资源网络(阳光)提供创业指导、业态趋势、创新理念、金融体系、前沿技术等信息或服务的基础上,高校教育主体通过多层次课程体系(树叶)和理论与实践相结合的多维度、多阶段教学模式(树枝),聚集培养创新思维、提升创业能力的创新创业服务体系(空气)和培育创业项目、积累实战经验的创新创业多级孵化培育体系(水分),打破内部资源要素和外部环境要素之间的壁垒,促进政策、知识、资源、技术、信息等在多方生态主体之间交互流动,形成资源共享、协同演进的创新创业教育联动机制,实现创新成果转化为科技创业、创业成果反馈创新教育效果的良性循环互动。这个过程类似于生物个体从土壤中汲取必需的营养和水分,通过光合作用将无机物(空气、水、阳光等)转化为有机养分供给生物个体吸收,在内外动力的协同作用下实现系统内物质、能量和信息的交换,促使生物个体不断生长发育的过程。同时,创新创业教育各构成要素在创业实践中不断寻觅适合自己的生态位,并通过相互间的优化合作来达到合理的生态位关系,形成有利的生态位"态"和"势",提升竞争力,最终通过生态系统的优胜劣汰,实现科技创业。成功的创业实践和创业企业又会反馈系统存在的问题,以提升服务质量,反哺创新创业教育,强化创新创业文化氛围,激励、引导学生培养参与创新创业的积极性、主动性和自觉性,不断壮大高校创新创业的人才队伍,从而实现高校创新创业教育生态系统的良性循环。

根据生态位的竞争排斥原理,可以通过差异化错位竞争,让创新创业教育生态系统中的课程体系、实践路径和孵化平台等不同类型、层次与功能的生态因子占据适合自己的有利生态位,进行合理定位,避免教育资源生态位高度重叠和过度竞争。面对有限的学校资源、多变的外界环境和激烈的市场竞争,创新创业教育通过生态位扩充以开拓新的资源和生存空间,促使不同生态位的教育资源在实践中产生更大的作用。可以依托区域协同创新平台,通过"政产学研"合作、资源整合与重组、学科专业交叉与融合等途径,建立高校创新创业教育的区域协同、资源协同、课程协同与服务协同等协同培养机制,促使生态系统各生态要素产生复杂的协同作用与相干效应,实现高校创新创业教育生态系统良性循环的动态平衡。

第六章　高校创新创业教育生态系统运行策略

根据上一章高校创新创业教育生态系统构建的理论逻辑，在现实的高校创新创业教育实践探索中，生态系统中的不同生态要素在不同阶段可能会出现在不同的生态位上，从而产生过度竞争、同质服务的现象。因此，如何促使各生态因子在生态系统中找到并占据最适宜自身生存与发展的生态位，进一步与其他生态因子发生交互作用，形成生态系统多元主体协同创新的效果，是维护高校创新创业教育生态系统持续运行的关键。本章将在高校创新创业教育生态系统模型的框架下，继续利用生态位理论深入厘清生态系统中的生态因子在不同阶段、不同状态下的生态位关系，通过生态位分离、扩充及协同进化等策略，建立生态系统各构成要素间及其与外部生态环境之间的交互作用机制，以实现高校创新创业教育生态系统的动态平衡。

一、生态系统视域下高校创新创业教育的转型发展

创新创业生态系统理论为高校创新创业教育研究提供了全新的全局视角，将创新创业研究从关注高校的创新创业教育和学生的个人创新创业行为，进一步深化到探索复杂的外界生态环境与高校创新成果转化和人才培养关系的范畴。研究在不同政策、体制机制环境下影响高校创新创业教育发展的生态要素，把握创新创业活动的生态规律，可切实增强高校创新创业教育的实效性。

（一）高校创新创业教育"教—研—训"相结合打造体验式教学新模式

在创新创业教育生态系统中，高校创新创业教育是实操性极强的一种教育模式，创新创业教学（教）和创新创业研究（研）是基础，而创新创业实践（训）则具有不可替代的作用，不仅要向学生传授创新创业的理论知识，更要以实践教学引导学生培养创新思维、创业意识，提升创业实践能力，通过协同机制、课程整合、资源共享、平台建设、过程实施，增强创新创业教育的可行性和实效性，促使学生从"善思考"向"善运用"转变。高校创新创业教育以产业转型和发展为依据，以行业人才需求为导

向，依托创新创业（研究）服务中心，搭建跨专业、多学科交叉的提升综合能力的实践平台，将高校、政府、学生和企业等多方需求置于同一平台，围绕创新创业实践活动，实现"教—研—训"一体化；以立体多维课程体系、嵌入拓展综合实训、交互共赢师资配备和整合联动指导服务等机制的体验式教学新模式，打破学院、专业及学科之间的壁垒，推动跨学科、跨领域的合作与交流，适应学生的多元化、个性化需求，融入人才培养全过程，提高学生的参与度和体验度。①

（二）高校创新创业教育"内合外联"建立生态系统联动新机制

创新创业教育是一项长期、复杂的系统工程。高校是整个创新创业教育生态系统建设的核心，承担着主体责任。应以更系统、更全面的视角来看待创新创业教育，以创业需求为导向，将与校内外创新创业相关的所有构成要素和资源进行整合，包括内源性要素（如创新创业理念内涵、文化核心等）、基础性要素（推动高校创新创业教育发展的执行机构，包括创新创业教育教学委员会、技术转移中心、创新创业学院等，以及开展创新创业活动的实质性机构，如创新创业训练与孵化基地、科技园、孵化器等）和发展性要素（如保障政策、课程体系、师资队伍等），形成全社会共同参与的"内合外联"创新创业教育模式。"内合"是指在高校内部整合各级组织机构、科研资源、教学资源以及实践平台等要素，有针对性地为学生提供教育、培训和服务；"外联"是指搭建高校与政府、社会等环境因子沟通的桥梁，成为多方联动的纽带，为创新创业教育活动的开展提供服务与保障，构建高校、政府、社会等生态要素分工合理、良性互动的创新创业教育新机制，形成由内而外、逐层扩展的格局，建立高校与区域范围内各构成要素间协同发展、开放互联、共生演进的生态系统。高校创新创业教育如同生物体从外部环境汲取知识、资源、信息等要素，从而丰富并拓展高校创新创业教育活动，而系统内的其他生态因子则通过高校中枢获取自身成长所需要的营养，彼此之间的良性互动促使生态系统有序、健康运行，最终使得创新创业教育生态系统循环往复发展。②

---

① 屠火明，柯玲，刘吕高，等. 建设"整合体验式"创新创业教育长效机制 [J]. 中国高等教育，2011：28 – 29.

② 黄兆信，罗志敏. 多元理论视角下高校创业教育的发展策略研究 [J]. 教育研究，2016（11）：58 – 64.

（三）"互联网＋众创空间"构建高校创新创业教育新生态

"互联网＋"不仅是一种创新载体，更是一种全新的经济形态。这种经济形态以互联网为平台和实现工具，通过重新配置经济社会中的生产要素，实现与经济社会各个领域的深度融合，从而推动实体经济的深度创新与融合发展。① 众创空间是依托互联网和开源技术基础，通过专业化服务、市场化管理和资本化途径有效地整合创新创业服务资源，以政策集成与协同效应构建的开放式、便利化、低成本、全要素的新型创新创业服务平台。其通过提供多层次、全链条的创业增值服务，实现创新与创业、线上与线下、实体与虚拟、孵化与投资的相互融合。② 高校众创空间集成高校科研、师资、课程、场地、机构设置及培训服务等资源，吸收社会众创空间的资源整合、市场化管理、全链条式服务等功能，在"互联网＋教育"的时代大背景下，形成了信息技术使能的创新创业教育实践平台、线上与线下相融合的众创教育空间，实现了与互联网时代创业教育的无缝对接，通过创设无处不在的教育环境，开发开放多元、多层次的教育课程，打造专业化、精准匹配的师资队伍以及创新校政企合作发展机制，实现资源共享共用、平台互联互通，推动技术创新与应用创新互融共生，构建高校创新创业教育新生态。③

二、生态位理论视域下高校创新创业教育生态系统的运行策略

（一）生态位分离策略

根据生态位的竞争排斥原理，可以通过差异化错位竞争，让创新创业教育生态系统中的课程体系、实践路径和孵化平台等不同类型、层次与功能的生态因子占据适合自己的有利生态位，进行合理定位，避免教育资源生态位高度重叠和过度竞争。

---

① 2015 年政府工作报告［EB/OL］.（2015 – 03 – 11）. http://www.gov.cn/xinwen/2015 – 03/11/content_2832629. htm.

② 王占仁，刘海滨，李中原. 众创空间在高校创新创业教育中的作用研究——基于全国 6 个城市 25 个众创空间的实地走访调查［J］. 思想理论教育，2016（2）：85 – 91.

③ 万力勇，康翠萍. 互联网＋创客教育：构建高校创新创业教育新生态［J］.教育发展研究，2016（7）：59 – 65.

高校创新创业教育生态位与生物生态位一样，在创新创业项目挖掘、培育和孵化的过程中也普遍存在生态位重叠现象，如教育资源侵占、服务内容同质化等。例如，现有创新创业教育师资的来源主要有校内的团委、学生处就业指导中心、学工队伍的老师以及校外聘任的具有丰富创业实践经验的企业家和成功创业者，而校外聘请人员往往存在难以提供编制且聘请费用较高等问题，校内老师则不存在这样的问题，因此大量的创新创业教育师资生态位就被缺乏创业经历和实战经验的校内老师所"侵占"。依据生态学理论，在同类资源的生态环境空间中，如果不进行合理的生态位分离，"前期相对弱势的物种"势必在竞争中被影响甚至被吞噬，造成整个系统的生态失衡。故应实施创新创业教育生态位的分离策略，具体可分为三个层面：

1. 利用课程资源生态位的层次分离，打造多层次梯级课程体系

根据创新创业教育课程资源覆盖情况，从通识教育协同精英培育、面上覆盖结合点上突破的特点入手，面向市场需求，以产出导向为理念，探索分层次实施创新创业教育培养的可行性，围绕"通识基础课程—专业创新课程—创新理论课程—创新实践课程—创业训练课程—创业实践课程"进行不同层次的课程分离设计，采取"课堂+网络+讲座+实践"相结合的教学模式，构建融入全程、与产业深度融合、多样性培养创新创业人才的课程体系。坚持以均衡发展的态势分离普适化和个性化的课程，从而对创新创业课程生态资源进行及时、有效的补充，为创新创业教育生态位的扩充提供生态环境基础，避免课程资源生态位高度重叠，使整个创新创业教育课程体系得到最大利用。

2. 利用实践路径生态位的种类错位，设计多阶段实践锻炼路径

根据创新创业项目的培育训练过程，种类错位要求创新创业实践不只局限于实验室课题研究、创新创业竞赛、创业实训、创业孵化等领域，而应从培养学生善于思考、积极创新、勇于实践的精神，善于合作、懂得感恩的道德素养，面对困难和挫折不轻言放弃的执着态度，基本的创新创业能力等角度入手，设计"理论教育—项目训练—竞赛选拔—创业实训—创业项目孵化"多阶段实践锻炼的创新创业人才培养路径，同时，与协同创新平台及其关联企业一同实施多套专业培养计划、"多专业融合成班"灵活教学形式，设计校企联合、大师工作室、国际联合、创业班等培养模式，为学生提供大量产业实践项目，便于学生在老师指导下进行实践、实训、项目开发、学科设计、毕业设计及毕业论文实践等，实现与教育客体的内生动力相匹配，促进教学实践、科技创新和创业孵化的有效结合。

3. 利用孵化平台生态位的时间错位，构建多级递进项目孵化链条

根据创新创业项目孵化阶段的进展，创新创业教育的训练与孵化平台要从源头上起到孕育自主创新种子的作用，同时要与区域经济和科技发展相结合，即加强作为知识创新源头的高校、创业企业、科研机构、孵化基地等教育主体与客体之间的创新性联系，促进科技成果转化，科技型中小企业孵化、发展以及知识型就业创业。要搭建"学院创新工作室—学校创新创业孵化基地—校企协同创新创业孵化平台—科技企业孵化器"多级递进的创新创业项目孵化链条，形成创新创业生态资源的时间错位，实现项目培育时间梯度结构的功能叠加，从学院创新工作室挖掘项目的"前孵"，到学校创新创业孵化基地筛选项目的"初孵"，再到区域协同创新平台扶持、转化项目的"深孵"，进而依托多级递进的孵化平台，整合学校、政府、企业等育人资源，推进与区域政府、风投基金、行业协会的合作共建模式，建立与产业深度融合的实践育人创新创业基地，将创新创业教育融入人才培养全过程。

（二）生态位扩充策略

根据生态位理论，任何生物在生态系统中都有可能通过扩充其生态位占据生态环境中更大的生存和发展空间，形成不同生态位的合理重叠，解放被限制的生态资源，从而对生态环境产生更大的影响。面对有限的学校资源、多变的外界环境和激烈的市场竞争，创新创业教育通过生态位扩充以拓展其生态位宽度，有效整合资源和占据有利生存空间，增强创新创业教育生态位的"态"和"势"，促使创新创业教育生态系统实现动态平衡。

创新创业教育生态位扩充通过不同策略拓展教育资源，减少不同生态位分离状态的"空隙"，使得生态系统中被闲置或尚未被开发的生态资源得到更合理的利用，包括原始资源的纵深加工和特色资源的开发利用。原始资源的纵深加工是指通过分析原始生态资源因子（如政策、机构、师资、资金等）的优势、异质性以及在生态系统中资源配比的合理性，以逐步演变、进化的创新创业教育生态系统需求为导向，对竞争性优势资源和稀缺资源进行纵深挖掘和重新整合，提升生态资源因子的服务效益。特色资源的开发利用是指当高校创新创业教育发展至一定阶段，依据区域经济发展的需要，选择符合自身特色的优势资源特定生态位（如学科优势、科研特长、区域协同特点、孵化平台特色等），定向扩充和改变创新创业教育生态位功能效用，侧重在优势领域内及潜在的特色项目上寻求突破，实现差异化竞争，打造特色化品牌服务。

1. 拓展专业服务机构职能

依托学校创新创业学院，向内向外延伸服务功能，发展区域协同创新创业教育联盟、区域联合众创空间等，通过生态资源的共享、匹配、融合打造不同功能的生态链，构建多层次、多要素的创新创业教育生态圈，避免生态位高度重叠，促使不同生态主体在生态平衡体系中更好地发挥自己的优势和特点，凸显"双创"集聚效应。

2. 提升机制保障功能

搭建创新创业学分互换、互认，课程跨校互选，学生跨校互培及校企互训等机制，让学生在不同生态位的教育资源中合理流动，使得生态系统中同质化资源的生态位空间得到有效释放，达到生态位重叠的合理密度。

3. 增强多元化师资效能

通过校内专聘项目实践指导教师、创新创业教育讲师，校外邀请经验丰富的创业者、企业家，引进国际大师和知名教授等，构建"校内理论教师—创新实践导师—创业实践导师—产业导师—创业导师"多元化师资队伍，提高创新创业教育师资生态位的丰富性，提升教学效果。

4. 优化多方资金效率

依托创新创业教育优势定位，通过多途径、多渠道募集校内经费和寻求社会各界有效资源，构建"创新训练基金—创新竞赛基金—创业实训基金—天使基金—风投基金"多方资金链条，丰富高校创新创业教育生态系统中资金资源的生态位结构，拓展生态位宽度，从而减少创新创业教育资金需求的同质化竞争，提高资金扶持的匹配效率，为创新创业教育提供经费保障。

（三）生态位协同进化策略

可依托区域协同创新平台，通过校内人才交流、多学科交叉与多专业融合以及校外"政产学研"合作、校际协同等途径，建立高校创新创业教育的区域协同、资源协同、课程协同与服务协同等多元化内外协同培养机制，促使生态系统各生态要素产生复杂的协同作用与相干效应，通过合作式竞争和内外资源共享，实现系统的物质、能量与信息交换协调一致，形成相互融合、互利共生、螺旋式上升的协同进化系统，促进创新创业教育从无序向有序演变，形成具有自组织行为的创新创业教育生态系统。内部协同主要通过课程体系相互融合、跨学科专业交叉、教学与科研协同育人以及校内多部门联动等协同培养机制，突破校内不同部门、院系、专业以及学科之间的制约界限，促使校内的分散资源有效整合，从而实现教育资源的共享和能量积聚，产生"1+1＞2"的集聚效应。外部协同以适应区域经济发展和产业升级需求为导向，依托区域协同创新平台，通过多主体（如政府、高校、企业等）全过程深度参与培养、多维教育资源共建共享、多元师资队伍融合、产学研一体化以及多元主体的多层面协调管理等创新协同机制，打破政府、高校、企业等不同生态主体之间的壁垒，形成外部环境各生态要素相互协调、相互补充的生态网络系统，实现系统生态资源协同进化效应。

第三篇

高校众创空间

党的十八大提出实施创新驱动发展战略，2015 年政府工作报告提出深入推进大众创业、万众创新。随后，国家陆续出台《关于发展众创空间推进大众创新创业的指导意见》（国办发〔2015〕9 号）等相关政策措施，推动高校创新创业教育和众创空间建设，以培养高素质的创新创业型人才。对比国外，众创空间在我国的发展时间只有短短几年，还在不断完善、优化和改革之中。对于高校而言，众创空间更是一个新生事物。未来如何依托高校丰富而雄厚的人才资源，进一步发展好其众创空间，服务地方经济发展、产业转型升级，助力国家创新驱动发展战略和大众创业、万众创新，是一个值得探讨和思考的重要课题。

众创空间是一种新型的创新创业孵化模式。高校众创空间对提升学生创新创业能力，提高就业竞争力和创业成功率，推动地方经济发展和产业转型升级，具有重要的意义。当前，高校众创空间有公益性、全程化、便利化、开放式等特征，也存在共治合力尚未形成、师资队伍仍需加强、优势特色有待提升、评价体系有待建立等问题。本篇主要探讨将高校众创空间的功能定位为公益性服务平台、人才培养试验园区、开放式资源集聚地、知识产权和技术转移中心，从创新创业教育、创新创业训练、创业孵化服务、打造创客文化等方面进行建设实践，对管理团队、管理制度、进退机制、运营支持等运行机制进行设计，采取相应策略确立建设理念、建设虚实平台、组建师资队伍、营造文化氛围，探寻众创空间科教融合、跨界融合、要素融合、产教融合的发展路径，推动其向 GIS（群体创新空间）、"前孵化器"、PNP 创业孵化器发展。

第七章　众创空间概述

一、众创空间的内涵

（一）创客与创客空间

1. 创客

"创客"一词源自英文 Maker①（制作者）和 Hacker（创造性地运用技术资源的人）的综合释义。② *Make* 杂志创始人 Dale Dougherty 将这些共享工具和场所，分享创意和才华，并将想法变为现实的人称为"创客"，并认为所有的人都可以成为创客。③ 创客是新技术和数字化工具的爱好者和应用者，从某种程度上讲，他们很像硅谷早期计算机行业的发烧友（Enthusiasts）。④ 创客是在欧美等国家和地区兴起的，强调个人利用工具材料进行独立制造及其创造的 DIY 文化，并逐渐成为展现个性创意的代表。随着第三次工业革命的到来，计算机网络、3D 打印技术等新兴生产工具为创意实现提供了更为丰富的技术支持，人们所能实现的创意产品也从日常用品变为科技领域的发明创造。⑤

2. 创客空间及其核心理念

Make 杂志将"创客空间"（makerspace）定义为："一个真实存在的物理场所，一个具有加工车间、工作室功能的开放交流的实验室、工作室、

---

① 克里斯·安德森. 创客：新工业革命 ［M］. 萧潇，译. 广州：中信出版社，2012.

② 赵娴娜，李银鸽. 清华有一群懂技术、爱艺术、好捣鼓的学生创客科技动手派 ［N］. 人民日报，2014 - 08 - 26（20）.

③ DOUGHERTY D. We are makers ［EB/OL］. http://www. ted. com/talks/dale_dougherty_we_are_makers.

④ DOUGHERTY D. The maker movement ［J］. Innovations，2012，7（3）：pp. 11 - 14.

⑤ 高茜. 国外图书馆创客空间的实践与启示 ［J］. 北京广播电视大学学报，2015（5）：50 - 55.

机械加工室。"① 在国外，对创客空间有很多种表述，例如也称为 hackerspace、backspace 或者 hacklab，是指用户实现创意、动手实践所需要的场所、工具和资源。② 就广义而言，创客空间的构成包括基础的工具、技术、场所，来自创客的创意，根据创意加工后的原型和产品，在交流分享的环境中形成的创客社区。③

可见，创客空间旨在为创客提供实现意创的平台，其核心理念为"共享、创新、合作"，特别是技术、工具、场所的共享。一般来说，创客空间的基础设施中会提供电力、互联网、计算机软件等，以及与制作物品相关的设备，如电视投影仪、游戏控制台、工艺工具等。④ 创客空间的核心价值之一是社交功能，不应过分强调其技术属性而弱化其促进协同创新和知识建构的功能。⑤

创客空间有协作空间（Co-working）、骇客空间（Hackerspace）及制造实验室（Fab Lab）三种业态，在同一个创客空间内，可能只具有其中一种业态，也可能三者兼有。制造实验室是用来快速制作物理产品的工作坊，计算机数控设备是典型的硬件设施，如激光切割机、3D 打印机等；骇客空间更聚焦于计算机和技术，如计算机程序和网页设计等；协作空间是骇客空间的自然演化，聚焦于非正式的共享工作环境。⑥ 创客空间可为创客提供：动手（Hands-on）学习、协作、自我导向（Self-directed）学习、STEM（科学、技术、工程与数学）教育、原型设计、创意孵化以及创客

① 张亚君. 图书馆创客空间协作建设研究 [J]. 大学图书情报学刊，2015（1）：117－121.

② BREITKOPF M. A makerspace takes over a local library [EB/OL].（2011－12－01）. http://infospace. ischool. syr. edu/2011/12/01/.

③ 高茜. 国外图书馆创客空间的实践与启示 [J]. 北京广播电视大学学报，2015（5）：50－55.

④ ROUSH W. People doing strange things with soldering irons：a visit to hackerspace [EB/OL].（2009－05－22）. http://www. xconomy. com/national/2009/05/22/people-doing-strange-thingswith-soldering-irons-a-visit-to-hackerspace/.

⑤ BARNISKIS S C. STEAM：science and art meet in rural library makerspaces [EB/OL].［2016－05－06］. https://www. ideals. illinois. edu/bitstream/handle/2142/47328/158_ready. pdf?sequence＝2.

⑥ COLEGROVE T. Editorial board thoughts：libraries as makerspace？[J]. Information technology & libraries，2013，32（1）：pp. 2－5.

文化。① 创客空间区别于车间或工具库的主要特征是知识共享与同伴引导（Peer-led）学习的创客文化。②

（二）众创空间的概念

创客空间倡导的是一种创客"众创"模式——创意和产品开发不再是传统从公司到市场的线性模式，而是以用户为消费和创新主体，依托创客空间和社区不断进行产品迭代的多向性模式。③

众创（Crowning Innovation）源于"大众创业、万众创新"，本质上是知识社会条件下创新民主化的展现。众创是开放式创新理论发展深化和成熟的结果，是创新网络合作边界越来越大、大众创新能力越来越强且基于互联网的创新外部条件发生突破性变化的直接产物。④ 有学者指出，众创包含了两个核心过程：一是热爱创新的大众基于兴趣、低成本、自我价值实现等动机，在互联网上积极从事创新活动，展示或出售创新成果；二是一类大众（往往是企业）基于自身需求在互联网上积极搜寻和获取其他大众的创新成果并加以利用。⑤ 众创体现了互联网时代指向创新创业的一系列行为和预期，是一种"平民化创新""草根化创业"的具体展现。各类创客空间则为众创提供了创意分享、工具套件、生产资源、孵化服务等开放性场所。⑥

2015 年是我国"大众创业、万众创新"元年。当年 1 月，国务院常务会议经研究决定支持发展众创空间，推进大众创新创业。随后的 3 月，国务院办公厅印发《关于发展众创空间推进大众创新创业的指导意见》（国办发〔2015〕9 号），首次提出构建一批低成本、便利化、全要素、开放

① BURKE J. Making sense：can makerspaces work in academic libraries？［EB/OL］. ［2016 – 05 – 06］. http：//www. ala. org/acrl/sites/ala. org. acrl/files/content/conferences/confsandpreconfs/2015/Burke. pdf.

② PARHAM K E, FERRI A M, FAN S, et al. Critical making with a raspberry pi-towards a onceptualization of librarians as makers［EB/OL］. ［2016 – 05 – 06］. http：//www. asis. org/asist2014/proceedings/submissions/posters/261poster. pdf.

③ 徐思彦，李正风. 公众参与创新的社会网络：创客运动与创客空间［J］. 科学学研究，2014（12）：1789 – 1796.

④ 刘志迎，陈青祥，徐毅. 众创的概念模型及其理论解析［J］. 科学学与科学技术管理，2015（2）：52 – 61.

⑤ 刘志迎，陈青祥，徐毅. 众创的概念模型及其理论解析［J］. 科学学与科学技术管理，2015（2）：52 – 61.

⑥ 王佑镁，叶爱敏. 从创客空间到众创空间：基于创新 2.0 的功能模型与服务路径［J］. 电化教育研究，2015，36（11）：5 – 12.

式的众创空间。① 众创空间是"把握互联网环境下创新创业特点和需求，通过市场化机制、专业化服务和资本化途径构建的低成本、便利化、全要素、开放式的新型创业服务平台的统称"②。众创空间的具体展现形式有创客空间、创客咖啡、创新工场等。

众创空间是一类新型科技企业孵化器，它与传统科技企业孵化器等创新创业服务机构在性质上的区别主要有：一是众创空间关注创业链条的最前端，主要针对早期创业，与传统科技企业孵化器、加速器、产业园区等共同组成完整的创业孵化链条；二是众创空间依托互联网，坚持线上线下相结合提供创业服务，有效满足了网络时代的新需求；三是众创空间以构建一个开放、共享的创新创业环境、创新创业生态系统为核心价值，能够为创新创业者提供增长知识、聚集资源、融得资金的机会。③

二、众创空间的发展概况

（一）国内众创空间发展现状

成立于 2010 年 10 月的上海新车间被认为是国内第一个众创空间。④在"大众创业、万众创新"号召下，众创空间呈现蓬勃发展的态势，建成了一批特色鲜明的众创空间。特别是 2015 年 1 月 4 日李克强总理考察深圳柴火创客空间后，众创空间等新型创新创业服务机构更是取得突破性发展。随后，国务院出台《关于发展众创空间推进大众创新创业的指导意见》（国办发〔2015〕9 号）。根据该文件精神，科技部于 2015 年 11 月、2016 年 2 月和 9 月、2017 年 12 月、2020 年 3 月分五批认定了 2 474 家国家级众创空间。根据《中国创业孵化发展报告 2019》，截至 2018 年底，全国"双创"空间载体数量高达 11 808 家，其中众创空间 6 959 家、科技企业孵化器 4 849 家。目前，北京、上海、广东、浙江等创新创业氛围相对活跃的地区依托各自的科技企业孵化器、高校、国家高新区等科技创新创

① 关于发展众创空间推进大众创新创业的指导意见（国办发〔2015〕9 号）[Z]. 2015 - 03 - 02.

② 众包、众筹、众创，创新创业的新模式——中国科学技术大学管理学院刘志迎教授演讲 [EB/OL]. http://www.chnsourcing.com.cn/outsourcing - news/article/? i = 97309.

③ 郝君超，张瑜. 国内外众创空间现状及模式分析 [J]. 科技管理研究，2016，36（18）：21 - 24.

④ 范海霞. 各地众创空间发展政策比较及启示 [J]. 杭州科技，2015（6）：53 - 57.

业资源优势，涌现出大量各具特色的众创空间，如上海新车间、杭州洋葱胶囊、南京创客空间等。

当前，众创空间有活动聚合型、培训辅导型、媒体驱动型、投资驱动型、地产思维型、产业链服务型、综合创业生态体系型七种类型（见表7-1）。

表7-1　国内众创空间类型一览表

类型	运营模式	典型例子
活动聚合型	以活动交流为主，定期举办创意或项目的发布、展示、路演等创业活动	北京创客空间、上海新车间、深圳柴火创客空间、杭州洋葱胶囊
培训辅导型	旨在利用大学的教育资源和校友资源，以理论结合实际的培训体系为依托，是大学创新创业实践平台	清华x-lab、北大创业孵化营、亚杰会
媒体驱动型	利用媒体优势为企业提供线上线下相结合，包括信息、投资等各种资源在内的综合性创业服务	创业家、36氪
投资驱动型	针对初创企业最亟须解决的资金问题，聚集天使投资人、投资机构，为创业企业提供融资服务，从而提升创业成功率	车库咖啡、创新工场、天使汇
地产思维型	由地产商开发的联合办公空间，类似WeWork模式	SOHO 3Q、优客工场（UrWork）
产业链服务型	以产业链服务为主，包括产品打磨、产业链上下游企业的合作交流、成立基金进行合投等	创客总部
综合创业生态体系型	提供综合型的创业服务体系，包括金融、培训辅导、运营、政策申请、法律顾问等一系列服务	创业公社

另外，从目前科技部认定的2 474家国家级众创空间来看，众创空间虽然类型很多，在开放性、运营模式、孵化领域等方面也存在差异，但具有提供场地（工作场所）、通用设施，组织活动，举办培训等共性功能特点。①

---

① 张力. 透过美国看中国众创空间的问题［N］. 中国出版传媒商报，2015 - 04 - 10（14）.

（二）国外众创空间建设经验

国外最早出现的是与众创空间相似的创客空间，其经过多年发展，已经到达一个比较成熟的阶段。早年便已出现的 Fab Lab、Hackspace、TechShop 等功能相似的空间，都强调创造或者制造空间，对科技创新产生了深刻的影响。奥地利的 MetaLab 依靠收取会费、投资、赞助等途径盈利，为 IT、新媒体等众多领域的创客提供设备与场地，还举办一些项目讨论会和文化节，营造万众创新的氛围，使得创客们有足够大的自主性去进行创新活动；英国的 Access Space 采取分级会员制，为边缘群体提供享受创新服务的机会。1981 年在德国柏林创建的混沌电脑俱乐部被认为是全球最早的创客空间。[①]

截至 2015 年底，国外的众创空间数量已达数千家，分布在 100 多个国家和地区，其中较为典型的有 TechShop、Fab Lab、Access Space 等（见表 7 - 2）。[②]

表 7 - 2　国外典型众创空间一览表

机构名称	起源地/成立时间	运营模式	盈利模式
TechShop	美国/2006 年	实行会员制，为会员提供价值超过百万美元的工具设备，包括车床、焊接台、离子切割机等，同时提供工作场地、人员支持和教学指导等服务	会费（普通会员 150 美元/月，学生和军人 95 美元/月）和收费课程（50～150 美元/次）
Fab Lab	美国/2001 年	由草根创新组织和麻省理工学院比特与原子研究中心联合发起，截至 2015 年全球已有 581 家，是以用户为中心，面向从设计、制造到面试、分析及文档管理各应用环节的低成本制造实验环境	组建一个 Fab Lab 需要价值 2.5 万～5 万美元的硬件设施和 0.5 万～1 万美元的维护及材料费用。大多由公共部门成立并负责运营

[①] 张娜．"互联网＋"时代本土化的创客空间［N］．科协论坛，2015（10）：22 - 25.

[②] 郝君超，张瑜．国内外众创空间现状及模式分析［J］．科技管理研究，2016，36（18）：21 - 24.

（续上表）

机构名称	起源地/成立时间	运营模式	盈利模式
Access Space	英国/2000 年	通过回收再利用的计算机和免费的开源软件为艺术、设计、电脑等领域爱好者提供办公和制造环境，以及项目交流、技能指导、展览等创新服务。有半数用户为残疾人、流浪者、有犯罪前科者等社会边缘群体	获得英国政府社会福利机构的资助，实行三级会员制，分为"赞助者"（1 英镑/月）、"支持者"（3 英镑/月）和"资助者"（10 英镑/月）三类，费用越高享受的服务越丰富
MetaLab	奥地利/2006 年	为 IT、新媒体、数字艺术摄影等领域的创客提供硬件基础设施（如切割机、3D 打印及摄影设备等）和办公空间，并组织小规模研讨会的创新实验室	由一家非营利性组织运营，主要通过收取会费维持运营，项目和补充基础设施需要融资时，也接受赞助和公共资助
Y Combinator	美国/2005 年	每年安排两期为期三个月的孵化项目期，给予通过筛选的创业项目 1.5 万 ~ 2 万美元种子资金，并利用其人脉资源提供天使投资、创业导师、创业交流、市场推广、投资推介等全方位孵化服务	获得入孵项目 6% 左右的股份，在初创企业上市或被其他企业并购时退出并获利
Plug-and-Play	美国/2006 年	专注于科技类企业的加速器，除了为孵化项目提供办公空间外，还为创业项目举办交流活动，提供与风险投资者和大企业对接、导师培训等服务	通过办公场所出租、数据管理、人力资源服务和餐饮服务收费来盈利
WeWork	美国/2001 年	为创业者提供廉价的共享办公空间，并为创业者提供社交活动、路演推介、外部合作等机会	以较低价格批量租地，然后设计为可定制且功能较齐全的办公室出租给创业者（最低 450 美元/工位/月）

从以上国外具有代表性的典型众创空间可见，它们的运营模式和盈利模式各有特点，但从总体来讲，它们有以下几个共同特点：①

1. 注重"包容"与"共享"理念

（1）"包容"理念：一是对进驻者没有学历、背景、技能等要求，只要有创意和意愿，任何人都可以进行创新创业；二是国外众创空间大部分采取会员制，创业者付出较少的租金或会费，便可以使用价值高昂的实验设备和租用办公空间。

（2）"共享"理念：国外众创空间注重为创业者提供交流、共享的空间和机会，营造从"自己创业"到"社群创业"的氛围。例如，通过举办创业交流与技能培训等活动，让有不同经验和技能的创业者可以更好地交流与合作。

2. 运营模式多样，项目覆盖范围广泛

国外众创空间有以提供工具设备为主的运营模式，也有以提供创新创业孵化服务为主的运营模式。前一种模式提供共享技术、工具设备、应用软件等，为创业者用于制造和发明；后一种模式提供投融资对接、产品转化、商业推广等专业孵化服务。

各行各业、各种类别的创新创业项目都可以在众创空间得到实现的机会，尤其是一些目前市场尚不明确、小众而有趣的设计和创造项目，众创空间也为其实施提供了平台和条件。

3. 政府政策支持，鼓励多方参与

国外众创空间以盈利的商业化组织为主，也有小部分由政府部门和社会组织共建的非营利性服务平台。国外政府允许并支持创新创业项目通过专业的众筹网站进行资金募集，例如，美国政府大力推动就业法案的实施，允许成立更多众筹平台，以便为个人创意和发明提供资金支持。② 国外也鼓励政府、高校、企业等多方参与众创空间的建设。

---

① 郝君超，张瑜. 国内外众创空间现状及模式分析［J］. 科技管理研究，2016，36（18）：21-24.

② 尹煜. 从全球视野看众创空间［J］. 互联网经济，2015（8）：44-47.

第八章　高校众创空间的发展概况及内涵

一、高校众创空间的建设意义

众创空间对于激发亿万群众创造活力，培育包括大学生在内的各类青年创新人才和创新团队，带动扩大就业，打造促进经济发展新的"发动机"，具有重要意义。[①] 应该说，国家大力倡导建设众创空间，旨在为创业者打造将人才流、技术流、资金流、信息流等融为一体的新型孵化模式。就高校而言，其意义更接近于众创空间的核心价值，即不仅提供办公场地，还为创业者提供各种类别、不同程度的辅助服务。[②] 高校建设众创空间对促进高等教育转型、促进创新创业教育、促进毕业生就业质量提高、促进地方经济转型升级，具有现实意义。

（一）促进高等教育转型

中国的大学分为研究型大学、研究教学型大学、教学研究型大学、教学型大学四种类型。当前，经济发展进入新常态，高等教育也正处于综合改革攻坚时期，高等教育的类型导向可以更加多元化，建设创业型大学也成为高等教育转型的选择之一。高校众创空间有利于将师生的创新成果与市场紧密结合起来进行孵化，创新创业教育可以将学生的兴趣与职业发展意愿直接结合，成为高等教育改革和创新的重要引擎。因此，高校众创空间在推动创新创业的同时，促进了高校在教学导向、结构和内容上向创业型大学发展与转型。[③]

（二）促进创新创业教育

高校将众创空间建设作为贯彻落实国家深化高校创新创业教育改革战

[①] 国务院：确定支持发展"众创空间"的政策措施［EB/OL］.［2015 - 01 - 28］http://money.163.com/15/0128/19/AH2QKHFE00253B0H.html.

[②] 李琤. 众创空间：为创业者打造创业"天堂"［N］. 中国文化报，2015 - 10 - 17（5）.

[③] 蒋安琦，尚超. 关于大学建立众创空间的思考：基于创业型大学的视角［J］. 安徽行政学院学报，2015（4）：107 - 112.

略部署的具体举措，坚持以全面深化创新创业教育改革为突破口，与社会共建协同育人平台，实施与产业深度融合的创新创业教育体系，全过程推进创新创业人才培养改革。高校众创空间能为多样化、个性化的创新创业人才培养提供训练实践平台，能整合高校、政府、企业等多方资源以降低高校师生创新创业的成长成本，能促进高校师生的科技创新、推动知识产权转化和技术转移，也能助推以高校师生和校友为主体的科技型中小企业的成长。众创空间发挥了创新创业基地、高校科技园、创新工场、创客空间、高新技术开发区、自主创新示范区等创新创业场所的综合优势①，为大学生在校园内的创新创业提供了充分的资源和条件。

（三）促进毕业生就业质量提高

高校众创空间能有效地引导一部分学生创新创业，转变毕业生的就业观念和促进灵活就业，使得创业成为就业的重要方式之一，实现了以创业带动就业的良性发展模式。在众创空间接受教育和训练的学生，要比普通的学生更具创新精神和能力、创业意识和能力，具有更强的职业发展能力与社会竞争力。因此，高校众创空间有利于提升学生的社会适应力和就业竞争力，有助于创业愿望强烈的学生提高创业成功率，最终目的是促进学生的全面可持续发展。

（四）促进地方经济转型升级

高校众创空间有利于推动高校服务地方经济产业转型升级。高校众创空间建设一般与高校所在地方的支持产业对接，与企业需求对接，面向社会各方开放科研、教学、实践等优势资源，给企业的创新发展、科技进步、产品升级带来积极而深远的影响。此外，高校众创空间建设需要有效地整合校内多专业、多学科领域的教育资源，提升教师的社会服务能力，增强教师与产业深度融合的适应性，以更好地服务区域经济转型升级和创新发展。

二、高校国家级众创空间的建设现状

从发展类型来看，高校众创空间以培训辅导型为主。截至 2020 年 4 月，在科技部门认定的 2 474 家国家级众创空间中，以高校或大学科技园为运营主体的国家级众创空间（简称高校国家级众创空间）有 236 家（第

---

① 安宇宏. 众创空间 [J]. 宏观经济管理，2015（4）：85.

一批 13 家，第二批 33 家，第三批 107 家，第四批 55 家，第五批 28 家），占总数的 9.54%（见表 8-1）。其中，广东高校有 18 家，占全国高校总数的 7.63%。广东省被认定的国家级众创空间有 262 家，领跑全国。

表 8-1　高校国家级众创空间一览表

地区	众创空间名称
北京	第一批（3 家）：北京大学创业训练营、北京大学创业训练营天津基地、清华 x-lab 第二批（1 家）：北航夸克空间 第三批（6 家）：服饰时尚设计产业创新园、杰客咖啡、出壳创业园、悠上空间、京师咖啡创新空间、中财大科技金融港
天津	第一批（4 家）：南开大学玑瑛青年创新创业实践基地、北京大学创业训练营天津基地、天津工业大学创客空间、"搭伙"众创空间 第二批（2 家）：天津大学前沿技术研究院有限公司、天津大学（青岛）海洋工程研究院有限公司 第三批（9 家）：临港科创众创空间、创 E 空间、天津科技大学众创空间、天津理工大学众创空间、工学坊、天软·创魔方、南滨 GENSBOX（玑瑛青年创新公社）众创空间、"乐创津成"众创空间、弘商众创空间 第四批（2 家）：南开大学星空众创空间、天津商业大学微渡众创空间 第五批（1 家）：天津职业技术师范大学创想梦工场众创空间
江苏	第一批（1 家）：苏大天宫孵化器 第二批（1 家）：创业汇客厅 第三批（6 家）：九龙 5G 创业谷、南京创新创业湾、太阳谷创新驿站、E 联 U 盟创客驿站、万创智联、天印梦工场 第四批（1 家）：山大 e 禾南湖梦众创空间 第五批（1 家）：创芯 SPACE
浙江	第一批（1 家）：浙江大学 e-WORKS 创业实验室 第二批（2 家）：西电筋斗云众创空间、Pearl Space 众创空间 第三批（9 家）：温州大学众创空间、嘉禾地带、温州产业科技众创空间、浙江工贸学院众创空间、泰豪创空间、北京大学（金华）信息科技园创业孵化营、温青汇、3U 创客空间、厦大——火炬极客空间 第四批（2 家）：温商·众创空间、嘉兴学院大学生创业实践园 第五批（2 家）：丽泽空间、工创谷众创空间

（续上表）

地区	众创空间名称
河北	第二批（2家）：飞翔创客空间、河北大学厚德创客空间 第三批（8家）：毓秀空间、多维众创空间、河北地质大学创业生态公园、华电·电火花众创空间、青橙公社、廊坊华航e创空间、唐山融·创客工场、电谷e创空间 第五批（1家）：和合众创空间（承德）
广东	第二批（3家）：广药职院众创空间、工匠创客汇、汕头大学学生创业园众创空间 第三批（8家）：广州大学城两岸四地大学生创客空间、创业18mall、肇梦空间、银弹谷·云创空间、为树海洋大学众创空间、深圳硅谷大学城绿色产业创客空间、"创新育成"创客空间服务平台、2188创客空间 第四批（5家）：北京大学创业训练营横琴基地、三创营众创空间、北京理工大学珠海学院创业工场、百工慧、广科Mi创客空间 第五批（2家）：广东智造创新工场、潮汕职业技术学院创业学院
山西	第三批（1家）：山大艺道众创空间
广西	第三批（2家）：桂林电子科技大学科技园众创空间、梧州学院众创空间 第四批（3家）：桂林理工大学众创空间、白色学院众创空间、广西科师启迪K-Lab Cafe创业咖啡
内蒙古	第三批（4家）：内蒙古工业大学东邦科尼众创空间、包头轻工学院众创空间、内蒙古科技大学大学生众创空间、包头师范学院大学生众创空间 第五批（1家）：上海交大包头新材料众创空间
河南	第一批（1家）：黑石咖啡 第三批（5家）：金源众创空间、南阳理工学院三融众创空间、良库工舍、UFO众创空间、洛阳理工学院千度创客空间 第四批（4家）：周口师范学院3A支点众创空间、许昌学院颍川众创空间、卧龙众创空间、郑州大学大学科技园众创空间

（续上表）

地区	众创空间名称
山东	第二批（3家）：天津大学山东研究院众创空间、"亮·交通"创客空间、齐鲁工业大学创业学院 第三批（9家）："HP＋"创客中心、东营市胜利大学生创业园、智谷汇聚、U创空间、DT创业咖啡、科创慧谷众创空间、山科U创空间、海生灵创客邦、海斯曼创客岛 第四批（6家）：日照职院创客创意众创空间、山东大学创客空间、大红炉众创空间、济南大学科技园众创空间、建大学子众创空间、千帆启航众创空间 第五批（5家）：青年众创基地、山东英才学院"创客＋"众创空间、医养创苑众创空间、工求精密众创空间、"智·健康"众创空间
重庆	第二批（1家）：eYou Space 第三批（6家）：D＋M浪尖智造工场、北碚国家大学科技园"易空间"、重庆大学科技园科慧众创空间、重电众创e家、"石大帮创"空间、成都大学CC空间 第四批（3家）：清研理工创业谷、众创之家、百川兴邦众创空间 第五批（3家）：重科智谷、重庆科创职业学院创新创业科技园、繁星众创空间
新疆	第二批（1家）：新疆创客驿站 第三批（1家）：逐梦创客 第四批（3家）：新创青年众创空间、新疆大学草根众创空间、"我可"大学生创客空间 第五批（1家）：优创空间（昌吉州）
甘肃	第二批（2家）：兰州交通大学创客之家、兰州大学科技园萃英众创空间 第四批（2家）：多民族大学众创空间、雁苑微林众创空间
湖北	第一批（2家）：华中科技大学启明星空创客空间、中地大科创咖啡 第三批（2家）：慧谷创业空间、腾讯众创空间（武汉江夏） 第四批（3家）：武大珞珈创意园众创空间、利群众创空间、湖北理工学院慧谷众创空间
湖南	第三批（6家）：中南大学学生创新创业指导中心、麓客众创空间、湖南城市学院众创空间、湖南微软创新中心众创空间、创业微工场、怀化市创蚁众创空间 第四批（3家）：湖南商学院众创空间、湖南工艺美术职业学院众创梦工场、武陵创享 第五批（2家）：长沙理工大学大学生创新创业园、智造创客学院

（续上表）

地区	众创空间名称
海南	第四批（1家）：创梦空间
福建	第四批（1家）：闽台青创 第五批（2家）："设计＋"众创空间、闽南理工学院创客园
安徽	第五批（1家）：铜陵学院大学生创客空间
江西	第二批（1家）：星火众创空间 第四批（3家）：赣源梦工坊、宜职众创空间、江财MBA创业中心 第五批（1家）：华东交通大学众创空间
四川	第一批（1家）：交大创客空间 第三批（5家）：成都创业学院"创客＋部落"、电子科技大学蓝色工坊、蓝色蜂巢创业咖啡、西南交大国家大学科技园众创空间、四川大学C创空间 第五批（1家）：成都东软学院SOVO众创空间
辽宁	第二批（3家）：东北大学科技园众创空间、上游汇、东软SOVO 第三批（1家）：团创空间 第四批（6家）：东北大学东创空间、沈航3X＋创新创业工场、海纳众创空间、宝地砺器众创空间、π空间、北京大学创业训练营大连基地 第五批（3家）：沈阳建筑大学创新创业孵化基地、大连海事大学Hi－C空间、连大众创空间
黑龙江	第二批（4家）：哈尔滨理工大学科技园创客空间、冰城创客汇、紫丁香众创空间、哈尔滨工业大学深圳研究生院创客空间 第三批（2家）：黑龙江哈船众创生态园、齐齐哈尔工程学院科技园众创空间
吉林	第二批（1家）：长春职业技术学院创客空间
陕西	第二批（3家）：沸点e站、渭南师范学院创客空间、西安交通大学"七楼创客汇" 第三批（8家）：西北工业大学"飞天"创客空间、Code&cafe众创空间、西安邮电大学大学生众创空间、西北农林科技大学青年农业众创空间、"鱼化龙"创客空间、西安电子科技大学星火众创空间、西理工一创客空间、西安科技大学PDS众创空间 第四批（4家）：西纺文创众创空间、炒青众创、西译众创空间、安康学院大学生创新创业空间

（续上表）

地区	众创空间名称
贵州	第二批（1家）：黔粹传人工作室 第三批（4家）：思雅众创空间、源动力众创空间、健康智造众创空间、云科曲靖师院众创空间 第四批（1家）：思源众创空间（贵阳）
云南	第二批（2家）：云科北理工五华众创空间、云科昆理工众创空间 第三批（5家）：云科云大明远众创空间、云科云民大众创空间、云科工商学院众创空间、云科昆医大众创空间、云科梦之谷众创空间 第四批（2家）：云科云农大众创空间、云科曲靖应用技术学校众创空间 第五批（1家）：云科保山学院珠宝产业众创空间

三、高校众创空间的建设困境

高校众创空间的建设伴随着"双创"浪潮迅速发展，形成了公益性、全程化、便利化、开放式等新特点，但也暴露了自身运营存在的问题，体现如下：

（一）共治合力尚未形成

高校众创空间的建设是创新创业教育生态系统中的重要一环，与系统内其他要素之间存在着天然的联系，能和谐共生。但众创空间在高校内毕竟是新生事物，依然存在多部门横向联合协调不到位，与各教学单位的纵向沟通不顺畅，"各管一段"，甚至"扯皮"的现象，未形成齐抓共治的合力。例如，教务部门认为众创空间是第二课堂的实践平台，未将其纳入人才培养体系中进行规划和实施；科研部门认为这只是学生的创新创业实践，未能构建科研人员带动学生共同进行技术创新和科技创业的机制；在师生共创过程中可能出现股权结构划分不清的问题；在技术成果产业化、市场化等方面，学校缺乏专门的服务机构和专业的指导力量；众创空间日常运营部门重内部管理协调、轻社会合作拓展，资源拓展手段有限，未能与区域、行业形成创新创业资源的良性互动和互补，等等。

（二）师资队伍仍需加强

首先，从专任理论教师来看，大部分高校虽有一定的创业师资力量，但普遍数量少、职称低，且缺乏创业孵化的实际经历。其次，从专任实践指导教师来看，大部分众创空间都有配备一定数量的此类导师，但基本都是从所在高校的工程训练中心、实验中心、商科学院、辅导员队伍等抽调而来的，大多缺乏必要的产业思维和创业实践。再次，从校外导师来看，高校聘请了部分企业的高管、技术骨干，以及风险投资、创业孵化等机构的专业人士作为众创空间的兼职教师，但他们指导创业者的时间和频率难以保证，缺乏系统性的指导和链条式的训练。

（三）优势特色有待提升

高校国家级众创空间发展迅猛，但其服务能力和专业水平良莠不齐，发展模式大多雷同，未能紧紧依托高校的办学特色、行业特点和学科特征打造自身的核心优势特色，这为众创空间未来的可持续发展埋下了隐患。高校未能在众创空间建设中"跳出"高校角色，与区域产业深度融合；在项目培育孵化方面缺乏对前沿技术的检索，缺乏对产业需求的调研，缺乏对市场前景的分析，普遍存在"与战略性新兴产业对接深度不够，缺乏面向地方主导产业垂直化细分领域的专业众创空间，总体上对当地优势产业的促进作用不明显"[1] 的缺陷。

（四）评价体系有待建立

目前大致存在三种有争议的高校创新创业教育效果评价标准：数据指向（将创业率作为衡量创新创业教育的标准）、锦标指向（将学生参加各级各类创新创业竞赛的成绩作为其创新创业能力的体现）、能力指向（认为内化的素质和外化的行为是衡量教育效果的标准）。[2] 对于如何科学评价高校众创空间的实效，同样存在以上不够全面的评价标准，一套科学合理的评价体系亟须建立。

四、高校众创空间的特征和功能

（一）高校众创空间的特征分析

从《关于发展众创空间推进大众创新创业的指导意见》可知，国家期

---

① 吴立涛. 我国众创空间的发展现状、存在问题及对策建议［N］. 中国高新技术产业导报，2017 – 02 – 20.

② 中国大学生就业创业发展报告课题组. 创新创业教育：多少瓶颈待突破［N］. 光明日报，2016 – 02 – 04.

望的众创空间，应该是基于互联网环境的创新创业实践载体，是一个开放、交互、共享的创新创业生态系统，通过开放创新创业空间、开展线上线下的创新创业活动。众创空间可以开创跨界式、分享式的创客教育，提供低成本、一站式的众创服务，搭建连接式、互动式的创新平台。[①] 从《关于发展众创空间推进大众创新创业的指导意见》对众创空间的界定可见，其具有低成本、便利化、全要素、开放式四大特征，而以高校或大学科技园为运营主体的众创空间这四大特征，又有符合高等教育规律和人才培养模式的体现形式。

1. 公益性

高校众创空间定位为公益性的创新创业服务平台，提供免费的办公场地、家具设施、无线和宽带网络、物业管理服务等，这是高校为创新创业者提供的标准配备。除此之外，高校还为入驻众创空间的创新项目和创业团队无偿提供课程教师和实践导师，以及 5 000～10 000 元不等的扶持启动资金。

2. 全程化

高校众创空间根据创新创业教育的要素链条，倡导"以创新为核心的创业，以创业为导向的创新"孵化理念，为入驻众创空间的创新创业者提供理论课程、实践平台、制作空间、成果转化、技术转移、创业孵化、投融资对接、工商税务管理、财务法律咨询等全程服务。

3. 便利化

高校众创空间的便利化，一方面体现在就近就便，即众创空间的地理位置一般在校园内或校园周边；另一方面体现在提供便利的服务，即引进校外负责专利代理、工商登记、税务、投融资对接、技术转移（如股权交易等）、创业孵化的专业机构到众创空间驻点服务。

4. 开放式

一是开放式整合高校、政府、企业等校内外的创新创业全要素资源，实现与社会资源的无缝对接，为众创空间的创新创业者服务；二是从理念思路、理论课程、师资队伍、实践平台、孵化中心、资金支持、文化氛围等方面打造开放式创新创业教育生态圈；三是借助"互联网＋"思维，搭建产学研信息直通平台，运用开源技术，实现线上线下互联互通。

---

① 王佑镁，叶爱敏. 从创客空间到众创空间：基于创新 2.0 的功能模型与服务路径［J］. 电化教育研究，2015，36（11）：5－12.

（二）高校众创空间的定位

1. 公益性服务平台

以高校或大学科技园为运营主体的众创空间，定位为公益性的创新创业服务平台。首先，在理念上，高校要认识到众创空间的功能定位是服务学校创新创业人才培养的有效载体和有益延伸，是培养创新创业人才的重要阵地之一。为入驻的创新项目和创业团队提供免费的课程，当属公益性，而非营利性。其次，高校应为入驻的创新项目和创业团队无偿配备一定的扶持启动资金，并提供免费的办公场地、网络、办公设备等物理空间和硬件设施，以及免收物业管理费。再次，对于第三方机构提供的工商登记、税务、专利代理、投融资对接等服务，高校可按市场正常价格收取，以及按成本价收取实际使用的电费。运营主体不以盈利为目的，也符合众创空间"低成本、便利化"的要求。

2. 人才培养试验园区

高校众创空间承载着人才培养的任务，培养符合国家创新驱动发展战略、"一带一路"建设要求的创新创业人才更是其重要任务。首先，在培养路径上，高校众创空间坚持"重基础、强能力、宽视野、多样性、个性化"的创新创业教育改革主线，探索培养"产业领军人、行业带头人、科技拓路人、创业开拓者"四类人才的有效路径。其次，在教学组织形式上，高校众创空间在局部探索如何实施多类型、灵活的教学组织形式，如何多渠道聚集资源形成新型教学环境，如何有机结合学生特点与意愿并突出学科交叉、多专业融合进行人才培养，为整体创新创业人才培养提供有益的借鉴和成功的范式。

3. 开放式资源集聚地

"开放式"和"全要素"是众创空间的两个重要特征，因此，高校众创空间应定位为具备创新创业全要素的开放式资源集聚地。一是将校内的教务、科技、实验、人事等职能部门的资源整合，成立创新创业人才培养的依托实体，如创新创业学院、创客空间、创新创业训练与孵化基地等。二是整合高校、政府、企业等校内外资源，促进科技资源开放共享，推动产学研协同创新，与龙头企业一起在众创空间培养符合地方经济社会发展需求的创新型和创业型人才。三是整合校内外师资力量，形成校内技术创新理论教师、企业产品开发导师、企业成长导师"三对一"的实践指导师资队伍。四是将政策、人才、技术、资金、市场等资源整合叠加在众创空间内，为师生创新创业营造更好的环境。

4. 知识产权和技术转移中心

高校是国家科技创新体系的重要组成部分，是高科技人才的聚集地，每年形成了大量高水平科研成果，但其专利成果的转化率较低。[①] 高校众创空间在推动专利成果转化、促进技术与资本联合、优化科技管理体制方面大有可为，已逐步发展成为高校的知识产权和技术转移中心。高校众创空间可以作为学校科研成果转化，技术专利许可、转让、推广的窗口。其对内发布企业技术需求，对外发布研发技术成果，还为企业提供专业咨询、技术服务、教育培训等平台。高校众创空间的主要功能定位为技术集成、信息服务、资金运作和咨询服务。

（三）高校众创空间的教育功能

高校众创空间是服务创新创业人才培养的公益性服务平台、人才培养改革和创新的试验园区，因此，其建设内容自然包括创新创业教育生态系统的诸多环节。例如，广东工业大学自建立众创空间以来，依托空间建设，在构建高校创新创业教育生态系统过程中不断探索，积累了富有成效的实践经验。

1. 创新创业教育

高校众创空间的建设内容，首先是校内多部门协同，形成共治合力开展创新创业教育，培养创新创业人才。一是面上的创新创业通识教育和工科通识教育，主要是创新创业思维引导教学，通过公选课、公开课、系列讲座等形式组织教学，让文、理、工不同学科背景的学生提升对前沿知识的敏锐度，培养学生主动捕捉跨学科交叉点的能力；二是点上的多专业融合、多学科交叉组织各类专业教育的融合性学院，例如，广东工业大学粤港机器人联合学院从自动化、机械控制、计算机、数学、工业设计等专业选拔人才，实施通识课程、金融课程、产业课程、创新教育、创业孵化等模块教学；三是将有创业意愿的学生单独组织成班。创业课程包括创业理论、创业技能、创业专题和创业体验四大模块。

2. 创新创业训练

广东工业大学构建了"N+1+N+N"四级一体化创新创业训练平台（三个"N"分别是多个学院的创新工作室、教授研究室等，多个协同育人

---

① 中国科协创新战略研究院. 高校专利成果转化率较低［EB/OL］.（2016 – 05 – 26）. http://www.cast.org.cn/n17040442/n17179927/n17179972/17211613.html.

平台，多个社会孵化平台；"1"即校内创新创业训练与孵化基地），辅以"团队/项目＋竞赛＋初孵＋深孵"四位一体的创业实践训练链条，"创业兴趣组—创新团队—创业培育—创业初孵团队—创业深孵团队"五级团队培育链条，"学校—企业—市场"的"三对一"实践指导链条，学校、协同创新平台、风投机构等多向资金基金链条等，着力打造创新创业训练生态圈。

3. 创业孵化服务

一是引进香港高锋创投、粤科金融、广州股权等创投、股权交易公司，为创业学生提供场地注册、政策咨询、培训指导、项目推介、投融资对接、股权挂牌等一站式创业服务，以及"场地＋企业导师＋校内导师＋基金池＋推广平台＋服务团队"的"六个一"联动帮扶。二是引入创业校友组建管理服务公司，开展专业化、市场化管理与运营。三是组织有创业意愿的学生开展"走访创业者足迹"活动，组织创业校友和创业学生成立"创业者联盟"，实现在孵项目100%获得创业校友的指导。四是依托创业服务网、微信公众号宣传政策、推广项目、树立典型，并提供导师在线咨询等服务，定期组织线下集中把脉和诊断创业状况。五是与科技企业孵化器、创业园等共建创业联合孵化基地，打造支撑技术创新研发、项目孵化、人才培训、创业投资、成果转化的平台。

4. 打造创客文化

一是给众创空间周边道路命名"创新大道""挑战路"，种植"挑战林"，立起"工大创谷"和"挑战石"，装饰创意长廊等，强化创客文化标识，打造全校师生热衷的文化部落和文化空间。二是每年定期深入开展"科技节""创客季""创客文化节""创业集市"等创新创业活动，扩大学生参与创新创业活动的覆盖面，激发学生创新创业的兴趣与潜能。三是组织学生参加"挑战杯""创青春""互联网＋"等大学生创新创业竞赛，着力提升学生创新创业的能力和自信。四是开展创新创业之星、创新创业优秀指导教师等评选活动，提高师生参与创新创业的积极性。

五、高校众创空间的未来发展路径

（一）发展路径

上文根据高校众创空间的功能定位，以广东工业大学众创空间实践案例为依托，从创新创业教育、创新创业训练、创业孵化服务、打造创客文化四方面探索实践经验。下面将在总结高校众创空间建设实践的基础上，针对高校众创空间的发展提出几条路径，尝试破解其亟待解决的难题。

1. 科教融合，培养创新创业人才

科教融合理念要求教师树立科研的教育性、教学的学术性，改变科研与教学分离的状况，推进科研成果转化为教学成果，为学生的创新创业能力培养提供有力支撑。从理念上讲，高校众创空间应该致力于以志趣为引导，以科研活动为手段，与知识传授、能力培养和价值塑造等教学过程相互融合、协调发展，充分激发学生内在巨大的创新动力和潜力。因此，高校要树立科教融合理念，以科研成果教育创新创业人才，以科研环境优化创新创业人才培养资源，以科研平台推动众创空间的发展。

2. 跨界融合，多学科多专业组建团队

部分高校众创空间实行多专业融合、多学科交叉的创新创业教育，组建符合市场导向的创新创业团队，这一经验为高校众创空间的发展提供了一条有效的发展路径。跨界融合的主要形式有：一是高校的教师与学生跨界合作，打破师生垂直关系，成为"合伙人"，一起创新创业；二是教师与校友、在校生与校友，或教师、校友、在校生进行跨界合作，发挥各自优势，联合进行技术创新、科技创业；三是不同学科、专业背景创新创业者的跨界合作，如工科与商科、文科与理科；四是不同产业方向的跨界合作，如信息技术与生物医药、机械制造与经济金融。

3. 要素融合，聚集校内外创新创业资源

高校众创空间要将创新创业课程、师资、资金等要素融合在一起，展开资源的整合、配备和优化。首先，打破众创空间与学科群落、产业、协同平台之间的壁垒，建设多向融合的创新创业教育课程体系。其次，组建"校内理论教师—产业思维导师—企业成长导师"的多元化师资队伍，让全光谱、高层次的师资阳光照耀每一位创新创业者，其中，校内理论教师负责理论教育，产业思维导师负责指导创业实践，企业成长导师负责培训企业产品转化知识。再次，多向社会募集资金，构建创新创业项目"前孵基金—初孵基金—深孵基金"的资本支持链条。

4. 产教融合，引进市场化创业服务团队

实践证明，有些高校引入创业校友组建管理服务公司，在众创空间开展专业化、市场化管理与运营，是成功、有效的。高校可以以产教融合的模式，通过引进科技企业孵化器、大学科技园、创业园等管理服务机构，共建众创空间，共享政策红利、资源和成果，共孵创业项目，组建起市场化的创业服务团队。另外，还可引进第三方的创新创业教育评价机构，为高校众创空间制定评价体系，提供年度创新创业质量报告等。

（二）未来方向

一方面，高校众创空间应该依托高校的培养特色、行业特点和学科特征，采取差异化策略，推动专业化发展，专注于某一方面，如 3D 打印、智能制造、可穿戴技术等；另一方面，高校众创空间的发展要与高校所处区域经济社会的发展紧密结合，与当地的产业发展深度融合。除此之外，高校众创空间可考虑如下发展方向：

1. 向 GIS（群体创新空间）发展

2014 年，高云峰等学者提出教育模型 GIS（Group Innovation Space，群体创新空间）——一个以松散群体参与创新活动为特征，提供想法及实现其所需的材料、设备及设施，并具备社交功能的物理空间。[①] 未来，以创新为主的高校众创空间可以像 GIS 一样，以创新作为空间构成要素，打造开放的、活的、去中心化和结构化的空间，支持视觉化和触摸化的创意，实施"新生—消费者—制造者—创新者—小导师"创新升级路径。

2. 向"前孵化器"发展

"前孵化器"是一种风险削减了的环境，创意理念在真正步入商业孵化器之前，可以通过它得到市场可行性测试。[②] 高校"前孵化器"兼具社会公益性和商业营利性，一方面肩负着为高校教学科研服务、培养人才的职责，另一方面要促进高校创意项目和高科技科研成果的商业化。因此，从技术创新到创业孵化全程提供服务的高校众创空间，可以向"前孵化器"发展，在坚持以社会公益性为主的前提下，逐步向商业营利性发展，将其打造成为新兴的协同育人和产学研合作平台。

3. 向 PNP 创业孵化器发展

在美国，运作比较成功的创业孵化器 Plug-and-Play（PNP）公司，形成了一种成熟完善的创业服务运作机制和商业推广模式，即"PNP 创业孵化器生态价值链"，以创业者和创投者为中心，提供"团队建设、金融资

---

① 覃波. 基于"GIS"模型的"众创空间"建设对策［J］. 企业改革与管理，2015（21）：2－3

② ANDREW D. Pre-incubation and the New Zealand business incubation industry retrieved［EB/OL］.［2015－03－13］. http://www. incubators. org. nz/content/news/news4.

源、网络平台、商业服务"等服务。① 以创业为主的高校众创空间可以与创投机构共建 PNP 创业孵化器，由其选派创投高管作为专员进驻众创空间，帮助已注册的企业制定发展战略，开展员工培训，提供投融资、税务、法律等咨询服务等。

我国众创空间虽起步较晚，但发展快速。对高校而言，如何乘着"大众创业、万众创新"的东风，发挥培养创新创业人才的独特优势，充分利用自身拥有的智力等资源，汇聚、拓展社会资源，使众创空间发展到一个更高的层次，服务地方经济发展、产业转型升级，贯彻国家创新驱动发展战略，是值得探讨的重要课题。

---

① 张力. 透过美国看中国众创空间的问题［N］. 中国出版传媒商报，2015 - 04 - 10（14）.

第九章　高校众创空间生态系统构建策略

党的十九大报告提出，创新是引领发展的第一动力，是建设现代化经济体系的战略支撑。众创空间作为新时代背景下的新型创新创业服务平台，在国家创新驱动发展战略推动下得到了蓬勃发展，特别是高校众创空间，从一个高校的新生事物发展成为创新创业教育的重要载体。各高校对众创空间的构建模式进行了实践探索，但对众创空间促进高校创新创业教育的运行机制、内在规律和交互关系却缺乏理论研究。因此，本章将从生态学理论的角度研究高校众创空间，厘清众创空间生态系统的功能定位及生态要素的交互关系，对于更深刻、更系统地理解众创空间以及提升众创空间的功效，具有重要的现实意义。

与生物体系类似，从生态学观点出发，高校创新创业教育是一个多层次、多环节、多要素、多阶段的复杂生态系统工程。高校众创空间是汇聚众多校内外创新创业教育资源于一体的创新创业服务平台（载体）。① 它打破了原来创新创业生态系统中生态要素相互独立与分割的局面，改变了创客们"单打独斗"的现象，通过聚集不同的创客群体、孵化平台、创新创业项目及活动形式，在高校内汇聚围绕创新创业所需的资源以及相关环境支撑要素，为创客们提供创作（意）实践、经验分享、网络互动以及资源共享的空间，增强创客之间以及与创新创业资源之间的联系和协同互动作用，促进生态系统中各生态因子的交互作用，其本身也逐渐演化形成一个完整的微创新创业生态系统。② 因此，生态位原理同样适用于高校众创空间生态系统，这对于众创空间在实践中寻求和扩充合适的生态位以及发挥生态位之间的协同作用，具有普遍和现实意义。

一、高校众创空间的生态系统结构模型

从生态学、生态系统理论的视角剖析，高校众创空间的生态系统结构

---

① 张育广. 高校众创空间的运行机制及建设策略——以广东工业大学国家级创客空间为例［J］. 科技管理研究，2017，37（13）：101－106.

② 孙文静，袁燕军. 基于生态位理论的众创空间发展模式研究——以北京市为例［J］. 科技管理研究，2017，37（24）：19－27.

主要包括资源生态圈、创客文化、创客生态圈和基础共享平台。① 资源生态圈主要包括创业导师、创业政策、服务支持机构、资金体系以及产业市场等，为高校众创空间开展创新创业活动提供了创业知识、技术支持、政策服务、创业服务、孵化资金等多样性、开放式的众创资源。创客文化衍生的众创精神在众创空间中凝聚创客和创新创业资源，通过个性化的创新创业行为方式、独特的创客空间符号以及创客与创新创业资源的互动模式，建立创客生态圈与资源生态圈的链接网络，实现系统内物质、能量和信息的传递与交互，形成高校众创空间持续发展的内在动力。② 创客生态圈是高校众创空间的创新创业主体，也是生态系统的基本生态元素，主要包括在校学生创业者、教职工创业者、科研团队创业者、协同创新平台创业者。创客群落通过创意分享、经验交流等互动方式，以及科技成果授权与转让、相互持股和交叉参与创新创业项目等合作模式，建立纵横交错、相互嵌套的强弱联结的创客网络。在创客文化的引领下，创客生态圈和资源生态圈在基础共享平台（基础硬件设施、配套软件服务和运营模式）的服务支撑体系上形成一个众创网络，实现创客群落、众创空间与创新创业资源相互之间的有效对接，从而促进创新创业项目成长和创新创业系统演化。③

二、高校众创空间生态系统的构建策略

根据上述生态系统结构模型，高校众创空间聚集了多元化的创客、创新创业资源、组织机构和创新创业项目等众多生态要素。依据生态位理论，构建一个良性运转的高校众创空间生态系统，需厘清不同空间维度的生态位要素之间和各生态位要素与生态环境之间的相互逻辑关系及作用机理，运用恰当的策略探索不同阶段的不同生态要素的合理生态位定位和互动机制，增强高校众创空间生态系统内外动力的沟通，发挥生态系统多元主体的协同效用。

---

① 陈凤，项丽瑶，俞荣建. 众创空间创业生态系统：特征、结构、机制与策略——以杭州梦想小镇为例 [J]. 商业经济与管理，2015 (11)：35 – 43.

② 孙荣华，张建民. 基于创业生态系统的众创空间研究：一个研究框架 [J]. 科技管理研究，2018，38 (1)：244 – 249.

③ 浙江省团校课题组. 从"创客"到"创业"：高校众创空间创业生态圈的构建 [J]. 青少年研究与实践，2016，31 (4)：14 – 19；贾天明，雷良海，王茂南. 众创空间生态系统：内涵、特点、结构及运行机制 [J]. 科技管理研究，2017，37 (11)：8 – 14.

（一）生态位错位分离策略：厘清高校众创空间的生态定位

每个物种都有一个最适宜自身生存发展的生态位，但生态系统中环境梯度和资源供应关系的变化会导致不合理的生态位密度与重叠度变化，引起物种之间的激烈竞争。根据生态位的竞争排斥原理，通过不同维度的错位分离策略，能让不同时间、空间和功能维度的生态因子形成差异化的错位竞争，避免众创空间生态位高度重叠和过度竞争，从而达到对环境和资源的最有效利用。

1. 时间维度的错位

创业是一个经历种子期、初创期、发展期和成熟期四个动态阶段的系统过程。由于不同生命周期阶段的资源需求不同，高校众创空间需采取相匹配的策略进行定位调整，通过多层次提升的创业知识体系、多阶段强化的实践指导、多级递进的孵化服务以及多重叠加的资金支持等动态策略，建立全链条不同生态要素阶段化的合理生态位关系。

2. 空间维度的错位

高校众创空间建设包括在地理区域上集中与散布相结合的实体空间和在虚拟环境中集成、专业与多元的网络空间，形成创新工作室、创业实训基地、创业孵化平台、协同创新平台及企业孵化器等多级纵向孵化平台与"互联网＋"横向共享空间"实虚结合"、全方位服务的空间维度，为不同类型、阶段的创新创业项目提供合适的生存空间。

3. 功能维度的错位

区别于社会化众创空间单一的创业孵化取向，高校创新创业教育职能还包括人才培养、科技成果创新，因此，高校众创空间应主动依托区域产业优势，结合学校自身定位，衔接专业教育，选择合适的功能生态位，建立具有创意实现、技术转化、创业孵化等功能的差异化、特色化创客空间，实现创客教育与创业教育的深入融合。

（二）生态位扩充策略：实现众创空间的"众创"功能优化

在生态系统中，生物物种在生存发展过程中需要不断地扩充和优化自身的生态位，以获取更大的生存空间和资源来适应与改变新环境。同样地，高校众创空间也需扩充和调整生态位，不断挖掘自身优势，提高竞争力。

1. 拓展众创空间的辐射边界

扩大高校众创空间的开放性，突破学校藩篱的限制，协同区域政府、高校、研究机构以及产业等，构建众创空间共建共享机制或者区域战略联盟，吸引更多社会资源投入众创空间建设，拓展众创空间的服务范围。

2. 增强多学科融合的服务功能

高校众创空间建设融入学科交叉理念，打破与学科群落、产业孵化器之间的壁垒，创建跨学科新型组织机构，如粤港机器人联合学院、创新创业学院等，形成多学科、多领域交叉与融合的跨界式创新创业网络，为不同类型的人才培养、科技创新和创业孵化提供特色化、市场化、多样化的众创服务。

3. 提高多元化师资的效能

坚持专兼结合、内外互补原则，建立"校内理论教师—创新实践导师—创业实践导师—产业导师—创业导师"多元化师资网络，提高高校众创空间师资生态位的丰富性，释放教和学的动力与活力。

4. 优化多方资金结构

依托高校众创空间开放、共享的优势定位，通过政府研究基金、学校科研基金、创投资金、众筹等多种方式，建立"创新训练基金—创新竞赛基金—创业实训基金—天使基金—风投基金"全链条资金网络，优化众创空间生态系统的资金生态位结构，从而减少创新创业资金需求的同质化竞争，提高资金扶持的匹配效率。

5. 优化项目孵化训练链条

依托学院创新实验室、创新创业竞赛体系、学校创新创业孵化基地以及区域创新平台（加速器）等，构建"项目创意培育+项目竞赛提升+孵化基地初孵+创新平台深孵"四维一体的创新创业实践训练链条，促使创新创业生态资源分阶段优化生态位结构，提升全过程创新创业项目孵化的效果。

（三）生态位协同进化策略：建立异质资源协同共生网络机制，实现"聚合"产生"聚变"效应

与功能单一的社会化创客空间相比，高校的优势在于聚集了众多潜在的创客群体、学术资源以及新兴知识，不足在于缺乏"全要素"资源整合能力与"全链条"创业服务能力。高校众创空间作为一个服务高校创新创

业的综合实践平台，建立了异质资源协同共生网络机制，改善了创客生态圈与资源生态圈的供需关系，汇聚、整合了校内外创新创业资源，丰富了高校众创空间生态系统内异质资源的协同进化关系。

1. 内部集成协同

基于校内创新创业孵化基地、创意工作室、创客咖啡、创新实验室等实体空间构建开放、共享的众创空间，通过教学与科研协同、跨学科融合、多部门联动、跨领域整合等协同培养机制，集成校内分散的异质资源，形成校内合力共治新局面，为创意实现、技术转化、创业孵化提供全要素、全方位、全过程的众创服务。

2. 外部整合协同

依托区域协同创新平台，建立校地、校研、校企、校校联合的纵横交错网络，形成"政产学研"多维主体协同培养模式，吸收和嫁接专业众创空间的市场化、社会化创业服务功能，构建区域众创空间战略联盟，实现资源生态圈的共建共享，探索跨界聚合的多方主体、多维资源全过程深度参与创新创业服务形式，形成内外相互协调、相互补充的协同共生网络，促进众创服务从无序向有序演变，产生"1＋1＞2"的"聚变"效应。

三、高校众创空间的建设成效

近年来，国内高校从生态学的角度对众创空间生态系统构建不断进行理论研究和实践探索，特别是广东高校，立足广东产业转型需求，依托"政产学研"合作的区域协同创新体系，发挥自身优势，在创新创业实践中取得了显著成效（见表9－1）。

表 9-1 广东高校众创空间的代表性创新创业孵化成果

高校名称	高校类别	众创空间发展历程	众创空间运行模式	创新创业生态网络	投入、项目培育、孵化成果	主要创新创业成绩
中山大学	部属综合性大学	2009 年成立创业学院，依托工商管理学科开展精英实验教育，打造"创业黄埔班"，依托中山大学科技园设立开放式大学生创业园；2014 年，中大创新谷正式开谷，形成集"投资 + 孵化 + 服务"等功能于一体的校园众创空间	以"三个融入"为教育理念，打造"三个特色"创新创业育人平台：依托工商管理学科优势，以重点学科开展精英教育，打造"创业黄埔班"；依托开放式大学生创业园，建立集创意、导师、资金、服务于一体的创新创业孵化实践平台；依托粤港澳协同创新优势，打造具有国际影响力的大学生创新创业区域性竞赛品牌	实施创新创业协同育人计划，建立与政府部门、产业、创投机构对接的模式，依托中山大学科技园作为建设基地，按照"一校多园"的模式，建成各级各类大学生校外创新创业实践教育基地 506 个，打造"政产学研"合作共建的创新创业孵化平台，构建集创新创业教育、研究、竞赛、孵化、服务以及创投基金等于一体的资源生态圈，实现彼此协同与互助的创新创业育成体系	通过多渠道筹集创新创业教育资金，设立"大学生创业基金"，首期投入 300 万元支持学生创新创业项目；2014—2016 年，学生创新创业项目获省、国家级立项 1 361 项，投入 1 031 万元，覆盖学生 6 464 人次，指导教师 1 456 人次；2012—2016 年，在国内有影响力的 19 项学科竞赛项目统计中，以获奖 185 项的成绩排名全国第十二。在 2014 年"创青春"全国决赛中以总分第三获优胜杯；在第十四届全国"挑战杯"大学生创业大赛中获优胜杯；在"互联网 +"大学生创新创业大赛全国总决赛中，首届获金奖和先进集体奖，第二届获一项金奖	全国高校实践育人创新创业基地；全国深化创新创业教育改革示范高校；广东省大学生创新创业教育示范学校；国家级众创空间国家级科技企业孵化器；广东高校毕业生科技创业孵化基地；广州市创业（孵化）示范基地；A 类国家级科技企业孵化器

（续上表）

高校名称	高校类别	众创空间发展历程	众创空间运行模式	创新创业生态网络	投入、项目培育、孵化成果	主要创新创业成绩
广东工业大学	地方工科院校	2009年建立创新创业训练与孵化基地，2014年成立创新创业学院，2015年打造众创空间	构建"N+1+N"一体化创新创业生态体系：N个学院创新工作室、大师工作室、教授研究室等，培养和聚集校内富有创新精神、创业意识和创新创业能力的创客群；1个校内创新创业训练与孵化基地，各创新创业平台的基础共享支撑体系；N个协同政府、企业等资源建立的校外创新创业服务平台，有效汇聚"政产学研"的创新创业资源，打造开放式、全链条的创新创业生态系统	与政府、企业有效协同，打造与产业深度融合的协同育人平台，如广州国家现代服务业集成电路设计产业化基地、东莞华南设计创新院、佛山市南海南区广工大数控装备协同创新研究院等四个亿元级创新平台，构建开放式创新创业资源生态圈，实现全链条的孵化育成体系	2016—2019年，每年为大学生创新创业训练计划项目、创新创业竞赛、成果培育孵化及转化等投入校外资金超过1 000万元，吸引校内资金超过1亿元；在校内已成功培育2 992个学生创新创业项目，还有118个创新项目和108个创业项目正在孵化；在各类创新创业竞赛中，学生创新创业项目获国家级以上奖项1 230余项，申请发明和实用新型专利260余项；自2013年以来连续三届参加"挑战杯"全国决赛捧得优胜旗	全国首批深化创新创业教育改革示范高校；全国高校实践育人创新创业基地；全国创新创业典型经验高校；全国创业孵化示范基地；国家级众创空间；全国大学生创业示范园；全国毕业生就业典型经验高校；广东省众创空间专业委员会副主任单位；广东省大学生创新创业教育示范学校

（续上表）

高校名称	高校类别	众创空间发展历程	众创空间运行模式	创新创业生态网络	投入、项目培育、孵化成果	主要创新创业成绩
深圳大学	地方综合性大学	2009年设立学生创业园；2015年建成"深港大学大学生创业（创客）孵化基地"，成立"大学生创客成中心"，并在2016年改造升级，打造成集创新创业教育培训、交流、孵化与服务于一体的校园众创空间	构建"一基地、一学院、三园区"创新创业实践载体，即建设深港大学大学生创新创业学院、创业学院、文化创意园、大学生创业园，以课内"创新研究短课"与课外"聚徒教学"相结合的创新创业教育新模式，打造包括创意挖掘、创业教育实训、创业项目协同众包、项目孵化、创业融资等全要素的创新创业生态系统	联合21家社会孵化器实施"双向进驻"合作模式，创建深圳大学创业者联盟，以众筹模式组建校友基金，通过共享共建、互利互赢的方式，整合校内外的创新实验室、项目、产业链、导师库、资金源、孵化器等创新创业教育与实践资源，形成"校内+校外""线上+线下""政府+市场"的大孵化格局	设立"深圳大学大学生创新发展基金"，每年投入的学生创新创业经费不少于500万元，2015年和2016年总共资助学生创新创业项目1451个；在2015—2016学年各级各类创新创业竞赛中获奖588项，申请发明专利2498项，实用新型专利622项，其中获得发明专利授权830项，实用新型专利授权545项。学生毕业后创业率为2%～3%，创业存活率为50%～60%，培育了马化腾、史玉柱、周海江等一批创新创业领军人物	全国首批深化创新创业教育改革示范高校；广东省大学生创新创业示范学校；首批深圳十大创新创业基地；深港大学生创新创业基地

（续上表）

高校名称	高校类别	众创空间发展历程	众创空间运行模式	创新创业生态网络	投入、项目培育、孵化成果	主要创新创业成绩
深圳职业技术学院	高等职业技术学校	2012年成立创业学院，2014年开始筹建创客中心，2016年升级为创新创业学院	实施一系列协同育人计划，搭建产学研跨界合作、互联对接的协同创新平台，形成"四会两赛三联盟"，汇聚资源，形成"创意实验室—创客中心—学生创意园—社会孵化器"阶梯式项目培育孵化体系	政校行企四方联动，成立产学研用协同创新中心，整合社会创新创业资源；组建微观装配实验室、与腾讯、中兴通讯等大型企业合作，打造全过程创新创业训练体系；建立深圳大学城创业园、创意银行等社会孵化器构建互补对接的孵化链条	每年投入四个"100万"用于扶持学生创业项目的实施，2012—2017年累计在校内培育省级以上创新创业计划项目54项，建成18个校院两级孵化平台；截至2019年校内孵化科技初创企业近300家，孵化存活率达62%，每年申请专利近30项，学生毕业后一年内创业率近5%，三年后创业率高达12.7%（位居全国高职院校榜首）	全国高校实践育人创新创业基地 全国创新创业典型经验高校 全国深化创新创业教育改革示范高校 广东省大学生创新创业教育示范学校 首批深圳十大创新创业基地 深圳市创业带动就业孵化基地

第十章　面向新工科建设的高校众创空间创新探索

　　5G、大数据、云计算、物联网、人工智能不断涌现，新一轮科技革命和产业革命正在悄然、迅速地改变着人们的生活方式和思维方式，推动着全球创新版图和经济结构进行重组。在新形势下，中美博弈多维展开，中兴、华为等的核心技术被打压问题引人深思，关键核心技术受制于人依然是我国科技产业发展的现实痛点。正如习近平总书记所说："关键核心技术是要不来、买不来、讨不来的。"技术竞争归根到底是人才竞争。面对新一轮科技革命带来的爆炸式知识更新和学科融合趋势，传统高等工程教育的知识传授已无法完全满足科技产业发展的现实需求，成为无法避免、不可逆转的新常态。这对我国高等工程教育和多层次工程技术人才、创新人才培养提出了新的挑战。面向创新驱动发展战略、《中国制造2025》行动纲领等提出的前瞻领域发展的需求变化，多学科、多领域交叉与融合已成为现代和未来科技发展及创新的驱动力，复合型创新创业人才的培养是新经济发展的现实要求，更是当代高校人才培养的必然选择。然而，现实中高校创新创业教育并未能有效地融入工程教育教学实践，容易引起高校人才培养与产业需求的错位。因此，在新工科建设背景下，将高校众创空间作为创新创业教育的主要实践载体，从平台理论的视角深入探索众创空间平台的创新发展与实践，有助于聚合校内外创新创业资源，把创新创业教育理念融入工程教育，贯穿创意、创新、创业全过程，为高校创新创业教育与科技创新项目孵化提供一种新思路，培养具有创新、创造、创业和分享精神的新型复合型人才，也为高等工程教育与创新创业教育实践融合发展提供了新的思路和经验。

一、新工科建设的现状分析与存在问题

　　新一轮以技术创新为引领的全球化科技革命和产业革命浪潮奔涌而至，推动新一代信息技术、智能制造等新兴产业领域和颠覆性技术等世界前沿科技的革命性突破。各国围绕新兴产业和业态发展做出了战略部署，如"美国先进制造领先战略""德国工业4.0"等，推动工程教育改革创新，旨在建立具有未来持续竞争力的人才资本优势和新型工业体系。"中国制造2025""人工智能2.0"等重大战略加速了我国经济新旧动能转换、

结构调整和转型升级,以新产业、新技术、新模式、新业态为特点的新经济蓬勃兴起,成为发展新动能的源泉,为推动我国经济从保持中高速增长向中高端水平迈进提供强有力支撑。新经济发展对高等工程教育提出了新的要求和挑战,迫切需要培养具有创新创业能力、适应能力和跨界整合能力的工程科技人才。在此背景下,新工科建设应运而生,其革新传统工科教育理念、内容和模式,动态调整人才素质结构,赋予工程技术人才素质更多元、更丰富、更立体的内涵,以未来产业发展需求为导向,抢占创新型工程人才培养的制高点,在关键领域形成人才集群和人才高地,为我国经济转型升级提供源源不断的智力支撑和人才支持。

2017 年,教育部正式启动新工科建设计划,明确高等工程教育改革新方向,为解决新工科建设的认知、方法论以及项目和政策支持等问题提出指导思想,重点从专业、项目、高校和资源四个方面进行整体布局。① 经过两年多的探索与实践,新工科建设从国内走向世界,无论是在实践层面还是在理论层面,都取得了阶段性显著成效,在全国高教战线凝聚广泛共识,引起产业界的高度关注和积极响应,为加速推进新工科教育创造了良好开端。②

在新一轮产业革命背景下,面对迅猛发展的新技术革命、日新月异的产业变革,新工科建设存在以下发展瓶颈:其一,学科壁垒。高校学科门类可谓壁垒森严,工程教育原有框架模式容易陷入"学科陷阱"和"路径依赖",窄化了工程人才的知识体系。其二,专业藩篱。当前高校专业设置已形成相对固化的形态,工程教育院系结构容易出现同质化现象,导致专业教育的知识体系、技术创新和思维模式僵化,弱化了学生跨界能力、适应能力的培养,限制了工程人才的"大工程观"。其三,本研隔断。高校现行本科生与研究生两个层次相互隔断的人才培养模式,以及相互孤立与分散的教学方式,导致本科生阶段的教学与研究生阶段的培养缺少有效衔接,本科专业知识很难有效迁移至研究生阶段,造成工程教育出现割裂式的培养过程,降低了工程人才的培养效率。其四,产学隔阂。高校工程教育理念、学科专业结构滞后于产业前沿需求,学科建设与科研活动游离于产业转型升级之外,导致人才培养结构与产业发展需求脱节,出现企业招不到人——"用工荒"和学生找不到工作——"就业难"并存的尴尬局

---

① 林健. 深入扎实推进新工科建设——新工科研究与实践项目的组织和实施 [J]. 高等工程教育研究,2017 (5):18-31.

② 顾佩华. 新工科建设发展与深化的思考 [J]. 中国大学教学,2019 (9):10-14.

面，阻碍了工程人才的市场匹配。①

二、创新创业教育融入新工科建设的时代要求

以信息化、智能化为主要特征的科技革命与高等教育改革交汇发展，正在加速重塑世界科技版图和创新格局。创新成为引领发展、推动经济社会深刻变革的第一动力。《关于深化教育体制机制改革的意见》明确提出要把创新创业教育贯穿人才培养全过程，反映了创新创业教育在高等教育人才培养模式中的重要地位，体现了创新精神、创业思维和创新创业能力是高校人才培养结构中的关键要素。新工科建设是高等工程教育为主动适应新经济发展和产业转型升级需求，基于对抢占全球竞争优势和前瞻性引领未来产业发展的思考而进行的深刻变革和全面创新。因此，在新经济形态下，以创新创业教育为引领开展新工科建设，推动新时代工程技术人才培养目标和理念的纵深改革，是适应时代发展、促进经济提质增效升级的必然选择。正如阮俊华所说，将创新创业理念融入工程教育全过程，是提升工程技术人才培养质量和强化学生主动适应变化、解决问题能力的重要手段，也是加快推进高等工程教育改革和促进大学生创业就业的重要路径。②

目前，虽然创新创业教育在全国高校范围内已全面铺开，但实际上未能有效调动专业教师主动参与。很多工科教师并未理解创新创业的内在辩证关系，简单地把创新理解为纯粹的"科技创新"，忽略了"双创"融合的思想创新与意识创新，把创业归为工商管理学科的管理范畴；片面地将创新创业教育看作开设几门创新创业课程和举办几场创新创业活动的简单结合，认为与学科研究、专业教学没有关联，导致创新创业教育与专业教育、知识教育之间相互割裂。③ 相比之下，欧美发达国家高校对"双创"教育与工程教育的融合进行了更深入且具实效的探索实践，在各个学科的

---

① 王武东，李小文，夏建国. 工程教育改革发展和新工科建设的若干问题思考 [J]. 高等工程教育研究，2020（1）：52－55，99；陆国栋，李拓宇. 新工科建设与发展的路径思考 [J]. 高等工程教育研究，2017（3）：20－26.

② 阮俊华. 面向工程类学生开展创业教育的意义与路径探析 [J]. 高等工程教育研究，2016（5）：44－48，60.

③ 王焰新. 高校创新创业教育的反思与模式构建 [J]. 中国大学教学，2015（4）：4－7，24.

专业教育、教学过程中都融入了创新创业教育的理念与实践。^① 美国斯坦福大学通过开设跨学科创业教学课程、鼓励科技创新创业和传播创新创业教育成果相结合的技术创业计划（STVP）^②，建立面向全校开放的"磁石模式"创新创业教育，实现了聚焦科技创业、跨学科融合、全过程贯穿的创新创业教育实践。美国欧林工学院提出工程教育的三角理念，构建了"工程教育""创业教育""人文社会艺术教育"交叉融合的教育理念和实践模式。^③ 我国创新创业教育起步较晚，将创新创业教育融入新工科建设的跨学科教育改革依然处在"摸石头过河"的探索阶段。这些国外高校探索实践的成功经验，可以为我国新工科建设提供富有启发性的参照与借鉴。

美国《培养 2020 年的工程师：使工程教育适应新世纪》指出，高等教育只有将创新创业教育融入工科教育全过程，才能为国家创新和经济发展培养适应需求的新型工程人才。^④ "美国工程教育学会"的大学成员有 50% 以上在工程教育中设有创新创业教育课程或项目，25% 以上设有创新创业辅修专业。^⑤ 卡洛斯（Carlos）通过调研发现，工科学生的创业率和成功率都比商业管理专业学生高。^⑥ 瓦德瓦（Wadhwa）等学者的研究显示，在美国大型技术公司的创始人中，有 55% 拥有科学、技术、工程和数学（STEM）学位，而商业管理、会计或金融专业的仅占 33%。^⑦ Osage University Partners（OUP）的 2017 年美国大学创业调查报告显示，创业企

① 包水梅，杨冬. 美国高校创新创业教育发展的基本特征及其启示——以麻省理工学院、斯坦福大学、百森商学院为例 [J]. 高教探索，2016（11）：62 – 70.

② 李正，钟小彬. 美国斯坦福大学技术创业计划探析 [J]. 高等工程教育研究，2013（3）：107 – 114.

③ 徐小洲，臧玲玲. 创业教育与工程教育的融合——美国欧林工学院教育模式探析 [J]. 高等工程教育研究，2014（1）：103 – 107.

④ National Academy of Engineering. Educating the engineer of 2020：adapting engineering education to the new century [M]. Washington DC：National Academies Press，2005.

⑤ SHARTRAND，ANGELA，WEILERSTEIN P，et al. Technology entrepreneurship programs in U. S. engineering schools：course and program characteristics at the undergraduate level [J]. American society for engineering education，2010.

⑥ PARDO A，CARLOS. Is business creation the mean or the end of entrepreneurship education：a multiple case study exploring teaching goals in entrepreneurship education [J]. Journal of technology management & innovation，2013，8（1）：pp. 1 – 10.

⑦ WADHWA，VIVEK，FREEMAN R，et al. Education and tech entrepreneurship [J]. Innovations，2010，5（2）：pp. 141 – 153.

业的 CEO 基本上是理工科背景，其中，电子工程专业输出比例最高，将近 45%，而有商科背景的 CEO 不到 15%。此外，有关数据显示，美国大学生自主创业比例高达 20%～30%。据《2019 年中国大学生就业报告》统计，我国大学生 2018 年创业成功率总体上不到 5%，在这当中基于技术创新的创业企业更是少数。这些数据差距在一定程度上与国内蓬勃开展的创新创业教育活动形成了巨大反差，这恰恰也反映了新工科建设面向产业需求，融入创新创业教育的必要性和迫切性。[①]

三、新工科背景下高校众创空间平台的演进历程

（一）高校众创空间与新工科建设的融合发展

"众创空间"是一个具有中国特色的实践概念，由"创客空间"延伸而来。在"大众创业、万众创新"的时代背景下，2015 年 1 月 28 日，李克强总理在国务院常务会议上明确提出支持发展众创空间的政策措施，为创业创新搭建新平台。高校众创空间是高校作为科技创新的主体，为推动创新创业教育改革和促进大学科技创新成果转化，服务师生创新创业实践需求，依托自身科研平台、创新项目、实验室、课程、师资、资金与场地等资源优势，建立协同合作机制，汇聚整合校内外创新创业优势资源，实现一站式、全方位、专业化创新创业服务的实践平台。目前，国内大部分高校已建成自己的众创空间，如清华大学 i. Center、浙江大学 e-WORKS、南开大学 GENSBOX 等。它们分别结合自身优势探索符合自身发展的创新创业教育实践模式，有效提升了高校创新创业教育的效果。在实际发展过程中，大部分高校众创空间也存在以下现实问题：

（1）创新价值链与产业需求脱节。目前，高校科技创新依然存在重学术轻应用的现象，科研成果追求学术影响，却忽视市场化应用和产业化需求，导致多数科研成果转化"不接地气"，对地方产业经济效益的提升效度有限。

（2）组织机制不够完善。高校创新创业资源如课程、科研资源、实验室等涉及多个不同部门，而有些众创空间单独设在团委，甚至存在大学生创新创业项目归教务处管理、创新训练项目归团委管理、创业训练项目归学生处管理的现象，缺少一个高级别的统筹协调组织机构，从而导致多头管理、沟通协调效率低的尴尬局面。

---

① 许涛，严骊，殷俊峰，等. 创新创业教育视角下的"人工智能＋新工科"发展模式和路径研究 [J]. 远程教育杂志，2018（1）：80－88.

（3）创新创业教育功能弱化。在现实中，高校众创空间更多是发挥提供空间的作用，只具备提供场地、开展创新创业活动等空间基本功能，忽视了更重要的创新创业教育功能，很难培养出真正符合现实需要、具备核心竞争力的创新创业型人才、科技企业家或者商业领袖。

（4）众创空间供给能力弱。面对大部分创业者反映的缺乏核心技术创新、融资难、管理和营销能力欠缺等关键问题，高校具有基础研究设施、智力资源和技术支持等资源优势，但普通缺乏创业所需的市场资源、资本市场和营销渠道等，无法满足创业者的迫切需求。①

高校众创空间与新工科建设的融合发展，就是面向未来产业发展需求，创建多学科交叉、跨界融合的新型众创空间平台，聚合校内外创新创业资源，把创新创业教育融入工程教育，贯穿创意、创新、创业全过程，为高校创新创业教育与科技创新项目孵化提供一种新思路，培养具有创新、创造、创业和分享精神的新型复合型人才，提高高校科技创新创业的成功率（见图 10 – 1）。②实行这种融合发展模式的高校众创空间强调的是其不只是一个空间概念，更是一种教育形式。除了具备一般众创空间的基础功能之外，其还有如下三个突出特征：①聚焦垂直产业领域。任何一种技术创新的创业都有与之对应的产业细分领域，特别是在新经济背景下，以信息化、智能化为主要特征的产业变革蕴含着巨大的技术创新需求。高校众创空间通过跨领域、跨平台的互动协同，提升技术创新、优势产业资源和市场需求匹配的效率，从应用角度推动技术反向实现，缩短产学研用之间的距离，促进科技创新成果的转化应用，提高大学生创新创业品质。②整合跨学科、跨专业的创新创业资源。高校众创空间汇聚了跨学科、跨专业的优秀生源、课程体系、师资队伍、实践平台等优势资源，构建了完善的人才培养体系，为高校创新创业实践提供了源源不断的新型复合型人才资源。③专注于科技创业教育。高校众创空间主要聚焦于科技创业教育，形成了区别于一般众创空间的差异化发展模式，可为科技创业者提供更系统化、更专业化、更精准化的创新创业服务，提高科技创业的核心竞争力。

---

① 陆秋萍. 基于产教融合的高校"众创空间"创新探析. 中国青年社会科学，2018（3）：97 – 103；张立国，张临英，刘晓琳. 基于 GIS 的高校众创空间：模型构建与实施路径［J］. 现代教育管理，2019（9）：20 – 25.

② 李双寿，李乐飞，孙宏斌，等. "三位一体、三创融合"的高校创新创业训练体系构建［J］. 清华大学教育研究，2017，38（2）：111 – 116.

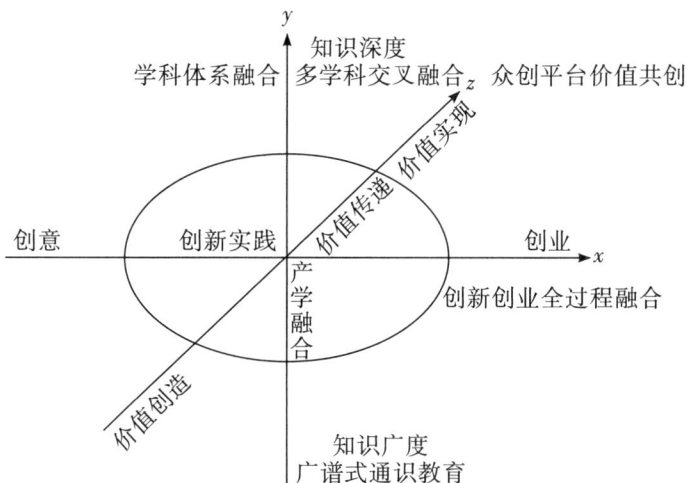

图 10 - 1　与产业融合的高校众创空间平台创新创业孵化体系

（二）高校众创空间平台的理论缘起与内涵界定

1. 平台理论的研究脉络

"平台"概念最早出现在 16 世纪的《牛津英语词典》，是指通过相对松散的规则来支撑组织或个体不同运营活动的架构。理论界对平台的内涵形成了初步共识：平台是一种在促成技术、产品或服务等双边或多边交易过程中发挥网络链接、资源耦合作用的建构区块。在这一区块内，通过界面联系机制汇聚和匹配双边或多边市场、领域交易主体，可以完成不同主体的价值传递与实现。根据现有平台研究文献及其相互引用关系梳理平台研究的发展脉络可以看出，平台理论研究在适应产业实践发展进步中不断演进，"平台"也被不断赋予新的内涵并应用于实践而受到持续研究关注，形成了新产品开发平台、双边市场平台和创新平台三个不同的研究流派。特别是在新经济背景下的"互联网＋"时代，竞争已不再界线分明，平台在不同领域的应用愈发广泛，发挥着重要作用。平台研究涉及微观与宏观两个层面，微观层面主要以平台特征属性为基础来研究平台组织的作用机制，宏观层面主要通过平台主体间的生态网络关系研究平台生态系统的演化机制。从研究文献的增量角度看，多视角融合的创新平台研究是当前平台研究的主要领域。从平台研究不同流派的发展历程及其呈现的融合发展趋势角度，可总结出"产品平台—平台企业—平台生态系统"的实践发展路径。① 由此,可以将平台理论研究的演进过程分为三个阶段:第一阶段,产品平台的演化与创新。该阶段致力于平台在产业实践发展中的功能作用、内部平台向外延伸、升级产业平台的跨层面演进、平台架构的设计与创新等方面的研究,这时的平台是实体存在。② 第二阶段,平台企业的经济现象和管理行为研究。该阶段以双边市场理论、平台竞争策略、平台网络外部性为基础,聚焦于产品平台向平台企业发展的演化机制研究,主要涉及产业经济学者对平台经济现象的研究、管理学者对平台组织行为做法和组织结构的研究。前两个阶段的研究主要是静态研究,第三阶段也即现阶段,面向"互联网+"行业从"垂直"走向"生态",致力于探索构建平台生态系统,研究平台生态系统多边主体协同创新与价值共创机制,创建平台商业生态圈。这个阶段的平台不仅仅是一种动态化的商业模式,同时也是商业生态圈的核心基础设施,对完成产业结构重构、实现产业集群发展起到直接的支撑作用,激发了平台经济、共享经济和"互联网+"活力,为经济转型升级、提质增效赋能。

2. 高校众创空间平台定位的特征及其内涵界定

高校众创空间作为一种新型创新创业孵化机构,依托学校创新平台、创客空间、图书馆、孵化基地等空间,建立双边或多边创新创业主体互动交流界面,设计合理、开放的规则与策略,吸引不同创新创业主体入驻;通过引入第三方服务,建立协同创新机制以及资源快速聚集与迭代、激励制度等平台化匹配机制,促成创新创业资源、服务与主体的有效对接,逐渐形成创新创业生态网络,最终实现高校创新创业能力的提升。由此可见,众创空间就是连接创新创业主体、资源和服务的建构区块,其价值交换、多边架构、多元交互、外部交叉网络效应等属性体现了明显的平台特征,符合平台的基础定义。因此,高校众创空间在本质上是一种开放式多边创新型平台,既与传统意义上的交易服务平台存在差异,也不同于传统的创业孵化器。与传统孵化器相比,众创空间突破了孵化器封闭式创新网络"一对一"询价服务机制的束缚,通过线上线下融合建立开放式平台化匹配机制,实现创新创业供需对接;相比于交易服务平台,众创空间已不只是完成简单的产品或服务交易,而是直接参与创新创业多元主体协同创新、价值共创的全过程。从科技创新价值链角度来看,高校众创空间实现

---

① 高良谋,张一进. 平台理论的演进与启示 [J]. 中国科技论坛,2018 (1):123-131

② GAWER A,CUSUMANO M A. Industry platform and ecosystem innovation [J]. Journal of product innovation management,2014,31 (3):pp. 417-433.

了创业孵化链的前后两端延伸，向前对接科技发明、产品创新等的创意生成，向后对接产业领域的科技产业化发展，其创新创业孵化的全过程实质上是平台（众创空间）与"端"（创新创业主体）之间价值共创的过程，平台提供创新创业供需对接服务以创造价值，促使创新创业主体与资源供需匹配来传递价值，通过协同创新机制完成赋能共创以实现价值。[①]

3. 高校众创空间平台建设的发展策略

高校众创空间的发展演进过程是：从通过创新创业"一对一"询价服务机制进行简单线性关系互动，到集创新创业资源及价值活动于一体形成多元主体交叉互动的网络关系协同，再到基于多边平台空间、规则及价值网络联结多元主体，激活外部交叉网络效应，实现平台化匹配供需对接、多元主体协同创新和价值共创的创新创业平台生态圈。由此可见，创新创业的孵化需要突破单向线性的价值链边界和封闭式网状的价值网边界，逐渐拓展至基于平台创新战略的创新创业生态圈。[②] 在经济发展新旧动能转换的关键时期，特别是新工科建设背景下，面向开放式创新趋势，高校创新创业活动不应也不能仅仅停留在实验室或者众创空间内，更有效的方式应该是：通过搭建平台架构聚集各方创新创业主体、产业资源；优化服务机制，激发网络效应，提供有效资源对接条件；制定策略整合跨界异质资源，促成多元主体交互协同创新，最终构建起互利共赢的平台生态系统。[③]具体来说，高校众创空间的发展演进过程可以分为以下三个阶段：

第一阶段，搭建平台基础架构。按照深层次的竞争理论逻辑分析，高校众创空间作为一个支撑大学生创新创业的基础服务架构，其竞争优势理论研究范式已经从"供给侧"转向"需求侧"，竞争策略选择则从"差异支撑竞争"向"共性支撑竞争"转变。区别于传统企业通过创新积累异质技术资源和资本要素构建竞争优势，高校众创空间平台则是以创新创业主体需求为导向，根据自身定位和优势，制定合理、开放策略和服务规则，通过平台基础架构整合、优化校内外创新创业异质资源和能力，为创业者提供全要素的创新创业服务，从而逆向构建平台竞争优势。因此，高校众创空间在创建之初就应该重点做好平台基础架构建设和创新，围绕创新创

① 许慧珍. 平台视角下众创空间商业模式研究 ［J］. 商业经济研究，2017（13）：147 – 150.

② 张镒，刘人怀，陈海权. 平台领导演化过程及机理——基于开放式创新生态系统视角 ［J］. 中国科技论坛，2019 (5)：152 – 162.

③ 王节祥，田丰，盛亚. 众创空间平台定位及其发展策略演进逻辑研究——以阿里百川为例 ［J］. 科技进步与对策，2016，33 (11)：1 – 6.

业主体需求捕获、吸纳创新创业基础资源数据、服务等关键资源,在供给侧优化平台资源配置和服务机制,打造高质量创新创业资源与服务共享平台。

第二阶段,激发网络协同效应。在共享经济背景下,高校众创空间作为一个涉及多元主体的创新平台,具有社会化的创新创业内涵,其在整合平台架构基础数据资源的基础上,促使社群化创新创业要素聚集、资源结构异质化和创新关系网络边界扩展,不断吸纳政府、科研院所、投资机构、中介机构、企业等外部组织资源进入其构建的生态网络,逐渐形成多层次主体和多路径协作的复杂结构网络。在复杂的网络化协同关系中,创新创业的行为交互作用往往涉及多元主体、策略协作和机制联动等多维网络协同效应。根据社会网络理论分析,多元生态要素的网络协同更能带动众创空间形成创新创业需求与供给资源之间的"结构洞",建立创客与其需求资源间的弱联结,增强众创空间对创新创业要素的吸引力。因此,高校众创空间的供给能力、网络效应不仅在于创新创业要素规模的扩大,更关键的是实现要素之间的互补与协同。在平台的开放策略、模块创新、功能拓展以及协作机制等方面,高校众创空间要建立足以诱导直接与交叉、间接网络外部性的创新创业交互机制,扩大和增加创新创业要素的规模和交互关系强度,激发同边和跨边网络协同效应,促进创新创业供需实现平台化匹配对接和网络化协同创新。

第三阶段,构建平台生态系统。经过平台基础架构建设和网络协同效应激发,众创空间突破高校创新创业原有边界,连接校内外跨界多边创新创业主体与资源要素群体,基本建成了整个高校众创空间的平台商业生态。面向开放式创新范式,如何进一步保证高校众创空间平台保持长期可持续发展的竞争优势,最关键在于能否构建一个平衡、协同、有序的众创空间平台生态系统,这也是平台发展进入成熟阶段的最重要任务。在高校众创空间平台生态系统中,众创空间将不再以个体为单位孤立存在,而是作为平台领导占据生态系统的核心生态位,通过完善平台开放策略、交互机制和架构控制等,集聚、融合空间内外创新创业主体和资源,促进系统内各要素的共生依赖和互补创新,拓展多元协同的外部合作网络;通过赋能共创进行生态协调、场景应用、协同创新和价值共创,建成众多主体协同演化、互利共赢的高校创新创业教育共同体。[1]

---

① 蔡宁, 王节祥, 杨大鹏. 产业融合背景下平台包络战略选择与竞争优势构建——基于浙报传媒的案例研究 [J]. 中国工业经济, 2015 (5): 96 – 109.

四、高校众创空间平台创新发展的实施路径

面向产业发展需求，高校众创空间平台实践发展应遵循"搭建平台基础架构—激发网络协同效应—构建平台生态系统"三阶段演进逻辑，从而架起帮助高校创新创业教育与地方产业发展进行信息与资源对接的网络"桥梁"，增强众创空间培养创新创业人才和服务社会经济发展的能力。广东工业大学众创空间自2015年成立以来，作为学校深化创新创业教育改革的实践载体，把握新工科建设契机，把"融入产业、创新担当"基因嵌入众创空间精神文化，探索与产业深度融合的创新创业教育实践，通过平台发展策略构建起众创空间平台生态体系，把创新创业融入大学人才培养全过程，打造了融合创新创业理念的新工科教育"广工模式"。

（一）多维结构性嵌入机制聚拢"供给侧"资源，构建适应高校众创空间平台发展的资源生态圈

由社会网络理论可知，在高校创新创业生态网络中，众创空间如果仅靠单一的生态要素优势，很难在社会网络中占据更多"结构洞"，从而影响其建立创业主体与需求资源之间的弱联结，即价值主张不明确、互补资源短缺以及供需错位会导致众创空间对创业主体的吸引力不足。[①] 众创空间需要在基础资源的基础上，将其所依赖的政府、高校、科研机构、企业等多维资源要素纳入其构建的生态网络，把创新服务链和网络价值链嵌入创业主体的阶段性异质需求。依据嵌入理论分析，众创空间结构嵌入是通过创新主体间的联结关系从外部网络捕获"供给侧"资源，不仅可实现创新资源的增量优化，同时也推动了创新创业资源存量整合的进程，不断扩大众创空间资源要素的规模，建立更多差异化联结关系，强化众创空间的社会网络关系，从而促使众创空间平台获取更多高质量的"结构洞"资源和"痛点"资源，为创业孵化过程精准匹配最佳资源，提高众创空间的创新能力和创新绩效。[②] 因此，在高校众创空间平台建立初期，最重要的是能够突破单方"索取"思维，以共生嵌入方式构建起异质性组织身份，通过自身的学习、适应能力和基础资源进行机会感知、信息搜索和市场选

---

① 李燕萍，陈武，陈建安. 创客导向型平台组织的生态网络要素及能力生成研究 [J]. 经济管理，2017，39（6）：101－115.

② 陈武，李燕萍. 嵌入性视角下的平台组织竞争力培育——基于众创空间的多案例研究 [J]. 经济管理，2018，40（3）：74－92.

择，针对创业主体阶段性的多元化、差异化需求，运用制度、文化和资源等多维嵌入机制向创新资源供给侧实施"价值捕获"策略，从捕获校内外的异质性创新资源和能力，建立适应高校众创空间平台发展的创新资源生态圈。

1. 合理制度安排拓宽众创空间平台异质身份构建的共生边界

近几年，虽然"双创"利好政策频繁出台，高校"双创"载体如雨后春笋般出现，但是实际上有些高校的政策接力效应较差，导致很多政策无法细化落地实施，使得高校众创空间在一定程度上缺少政策性保护资源，不利于资源集聚与迭代、合作网络边界拓展及其合作创新网络演化。高校众创空间要实现发展，应适时进行制度创新，建立贴合实际、符合需求的合理政策制度体系，通过制度嵌入捕获满足众创空间平台生存与发展所需的合法性和制度性资源。广东工业大学众创空间自正式挂牌运营以来，陆续出台了《众创空间运行管理办法》《创新创业实践保障和激励办法》等一系列制度，促使不同层级间政策制度有效衔接，从制度层面不断推动众创空间平台发展并提升其组织合法性。一方面，其借助国家"双创"政策渠道快速提升品牌知名度，将自身打造成国家级众创空间（科技部认定）、全国创业孵化示范基地（人社部认定）、全国大学生创业示范园（团中央认定），增强平台的曝光度和社会影响力，提高外界其他组织对平台的信任和价值认同，进而吸引更多潜在供给侧资源进入众创空间生态网络。另一方面，其逐步细化学校"双创"政策：做好顶层设计，成立深化"双创"教育改革领导小组，由校长担任组长直接领导工作；创建创新创业学院负责学校"双创"统筹管理工作，组建"实虚结合"的管理团队，多部门协同高效运行，避免出现多头负责、多部门协调的"扯皮"现象；通过职称评定、科研考核、岗位聘任等激励政策措施，鼓励专业教师注重创新成果集成、转化，吸引更多教师参与科技创新创业；设置学生创新创业学分制、弹性学制以及制定激励与保障政策等，引领学生积极参与创新创业活动，等等。这些制度嵌入机制促使众创空间平台通过构建规范的规则要求、标准环境等，不断完善平台创新主体的筛选和过滤机制，延伸创新主体的共生边界，更广泛、更有效地吸引、聚集、整合校内外多元异质资源，形成资源生态圈，以适应、保障平台基础架构的发展。

2. 价值共创理念融入减轻众创空间平台与创新主体之间的文化疏离感

目前很多高校众创空间的基本功能只是停留在提供物理空间和简单的创业培训上，而且只有少数拥有创业项目的创业者能够参与其中，对空间创业孵化缺乏准确的功能定位和清晰的价值主张，容易落入"路径陷阱"。

创新主体难以在其中获取创业孵化所需的差异化创新资源和专业化创业服务，致使高校创新创业教育的价值预期与众创空间平台的文化塑造出现错位现象，陷入文化疏离困境。因此，高校众创空间平台要围绕创新主体需求培育价值共创的内生文化理念，通过文化嵌入方式营造优质、极具吸引力的众创文化氛围，促使众创空间平台与创业者、创新主体逐渐形成共同的价值观和行为习惯，由价值趋同引发社会共鸣，增强创新主体对平台的信任和价值认同，提升平台的文化亲近能力和生态互动能力，使创新主体更愿意参与平台创新创业活动，并在平台中通过价值共创方式实现自身利益。广东工业大学众创空间把"创新、开放、分享、合作"创客生态文化融入学校创新创业教育体系，以"做服务创新创业的实干家"为理念，强化与地方经济产业深度融合，突破传统创新创业教育模式的行政壁垒、学校围墙和时空界限，将学校创新创业教育实践与众创空间孵化服务链条无缝衔接，以创业者异质需求为导向，进行高校、政府、产业等众创空间内外多方创新资源的组合迭代，打造具有跨学科交叉融合特色的"开源"平台和众创文化，通过多渠道、定制式文化嵌入增强平台多元创新主体的社群关系，从而吸引更多师生共同参与创新创业。高校众创空间还要依托品牌建设扩大平台覆盖面和影响力。广东工业大学众创空间经过多个国家级、省级创新创业品牌考评，不断提升空间质量和社会影响力，缔造良好的身份形象，增强相关利益群体对平台的信任和价值认同，强化平台的社会网络关系；依托"实虚结合"的空间建设打造多功能交叉融合的"双创"环境，其两万余平方米的实体空间根据不同创业阶段的异质需求进行科学合理的功能分区，结合多渠道网络平台资源，实现跨时空众创；依托丰富多彩的活动提升创新创业能力，如以"挑战杯""创青春""互联网＋"竞赛为龙头，拓展"一院一品牌"创新创业竞赛体系，带动更多师生参与创新创业实践；依托创业社团建设激活校园创业文化，引导学生社团、创业团队与创客社群对接，以创客运动引领创新创业。

3. 跨界资源融合推动众创空间平台适应异质化创业需求的资源重构

现实中，很多高校的创新创业教育与众创空间的创业孵化服务之间相互割裂、资源配置离散化，存在局限于本专业领域、缺乏融合自觉性、难以实现跨界的瓶颈。高校创新创业教育往往游离于专业/学科教育之外，仅停留在开设几门创业课程或是举办几场创业活动。众创空间只有提供物理空间、创业培训、项目培育资助等基本功能，彼此之间缺乏交融，最终导致大学生创业项目大多局限于商业模式创新，很少有真正基于技术创新的创业，而且创业成功率不高。因此，从资源嵌入的角度看，高校众创空间应建立在开放式创新范式下的创新资源整合与共享机制,以创业"需求侧"为核心,通过平台架构(包括线上线下平台及活动)和界面规则(包括硬性制度安排和软性文化环境)逆向重构"供给侧"匹配资源,形成"内部集成协同"和"外部整合协同"相统一的跨界异质资源融合孵化育成体系,促使创业者在不同创业阶段的异质性需求能获得差异化的精准支持,促进多元创新主体和要素资源不断向众创空间平台聚集,实现价值共创。

面对新工科建设改革的机遇与挑战,广东工业大学明确提出要构建与地方经济产业深度融合的创新创业教育体系,依托众创空间平台建设不断推动创新创业教育深化改革,促进工程教育与创新创业教育深度融合,通过众创平台将众多创新主体联结起来,以产学融合创新为理念多维度设计平台架构和界面规则,探索建立异质资源协同共生网络机制,促使高校创新异质资源实现交叉融合、开源使用和跨界共享。

(1)建立基于多专业交叉融合的跨学科课程体系。创新产业发展所需的创新创业人才应具备创新精神、技术创新能力、创业思维、决策能力、企业管理思维等综合素质。广东工业大学围绕这些要求,主动改变现有的单一学科、单一学段以及不同课程简单拼加或叠加的课程体系逻辑,基于产出需求导向教育理念逆向思维重构课程体系,通过"整合课程"模式有针对性地重新选择和组织不同的知识结构、学习体验和学习序列,合理设置显性和隐性课程结构,重构以创新创业能力为导向的多学科交叉融合课程体系,建立跨学科多专业融合的创新创业人才培养机制,以培养出更多新工科创新创业人才参与众创空间平台的价值创造过程(见图10-2)。以"整合课程"模式是指在一门课程中通过整合不同学科知识、理论、技术来分析、解决具体问题。此模式能让学生加强对知识的联系和运用,更能提高其分析问题、解决问题的能力。①

---

① 章云,李丽娟,杨文斌,等. 多专业融合培养模式的构建与实践 [J]. 高等工程教育研究,2019(2):50-56.

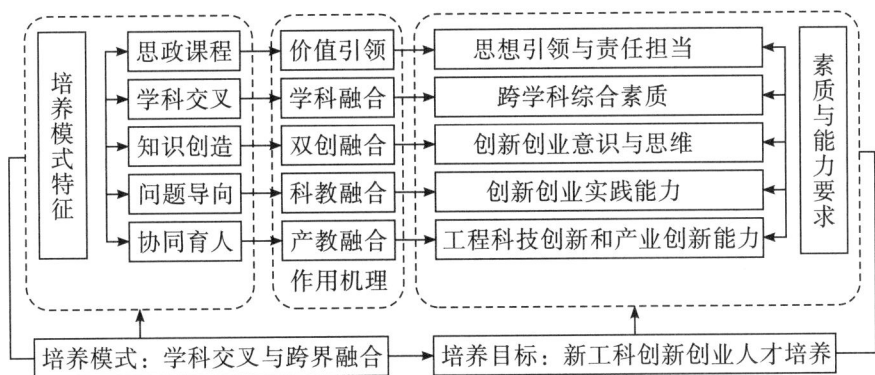

图10-2　多学科交叉融合创新创业课程体系

（2）打造产学结合、学缘广泛、多学科背景的跨界创新创业师资队伍。广东工业大学针对创新创业师资力量不足的问题，通过专兼结合聘用管理方式，吸引校外专家、创业校友、创业精英、企业家等各行业创新创业人才加入众创平台；校内建立教师不同角色激励相容机制，解决教师在科研、教学与创新创业之间的角色冲突，依托众创空间提供实践平台支撑和保障制度（激励政策、容错机制）支持，鼓励教师在科研、教学和创新创业之间自由进行角色转换，促进教师跨时空、跨领域、跨学院、跨专业开展学术研究、知识传授和创业管理等活动，从而在不同的实践情境中获取不同的价值，激活教师参与创新创业的"源动力"，形成专兼结合、产教融合、内外互补的创新创业师资队伍，撬动跨边网络效应，带动更多"沉睡"的科技创新成果实现产业化。

（3）设计差异化、一站式集成平台服务机制。广东工业大学众创空间平台通过扁平化组织结构，制定互惠机制，向内集成整合学校创新技术、优秀人才、创业项目、科研设备等，向外拓展、吸纳社会创业资金（如校友企业、投融资机构、股权交易中心等）、创业孵化服务（如中介机构、第三方创业管理服务机构等），减少中间环节，促使多元异质资源在平台同一场域内相互交叉、相互嵌入，实现一站式创业孵化服务集成，协助需求端（创业者）和供给端（相关异质资源主体）再连接与自匹配的直接交互作用，激发同边和跨边交叉网络效应，形成用户数量、种类繁多和网络价值丰富的创业生态网络。

（二）多路径交互界面设计激发网络协同效应，重塑众创空间平台产学深度融合的社会网络结构

依据社会网络理论框架，从社会网络与高校创新创业行为之间的生态逻辑关系来看，作为非正式、不固定的制度安排，社会网络可以通过众多不同节点的弱关系和"结构洞"作用获取较强的资源捕获能力与合理配置效应，从而降低创业者/创业企业获取校内外异质资源的成本。高校创建众创空间是为了搭建创新平台，聚拢校内外多元创新主体和异质资源要素，通过平台社会网络结构关系，对内打破校内科研、教学、创业实践等松散创新主体、群体或组织的合作壁垒，对外搭建与政府、企业、社会组织等联结的信息与资源对接渠道，突破校内外资源的时空边界，将创业者/创业企业嵌入众创空间平台构建的社会网络，吸引与创业项目/创业企业形成互补的异质资源和能力，从而形成高校创新创业价值网络生态圈。而现实中，高校创新创业资源往往散落在由不同创新创业生态位成员构成的不同网络单元中。针对创业者/创业企业的阶段性、异质化需求，高校众创空间平台关键是要捕获散落在不同网络单元中的异质资源并进行分析和整合，通过不同的创新载体、技术规定或者组织模式设计多层次主体与多路径协作的交互作用界面，促成各种价值创造活动和网络节点相互联结，不断延展高校创新创业的价值网络边界和组建模块，从而提高众创空间平台的弱联结能力和"结构洞"数量，激发社会网络资源的同边和跨边网络效应，对现有高校科技创新成果转化的产业链和价值链进行重构，吸引众多创新主体和异质资源要素建立相互交错、互利共生的生态网络关系，并在相应的互动空间、交互机制、信息传递和资源流通渠道等共生交互界面作用下，实现创新资源、人才与知识等共生基质的自由流通和跨界整合，形成以高校众创空间平台为核心生态位的"圈环形产业链"。

广东工业大学创新创业教育强化融入产业基因，瞄准地方产业发展方向，注重将产业发展需求侧结构要素纳入高校众创空间平台建设供给侧的创新闭环，探索协同创新平台建设、组织模式变革和众创联盟构建等多重途径创新交互作用机制，重新塑造校内外创新创业资源的社会网络结构，实现从双边到多边、从孤立到融合、从单向到闭环、从协作到生态的产学无缝衔接。

一是构建协同创新平台，向外打通对接渠道。与地方政府、产业界共建11个"造血式"跨学科协同创新平台，并依托平台架设起畅通的创业孵化生态链条。一方面，提升科研成果转化率，带动更多科研创新成果和人才参与创业实践；另一方面，通过平台"弱关系"实现与政府、企业、社会组织的跨界合作，激发对外联结潜能和跨界交互能力，吸引、聚拢社会资源服务高校创新创业。2015—2019年，广东工业大学依托各平台引进高端人才421人、高层次创新创业团队62个，孵化高科技企业500余家，服务科技创业企业6 000余家。

二是变革组织模式，向内激活跨部门协同育人机制。面对高校分学院、分专业条块分割的孤立状态以及与创新产业发展多专业集成化的错位需求，广东工业大学在新工科改革建设基础上，改变按专业设置教学班的培养模式，瞄准产业需求探索建立非实体化的跨界学院（产业学院），发挥众创空间在高校创新创业网络结构的"结构洞"作用，以众创空间为纽带建立跨部门联合机制，打通校内科研机构、管理部门和教学单位等不同部门之间相互沟通协作的渠道，建立实行跨部门联合管理、首席教授责任制、多专业融合培养的联合学院，如粤港机器人联合学院、集成电路设计联合学院等。这些联合学院由校领导担任总院长，相关职能部门负责人担任联合院长，引入高端人才担任首席教授，他们各司其职、各展所长，形成有效沟通机制，能更有效地捕获、整合校内各部门的创新创业优势资源。同时，广东工业大学创新产学融合的协同育人机制，延伸校企合作"反射弧"，建立创新创业引导、全程项目驱动、跨学科多专业融合的培养模式，推动产教研学用一体化，降低学生培养创新创业能力的信息和资源获取成本，为平台培养和输送具有较强创新创业能力的跨界人才。

三是构建高校众创空间联盟，提升区域创新集群效应。在区域创新创业社会网络中，高校众创空间相当于一个凝聚子群，如果未能嵌入网络结构，处于孤立状态或边缘位置，就容易陷入结构内聚，不利于从校外社会网络中获取创业孵化所需的信息和资源。因此，广东工业大学众创空间主动融入粤港澳大湾区创新发展，联合区域高校众创空间及其他社会组织形成网络化合作联盟，主导发起建立粤港澳高校创新创业联盟、广州大学城创客联盟等，拓展创新网络合作关系，跨越高校众创空间与产业界各主体之间的"组织边界"，编织出更大的创新创业社会网络，深度整合和链接跨学科、跨校、跨界创新创业优势资源，共同促进创新创业人才培养和科学研究。

（三）建立多元主体联动的协同治理机制，打造互利共赢的高校众创空间平台生态系统

在众创空间平台建设和激发网络协同效应的基础上，高校众创空间生态体系聚集了多元异质性参与主体和利益群体，并形成相互交错的创新创业复杂网络组织结构。从平台生态系统构成角度看，高校众创空间平台参与者的多元化和参与方式的差异化，引起了其组织形式、商业模式和社会网络结构的变革、颠覆及重构，但由于各创新主体缺乏基于众创空间平台治理共同体下的协同治理思维，容易陷入治理主体错位、治理策略失效等平台治理碎片化的困境。高校众创空间作为高校创新创业教育核心枢纽的

平台领导,在平台生态系统中牢牢占据绝对"结构洞"优势,与各创新主体之间形成强关系网络,同时通过网络嵌入机制、交互界面设计、利益分配机制等网络协调机制,协调生态系统中原本松散耦合、弱关系或无关系的创新主体进行同层次和跨层次的互动联结,加强多元主体的跨边界协同创新和功能互补,引入协同治理理念来纠正科层制逻辑与排他性逐利心理,推进异质性不同生态位主体共同参与协同治理,避免出现"搭便车"行为,构建多主体协同治理的共同规则及稳定长效的合作机制,形成高校众创空间平台开放式创新生态系统。

在新工科建设背景下,广东工业大学众创空间平台建设坚持贯通科技创新、人才培养和产业转型升级需求,发挥其内外链接功能和联动传导作用,吸引校内外多元创新主体和异质资源要素聚集于平台,通过多元主体联动的协同治理机制,不断优化创新创业生态系统"科研创新—人才培养—创业实践"互动融合的内结构,以及产教融合、联动共享、协同育人的外网络,构建起多元主体协同创新、价值共创的众创空间平台生态体系。

(1)制度协同,建立众创空间平台协同治理的共同规则。强化协同创新的顶层设计,通过一系列合理的制度安排和协同合作机制,理顺各创新主体的角色定位与功能职责,促使主体间合理分工,明确界定高校创新社会网络不同节点的参与主体、协作方式、关键要素等,通过制度性的集体行动、共同规则减少校内外各创新主体的"利己"行为,规范多元主体的协同行为,促使多元主体凝聚思想共鸣、行为共振的价值认同,从而增强主体间的行为互信、链接互动和资源共享。

(2)平台协同,构建多主体共同参与的共建共享体系。运用开放式网络治理思维,完善利益联结机制,增强众创空间与协同创新平台的协同合作,建立"一体双责三延伸"的协同平台创新机制,集学科研究、社会服务、教学育人三种功能于一体,承担对地方产业与高校学科研究、科技创新与教学育人的双向支持、双向互动与双向负责,实现"向上延伸"聚集国际高精尖科技创新资源与高层次人才、"向下延伸"对接地方产业转型升级重大需求、"向内延伸"带动校内多学科交叉融合与跨界整合的创新资源联合攻关,建立主体协同联动的共建机制与资源要素自由流动的共享渠道,促进创新平台之间的互补作用、资源共享和功能辐射,延伸众创空间平台开放融合生态的共生界面。

(3)服务协同,构建全链条创新孵化服务体系。根据科技创新孵化链阶段性、差异化需求,依靠众创空间平台产学融合的社会网络空间,链接不同层级"双创"载体,通过创新创业资源的横向聚集和纵向流动,为不同阶段创业项目/创业企业提供不同层次的孵化服务，构建起"创业苗圃（前孵化器）—众创空间—科技企业孵化器—加速器—科技产业园区"全链条创新孵化育成服务体系，建成从原始创新输出，到创新成果创业孵化，再到科技产业集群全过程孵化的"双创"空间生态链。

（4）信息协同，搭建线上线下结合的信息开放共享平台。线上搭建创新孵化服务网络信息平台（线上空间），打造整合政策、技术、人才、企业、科研机构、资金等跨界资源的信息共建共享数据库，打破"信息孤岛"效应；线下依托实体众创空间，组织创新创业供需资源对接匹配活动。线上线下相结合打通创新成果与产业需求精确匹配和无缝对接的渠道。

第十一章　案例分析：工大创谷

工大创谷即广东工业大学创客空间，前身是始建于 2009 年 10 月的创新创业训练与孵化基地，2015 年 9 月正式挂牌运营，现有建筑面积两万余平方米，经当地工商部门同意专设 500 个注册企业场地，目前入驻学生创新团队 100 多个，其中示范性学生创新团队 10 个（创新项目 56 个），研究领域涵盖智能制造、北斗导航、机器人、无人机、"互联网＋"、新能源等 10 个领域；入驻创业团队 105 个，2016—2019 年共孵化创业项目 400 多个，涉及人工智能、智能硬件与智能制造、互联网、物联网以及文化创意五大领域，已注册公司 65 家，其中 2 家创业公司被认定为高新技术企业，毕业生自主创业 439 人，累计带动 2 000 多人就业、创业。工大创谷实践育人成效突出，得到教育部、科技部、人社部、共青团中央等上级部门的认可，荣获多项国家级荣誉：2016 年被科技部认定为国家级众创空间，纳入国家级科技企业孵化器管理服务体系；被教育部认定为"全国高校实践育人创新创业基地""全国毕业生就业典型经验高校""全国创新创业典型经验高校""全国首批深化创新创业教育改革示范高校"，被人社部评为"全国创业孵化示范基地"，被共青团中央评为"全国大学生创业示范园"。

工大创谷注重与社会企业合作，并取得良好的社会影响，被认定为"广东省众创空间专业委员会副主任单位""粤港澳高校创新创业联盟发起单位""粤港澳大湾区青年创新中心副理事长单位（发起单位）"等，连续两次获得"全国大学生创新创业教育实践优秀组织奖"，还获得"金砖国家青年创客大赛最佳组织奖"，被授予"粤港澳台大学生创新创业大赛优秀组织单位""粤澳青创国际产业加速器十佳合作伙伴""顺德创新创业公益基金会鼎力支持单位"等荣誉称号。

一、运行机制

以下从工大创谷组建管理团队、制定管理制度、设计进退机制、构建运营支撑系统四方面探讨高校众创空间的运行机制设计。

（一）组建"实虚结合"的管理团队

从科技部公布的高校众创空间来看，大部分是依托学校作为运营主体，也就是没有正式注册登记为实体。基于以上判断，其管理团队应是依托校内某个部门或学院进行组建。例如，清华大学 i. Center 众创空间就是由该校的基础工业训练中心负责日常运营和管理。①

工大创谷是由广东工业大学创新创业学院负责日常运营和管理。其管理团队有以下特点：一是校领导挂帅，由学校委派一名校领导副职兼任学院院长，聘任一名教授为常务副院长、一名管理干部为行政副院长。二是多部门协同，由团委、教务处、学生处等部门负责人兼任副院长。三是校内聘请十多位教授担任学院驻创客空间教授，开展项目课程开发、项目培育、创新创业团队指导等工作。四是实职配备工作人员 3 人，负责行政事务、实验室管理等。五是组建专业管理公司，邀请 3 位创业校友合伙注册，负责创客空间的创业服务。

（二）制定与人才培养相适应的管理制度

无规矩不成方圆。广东工业大学建立健全规章制度，有力支撑工大创谷的良好运营。一是将工大创谷作为创新创业教育教学资源融入学校人才培养方案的顶层设计，例如，在《深化创新创业教育改革实施方案》中规定"将创新精神、创业意识和创新创业能力作为人才培养的重要指标融入课程设计，构建思维引导类、专业创新类和实践培训类三类课程"。二是制定入驻工大创谷等师生从事创新创业活动或指导的保障和激励制度，如《学生创新创业实践保障与激励办法》《创新创业实践学分认定及课程免修实施暂行办法》。三是制定运营主体和管理团队日常管理细则，如《创新创业学院工作职责》《创客空间（创新创业训练与孵化基地）管理办法》《创新创业导师遴选办法》。

（三）设计与公益性平台相一致的进退机制

虽然高校众创空间是公益性服务平台，但是为了更好、更广泛地发挥其在人才培养、创新创业孵化的效用，工大创谷结合大学生的学习周期建立了准入和退出机制。

1. 准入机制

对于申请入驻的创新创业团队，审核论证其资质条件、团队人员、技术或服务、财务状况等指标，并邀请校友企业家、风险投资人组成评审委

---

① 李双寿，杨建新，王德宇，等. 高校众创空间建设实践——以清华大学 i. Center 为例 ［J］. 现代教育技术，2015，25（5）：5－11.

员会评审其是否符合相应条件。若确定其具有入驻众创空间的资格，则提供硬件和软件保障以及扶持资金。

2. 退出机制

入驻工大创谷的时间规定为 6~12 个月，在此期间会实行动态管理和评价考核，对于经评价考核不合格的项目，取消其入驻工大创谷的资格，对于成长性良好的项目，则推荐到更高一层的孵化机构继续孵化。

（四）构建专业化、社会化的运营支撑系统

高校众创空间的健康发展和作用发挥，需要多方支持。首先，所属高校应该组建跨部门的协调委员会进行日常事务协调、统筹，如众创空间管理委员会。其次，所属高校可引入专业管理服务公司落户众创空间，协助开展财税及工商注册、物业管理、技术研发、成果转化、专利代理、政策咨询、培训指导、项目推介、投融资对接等一站式创新创业服务，定期记录项目进展情况及需求，设立企业咨询室，不定期对项目进行联合诊断，帮助其解决创业难题，以项目虚拟成本考核及评估的动态管理模式，不断促进项目优化，注重对出孵和淘汰项目的持续关注与帮扶。再次，所属高校可借助校园无线网络、数字图书馆等开展网络空间建设，为创客提供网站空间、域名、云服务器、大数据、公共软件、开发工具等信息技术支持服务，为众创空间提供"集成化、专业化和网络化"的虚拟环境①，开发集入驻申请、创业成长档案、动态师资库管理、创业指导与咨询、政策宣传及扶持申请等多功能于一体的创新创业服务网站。广东工业大学还投入专项资金，吸引社会投资机构设立天使风投基金，实施创新创业项目与企业对接的"创新兴趣组—创新团队—创业培育—创业初孵团队—创业深孵团队"五级团队培育机制。

二、建设策略

（一）树立"众包、众筹、众创"建设理念

建设众创空间是国家推动"大众创业、万众创新"的重要举措，由于众创空间是新生事物，需要正确树立"众包、众筹、众创"的创新创业新理念。高校作为培养高素质人才的主阵地，在运营众创空间时，更应树立

① 赵劲松，刘红新. 高职院校众创空间建设的定位与策略［J］. 职教论坛，2016（28）：14-17.

符合时代要求和发展趋势的理念。如工大创谷的"做创新创业的实干家"理念。

高校众创空间建设策略具体包括：首先，在全社会营造"众包、众筹、众创"的创新创业文化氛围，发挥政府在支持高校众创空间建设的积极作用，制定相应措施优化审批流程、简化办事手续等。其次，将全要素、开放式的理念融入高校创新创业人才培养体系中，协同高校、政府、企业等多方的创新创业要素资源，与地方经济产业深度融合，强化资源整合的开放性、团队指导的开源性、技术信息的共享性。再次，每个高校众创空间凝练各自的文化精神，打造创新创业生态文化圈。

（二）建设创新创业教育众创平台

众创空间建设的目标是：为创新创业者提供创新创业的理论和实践课程；提供各种工具和技术；方便小组交流、分享知识和资源；提供一个空间让个人做项目；提供一个开放的环境来表达创造力和创新力。[①] 因此，高校应把众创空间建设成为面向教师、学生，协同政府、企业的开放式众创平台，包括实体空间和在线平台。

1. 建设实体空间

工大创谷提供集办公、会议、洽谈、交流、分享为一体的实体空间，配置齐全的水、电、网络、电话等基础设施，并按功能进行科学、合理分区，具体功能区划分和建设内容见表 11 - 1。总体来说，实体空间主要包括教学空间、实践工作坊、团队办公区、交流分享区四类。教学空间主要提供多种类、多形式的创新创业理论授课场所，能满足去中心化、空间可变的创客交叉融合空间需求。实践工作坊提供多种类型的公共制作、测试设备，公共工具技术、通用和专业的电子元器件等，可让创新创业者借助这些先进制造加工资源，将想法变成现实。团队办公区主要建设若干间供创新项目、创业团队入驻的研发和办公空间，规格从 $12m^2$ 到 $90m^2$ 不等，同时配备会议、研讨场所。交流分享区突出创客文化氛围和团队可持续性，为创客提供人文交流空间，主要包括创客沙龙、创客咖啡吧、路演展示室、文化长廊、花园式庭院等，可以提升创客文化品位，并融合多学科的知识内容，培养创客跳脱学科专业的独立视角。[②]

---

① 孔祥辉，孙成江. 公共图书馆创客空间服务研究 [J]. 图书馆学研究，2013（21）：85 - 88.

② 夏自钊. 创客："自时代"的造物者 [J]. 决策，2013（6）：26 - 28.

表 11 – 1　工大创谷的功能区划分和建设内容

功能区	面积/m²	建设内容
创新团队区	1 220	有 32 m²、90 m² 等规格的区域共 10 个及公共平台，提供给 48 个创新项目工作室、项目研讨室
创业团队区	3 750	有 12 m²、18 m² 等规格的区域共 99 个及公共平台，提供给 105 个创业团队入驻，用于孵化办公、项目洽谈、项目诊断
创客工位区	650	大通间，提供 100 个公共工位，供创客随时申请借用，实行动态管理，每个工位以小时为单位借用，或以天为单位借用，最长不超过一周
公共制作间	180	两个制作间：机械类通用公共制作设备（有 3D 打印机、数控机床等）、电气类通用公共制作设备（有仪器仪表、简易焊接器械等）
服务大厅	430	含专利代理、工商登记、投融资对接、股权交易咨询等孵化服务中心以及综合事务管理办公室
创客工坊	2 365	含展示厅、共享加工区、技术开发区、研讨交流区等多个功能区，可用于小型的交流会、研讨会和分享会
研讨会议室	560	有多种规格的研讨室和会议室共 6 间，并配备多媒体设备和网络端口
创客咖啡吧	530	引进品牌咖啡经营商在众创空间里分设连锁店
路演展示区	1 500	共 6 个，设备齐全，供创新创业团队进行项目路演和展示用
翻转课室	1 860	共 12 间，进行去中心化、空间可变的现代设计，供创新创业理论课程授课、分组讨论使用
通用课室	1 750	共 6 间，供创新创业教育课程讲授、思维引导类公开课、创新创业论坛等使用
文化长廊	1 850	长 220 米，有固定宣传栏（板）88 个，供展示各入驻团队的风采等
花园式庭院	3 730	共 7 个，供创新创业者和全校师生休闲之用

2. 打造在线平台

在线平台主要包括以下四类：一是在线创新创业课程，借鉴 MOOC 课程建设思路，建设创新创业思维引导在线课程，针对不同创新创业者的需求，提供创新方法、知识产权保护、工程管理、工程伦理等创新创业实务在线课程。二是创新创业团队项目管理线上平台，将创客实现项目的过程通过模板、标准作业流程等形式进行记录、跟踪、反馈和评价，对项目和团队进行诊断和督促，为项目和团队的成长做好充分准备。三是创客活动管理系统，包括众创空间的论坛、讲座、沙龙、路演、工作坊等创客文化活动的发布、组织、反馈等。四是众创空间的社交空间，主要是基于虚拟现实的互动交流网站、微信平台、QQ 技术交流群等，实现跨时空的网络多向交流。

（三）构建专兼结合、内外互补的师资队伍

工大创谷除了提供办公场所等物理空间之外，更重要的是提供师资等智力和软件支持。工大创谷的师资坚持校内外结合、专兼职结合，构建了"校内教师—产业讲师—培训导师"三个层级、专兼结合、内外互补的全链条师资队伍。首先，引育具有国际视野、产业前端、学科前沿的高层次人才，优化创新创业教育导师队伍，形成一支以高层次人才领衔的创新创业项目专职指导教师配备。其次，完善兼职教师聘用管理制度，聘请专家学者、成功校友、创业者、企业家等各行各业优秀人士定期到众创空间开办讲座论坛，担任专业课、创新创业课的指导教师，组建创新创业教育导师库。再次，邀请知名校友、创业者担任驻校创客导师，在众创空间中与创客共同参与某个项目或产品的开发工作，驻校时间长度视项目或产品的开发周期而定，一般为 3 ~ 6 个月。此外，还聘请专利代理、会计事务、知识产权咨询等方面的专业人士定期进驻工大创谷提供服务。

（四）打造优质的创业孵化服务和浓厚的文化氛围

一是引进香港高锋创投、粤科金融、广州股权等创投、股权交易公司，为创业学生提供场地注册、政策咨询、培训指导、项目推介、投融资对接、股权挂牌等一站式创业服务，以及"场地＋企业导师＋校内导师＋基金池＋推广平台＋服务团队"的"六个一"联动帮扶。

二是引入创业校友组建管理服务公司，开展专业化、市场化管理与运营。

三是组织开展创意类、创新类、创业类活动：以低年级为对象，鼓励

有创意、有方案的学生依托众创空间开展创意分享、方案推介、创新创业沙龙等创意类活动，激发创新创业热情；通过制造工作坊、科技实践营、公共制作间等途径，开展学科专业、工程技术竞赛等创新类活动，培养创新精神和创新品质；开展"挑战杯"创业计划竞赛、"创青春"创业大赛、"互联网＋"创新创业大赛等创业类活动，支持有潜力和市场前景的项目在众创空间内进行孵化。

四是依托学生创客联盟、科技创新俱乐部、学生创业俱乐部等学生社团，每年组织"走访创业者足迹"活动，传承创业者精神；评选创新创业之星、创新先锋等，树立先进典型。

三、建设成效

2016—2019 年，工大创谷在孵学生创新创业项目从早期的 11 个扩大到目前的 400 多个，平均每年滚动新增孵化项目 100 余个。目前实体入驻率超过 95％，总体孵化成功率达 66％，入孵创业实体到期出孵率达 98％，累计带动就业近万人。

工大创谷入驻的创新项目主要分为北斗、智能制造、QG、无人机、机器人、绿色能源、先进制造等九大团队，其中五大团队取得丰硕成果（见表 11 – 2）。

表 11 – 2　工大创谷五大创新项目孵化成效

团队名称	支撑条件	入驻孵化成果
北斗团队	依托从境外顶尖企业引进的高层次人才建立，团队共有 34 人	申请发明专利 18 项，发表论文 10 篇，获"挑战杯"国赛一等奖 2 项，被授予全国"小平科技创新团队"称号，转让成果 3 项，成立创业公司 1 家
智能制造团队	依托自动化装备与集成、嵌入式系统及应用、生物医学工程等领域的企业产学研平台，团队共有 25 人	申请发明专利 12 项，其中授权 3 项；发表论文 12 篇；获国家级大学生创新创业竞赛奖项 4 项；转让成果 3 项；成立创业公司 1 家，并被认定为国家高新企业
QG 团队	依托英特尔嵌入式技术联合实验室，实行项目制、竞赛驱动模式，团队共有 40 人	申请发明专利 11 项、实用新型专利 9 项、外观专利 1 项、软件著作权 12 项；获国家级、省级各类科技竞赛奖项 120 余项，获"挑战杯"国赛一等奖 1 项，被授予全国"小平科技创新团队"称号

（续上表）

团队名称	支撑条件	入驻孵化成果
无人机团队	实行跨学院、多学科交叉运营，团队成员来自物理、信息、材料、数学等八个学院，共有32人	获"挑战杯"国赛一、二等奖各1项，获全国电子设计大赛等国家级奖项50余项，有4项学生专利成功转让给龙头企业
机器人团队	与工程训练中心共建，团队成员来自机械、材料、信息等学院，共有35人	获授权专利56项，获"挑战杯"、"全国机器人大赛"等国家级创新创业大赛奖项117项；成立创业公司5家

工大创谷入驻的创业团队主要分为智能制造、绿色能源、现代服务、文化创意、互联网五大方向，其孵化成果情况见表11-3。

表11-3 工大创谷五大创业团队孵化成果

创业方向	涉及行业	在孵情况	代表性公司
智能制造	机器人、无人机、虚拟现实、3D打印、智能家居	共有26个团队，其中已注册企业13家	广州秉优信息科技有限公司、广州科博锐视科技有限公司
绿色能源	半导体、热能、绿色农业	共有8个团队，其中已注册企业3家	广州小车扬睿生物科技有限公司、广州沃索环境科技有限公司
现代服务	通信服务、教育服务、医疗服务、电子商务	共有26个团队，其中已注册企业18家	广州物智时代技术有限公司、广州筑睿教育科技有限公司
文化创意	文化传媒、品牌策划、会展服务	共有20个团队，其中已注册企业12家	广州喜莱衫文化科技有限公司、文贝文化旅游有限责任公司
互联网	移动互联、网络服务、社交网络	共有24个团队，其中已注册企业12家	工转酷科技（广州）有限责任公司、广州银云信息科技有限公司

实践证明，工大创谷的运行机制和建设策略符合工科大学众创空间建设的现实需求和发展趋势，为高校众创空间的特色发展、专业发展提供了

有益的范例。当然，广东工业大学所实践的建设模式也有一定的局限性。例如，工科大学的建设模式是否适合其他类型的大学，高校的建设模式是否适合各类型、各层次的众创空间，要如何更有效地整合社会资源，众创空间的创新创业项目要如何更快捷地获得社会非逐利资金的支持，等等。这些问题值得继续研究探讨。

第四篇

粤港澳大湾区
"双创"空间

众创空间作为一个新型创新创业服务平台，为粤港澳大湾区的进一步发展提供了巨大的驱动力。本篇以粤港澳大湾区国家级众创空间为研究对象，在界定研究对象的基础上，针对国内众创空间的发展形态，从运营体系和服务机制视角概括出 6 种发展模式，通过对比国内外、大湾区内众创空间的发展状况，发现众创空间发展中存在着同质化严重、服务及资源不到位等问题，最后基于政府、地方以及众创空间的视角提出了提升粤港澳大湾区众创空间持续性发展的七点对策。

在粤港澳大湾区建设背景下，"双创"空间作为创新创业孵化服务在社会化进程中的重要载体，为深入推进粤港澳协同创新发展发挥着重要作用。本篇针对粤港澳大湾区"双创"空间建设存在的市场壁垒、结构性矛盾、供求关系割裂和缺乏协同机制等问题，探讨如何通过多层面制度创新、全局化空间重构和多维度协同机制创建等路径，建立"双创"空间跨区域融合发展的机制体制，促进"双创"空间集群发展，打造"双创"空间协同创新生态系统，建成深度融合创新链、价值链和产业链的区域协同创新共同体，进而实现湾区内"双创"空间的功能互补、错位发展和协同合作。

第十二章　粤港澳大湾区众创空间发展现状与对策

2019 年 2 月，中共中央、国务院印发《粤港澳大湾区发展规划纲要》，这是指导粤港澳大湾区合作发展的纲领性文件，标志着大湾区发展迈入新阶段。

粤港澳大湾区建设是一项重大战略部署。它是国家打造充满活力的世界级城市群的重要载体，是"一带一路"建设的重要支撑，是内地与港澳深度合作示范区，也是未来继纽约湾区、旧金山湾区、东京湾区之后世界湾区经济的新高地。湾区内部各城市明确发展定位，优势互补，协同发展，将粤港澳大湾区打造成全球科技创新中心，实现区域内创新要素自由流动，形成开放、包容、多元的协同创新氛围；将粤港澳大湾区打造成优质生活圈，建设美丽大湾区，增进粤港澳民生福祉。①

将粤港澳大湾区打造成国际一流湾区和世界级城市群，具有多重战略意义。第一，优化国家区域发展战略，发挥区域辐射带动作用。近年来，国家依托城市群规划重构区域发展蓝图，消除行政区划障碍、拉动区域经济发展、促进区域深度融合。粤港澳大湾区城市群作为支撑国家经济发展的核心区域之一，有利于优化国家区域发展战略，丰富"一国两制"实践内涵；也有利于提升大湾区在泛珠三角地区发展中的辐射带动作用，带动中南、西南地区发展，形成辐射东南亚、南亚的重要经济支撑带。第二，探索开放型经济新体制，推动全球治理体系建设。推动粤港澳大湾区建设，推进供给侧结构性改革，实现创新驱动发展，对接"一带一路"倡议，是国家构建开放型经济新体制的实践探索，有利于形成全方位开放新格局，培育国际合作竞争新优势；也可为全球经济增长提供新动能，为全球治理体系建设提供中国方案。

建设粤港澳大湾区，是习近平总书记谋划、部署和推动的国家战略之一，是推动全面开放新格局形成的重要措施。在该政策提出后，科技创新成为促进大湾区发展的重中之重。2015 年 9 月，中共中央办公厅、国务院办公厅印发《关于在部分区域系统推进全面创新改革试验的总体方案》，着眼于深化粤港澳创新合作，明确加入"创新"两字；2017 年 4 月，国家发展改革委员会印发《2017 年国家级新区体制机制创新工作要点》，凸显

---

①　新华社. 中共中央 国务院印发《粤港澳大湾区发展规划纲要》［EB/OL］. http://www.gov.cn/zhengce/2019 - 02/18/content_5366593. htm#1.

重视大湾区的创新活动；2019 年 1 月，国务院港澳事务办公室主任张晓明表示，中央对粤港澳大湾区的战略定位有五个，其中之一是具有全球影响力的国际科技创新中心。多项政策的颁布都表明了创新是粤港澳大湾区建设的关键。自李克强总理提出"大众创业、万众创新"的号召后，全社会的创新创业热情得到了极大的激发，而众创空间作为"双创"的重要载体，是推动粤港澳大湾区创新发展的重要力量。粤港澳大湾区的建设和发展也为大湾区内众创空间的发展助力。

湾区是当今国际经济版图的重要亮点。湾区具有开放的经济结构、高效的资源配置能力、强大的集聚效应和发达的国际交往网络，这些都是世界一流城市的显著标志。① 国外三大湾区分别是美国纽约湾区、旧金山湾区和日本东京湾区，中国粤港澳大湾区则是继这三大湾区之后的世界第四大湾区，由香港、澳门、广州、深圳、珠海、佛山、中山、东莞、惠州、江门、肇庆 11 个地区组成，是国家建设世界级城市群的重要空间载体以及中国参与全球竞争的核心力量之一。大湾区内众创空间的建设推进了创新驱动战略的实施和创新创业新常态的形成，因此众创空间的发展是建设粤港澳大湾区不容忽视的问题。

2017 年 7 月，国家发展改革委员会及粤港澳四方在港签署的《深化粤港澳合作推进大湾区建设框架协议》提及合作重点领域之一是"打造国际科技创新中心"。2019 年 2 月，《粤港澳大湾区发展规划纲要》第四章明确提出要深入实施创新驱动发展战略，深化粤港澳创新合作，构建开放型融合发展的区域协同创新共同体，优化创新制度和政策环境，建设全球科技创新高地和新兴产业重要策源地。

在推进粤港澳大湾区创新发展的主要对策方面，邓志新指出，粤港澳大湾区应该加强与港澳的合作，成立众创空间或孵化机构，培养科技金融综合性人才。② 在创业投资环境对大湾区建设的影响方面，汤贞敏认为，旧金山湾区依赖着来自全球的各类投资，获得了创新技术和投资上的成功。③ 因此，在未来，粤港澳应当共同推动建设"众创空间—孵化器—加速器"全孵化链条，使创业投资本身的利益回报得到更好的实现。

由此可见，众创空间建设发展与粤港澳大湾区创新创业结构性完善具有协同发展的内在要求和助力粤港澳大湾区经济发展的引擎潜力。

---

① 蔡赤萌. 粤港澳大湾区城市群建设的战略意义和现实挑战 [J]. 广东社会科学, 2017 (4)：5 – 14, 256.

② 邓志新. 粤港澳大湾区与世界著名湾区经济的比较分析 [J]. 对外经贸实务, 2018 (4)：92 – 95.

③ 汤贞敏. 创新驱动粤港澳大湾区发展的若干思考 [J]. 广东经济, 2017 (11)：36 – 40.

一、粤港澳大湾区众创空间发展模式

从众创空间参与主体、组建方式和服务对象及水平等角度出发，粤港澳大湾区众创空间可分为粤港澳协同型、高校孵化型、服务驱动型和产业链驱动型四大主要发展模式。

粤港澳协同型众创空间是在我国提出要重点建设粤港澳大湾区后兴起的一种众创空间。它的存在让粤港澳大湾区在创新方面充分利用大湾区城市的各方面优势，并且融合了国际上的创新要素，能够助力粤港澳大湾区成为国际科技创新中心，与其他几种类型的众创空间相比优势最大。

高校孵化型众创空间是指以教育场所为运营主体的众创空间。这类众创空间注重培育在校大学生的创新创业能力，为其提供相关的创新创业服务，可分为培训辅导型、创客孵化型、活动聚合型、综合创业服务体系型。[①] 提供高校教育和校友资源及创新创业培训，是其不同于其他众创空间的最大优势。

服务驱动型众创空间是指主打特色服务，能够为创客提供多项专业化服务，依靠服务驱动发展的众创空间。这类众创空间可分为联合办公型、媒体驱动型、投资促进型。这三种众创空间的发展模式是先根据空间自身发展方向定位特色服务，再发展其他类别服务，在专业化服务的基础上发展一站式服务。在专业化服务层面上，服务驱动型众创空间更胜一筹。

产业链驱动型众创空间是指根据项目产业链上下游的需求提供相应服务的众创空间。这类众创空间为创客提供设施、指导、投资等全方位创新创业服务，同时与投资企业合作交流，满足创客和投资企业的需求。

（一）众创空间运营模式

不同发展模式的众创空间运营体系，在盈利模式、优势资源、运营缺点、运营目的这四方面都有所异同（见表 12 – 1）。

[①] 张梦龙. 高职院校众创空间实施路径探索——基于本科院校众创空间发展模式的分析 [J]. 厦门城市职业学院学报，2016，18（1）：93 – 96.

表 12-1　不同发展模式的众创空间运营体系

发展模式	粤港澳协同型	高校孵化型	服务驱动型	产业链驱动型
盈利模式	投资回报	学校基金＋第三方投资	服务型盈利	服务型盈利
优势资源	政策、人才	活动、人才	服务	空间、活动
运营缺点	各区域优势尚未发挥	创客租期短、场地容易空置、创客创业失败率高	优势服务类型单一；空间入驻率低	因体系庞大难以管理；高水平管理人才缺口大
运营目的	依靠合作关系共享资源，打造生态闭环产业链	培养校内创新创业型人才	以针对化服务为特色，为创客提供定制化服务，完成商业模式的创新	根据产业链上下游的需求提供相应服务，全方位满足需求

在盈利模式上，粤港澳协同型众创空间依托各合作企业，通过对创新团队的投资获得回报；高校孵化型众创空间定期获得学校基金支持，并且开放第三方投资渠道，通过加入外部力量解决资金问题；服务驱动型和产业链驱动型众创空间都是依靠服务型收益盈利，掌握了各项优势资源，而产业链驱动型众创空间是先了解产业链上下游的需求市场继而通过提供对应化服务盈利。

在优势资源上，服务驱动型和高校孵化型众创空间都拥有优质的活动资源，两者会不定期举办学术交流等活动，除此之外，联合办公型众创空间还能够提供充足的场地，而高校孵化型众创空间具备丰富的后备人才资源；同样掌握了人才资源的粤港澳协同型众创空间在国家提出积极建设粤港澳大湾区的号召下获得政策支持和资源倾斜；产业链驱动型众创空间则是以针对性服务为核心。

在运营缺点上，粤港澳协同型众创空间虽是大湾区建设中的产物，但创新创业体系尚未完善，各区域优势尚未完全发挥；服务驱动型和高校孵化型众创空间都有空间入驻率低的问题，并且服务驱动型众创空间的服务模式相对单一；产业链驱动型众创空间运用的创新创业体系相对庞大，管理人才缺口大。

在运营目的上，粤港澳协同型众创空间依靠合作关系共享资源，打造生态闭环产业链；高校孵化型众创空间重在培训高校内的创客群体；服务驱动型众创空间以针对化服务为特色，着力于完成商业模式的创新；产业链驱动型众创空间根据产业链上下游的需求提供相应服务，全方位满足需求。

（二）众创空间服务机制特点

在不同驱动因素的影响下，众创空间的服务机制在服务体系、区位优势、人才优势上有所区别，表12-2列举了在各种发展模式下众创空间典型代表在服务机制上的不同特点。

表12-2 众创空间典型代表的服务机制特点

发展模式		粤港澳协同型	高校孵化型	服务驱动型	产业链驱动型
典型代表		澳门青年创业孵化中心	广东工业大学创客空间	Bee+联合办公空间（珠海）	深圳柴火创客空间
成立时间		2015年6月	2009年10月	2015年9月	2011年8月
服务机制	服务体系	1. 提供专业咨询、培训指导、专家顾问、路演推介、投资对接等创业服务 2. 协助进驻海外或中国内地的孵化器	1. 培育创新创业人才 2. 科技创新成果产业化及创业实践	1. 提供办公空间 2. 为创客团队和大中企业提供定制服务	1. 为有创新需求的企业提供活动策划、制造服务、创新咨询、需求对接等专业服务 2. 聚焦智慧建筑主题，为深圳本土空间的智慧升级助力
	区位优势	澳门皇朝区（集结商业、科技及文化产业）	广东工业大学（广州大学城内）	珠海市南方软件园（位于国家重点高新区）	广东省深圳市南山区华侨城创意园
	人才优势	创意型人才	科研人才+大学生	高科技人才+大学生	创意型人才

粤港澳协同型众创空间的代表是澳门青年创业孵化中心。它以粤港澳大湾区为依托，积极与国内外的孵化机构合作，设立了"葡萄牙里斯本Beta-i澳门互动区（海外）"等中国内地及海外创业平台，充分利用大湾区城市和葡语系国家等国际上的创新创业资源。

高校孵化型众创空间的代表是广东工业大学创客空间。它致力于实现"创新引领创业,创业带动就业"的创新创业目标,其主要特色:一是由创新项目向创业项目转化的孵化器;二是以科技型项目为主要培育孵化对象;三是公益化运作。

服务驱动型众创空间的代表是 Bee + 联合办公空间。它是一个集文化活动平台、体验式服务配套、青年社群于一体的创新青年业态。它早期主打的是办公空间,在发展过程中转型为与房地产密切结合的办公空间。

产业链驱动型众创空间的代表是深圳柴火创客空间。它能帮助创客快速实现"产品原型—样品—小批量制造—大批量制造"全过程,致力于搭建一个连接创客创新与传统产业、承载新生产关系的开放科技创新平台。

二、粤港澳大湾区众创空间发展状况

2016 年的《广东省政府工作报告》中首次提出构建"粤港澳大湾区"的想法。此后,粤港澳大湾区的构建,推动了大湾区内各城市的合理分工、优势互补,也给众创空间带去了更多的生机与活力。借此东风,大湾区内各城市的众创空间取得高速发展,其中发展态势较好的是广州市和深圳市。2018 年,广州市的科技企业孵化器高达 335 家,其中国家级孵化器26 家、国家级孵化器培育单位 41 家。除此之外,广州市还拥有众创空间206 家,其中国家级众创空间 53 家;省级众创空间试点单位 37 家,总孵化面积超过 1 000 万平方米;含项目的在孵企业超过 11 000 家。2016 年,科技部公布的深圳市国家级众创空间有 69 家,2017 年新增 22 家。①

其余城市的发展速度亦不可小觑。在广东省科技厅公布的 2017 年度国家级科技企业孵化器培育单位名单中,佛山市共有 13 家单位入选,直到2018 年,佛山市拥有众创空间 62 家、科技企业孵化器 85 家,其中国家级孵化器、国家级众创空间分别有 18 家、20 家。不可忽视的是,佛山市拥有的省级众创空间和省级孵化器数量相近,分别是 31 家和 30 家,总孵化面积高达 240 万平方米。直至 2018 年,珠海市高新区中科技企业孵化器和众创空间占据建筑面积 101. 27 万平方米,拥有国家级孵化器 4 家、国家级众创空间 5 家。由于科技部并没有公布香港和澳门的数据,澳门于 2018 年10 月才成立首个国家级众创空间②,在此暂不计入研究对象。

---

① 数据来源于广东省科技厅。

② 参见新华网,http://www. xinhuanet. com/gangao/2018 – 10/08/c_ 1123529862. htm.

家

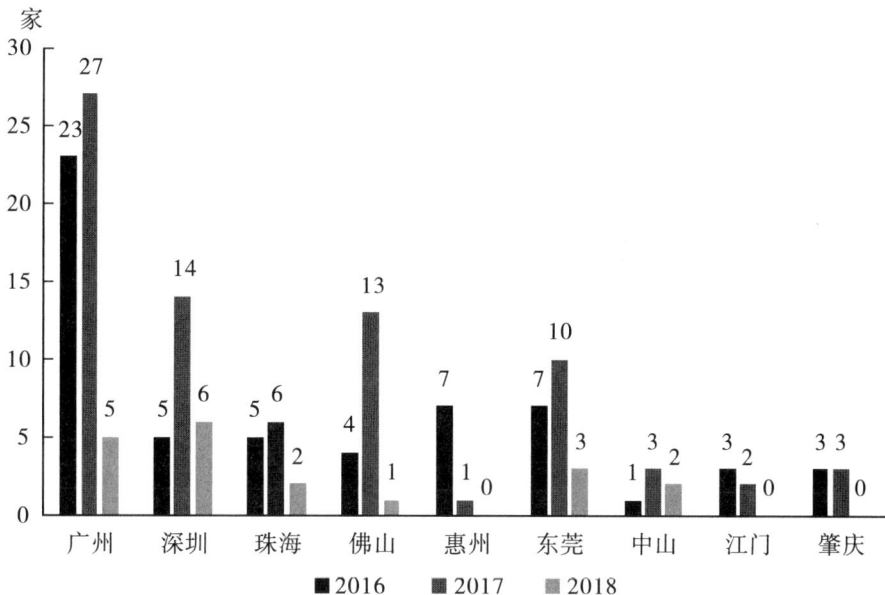

图 12 - 1   2016—2018 年粤港澳大湾区九座典型城市新增省级众创空间数量①

三、粤港澳大湾区众创空间发展困境

国内众创空间的起步相对国外要晚，经过多年的发展，国内众创空间虽然有了一定的规模，但还是处于初级阶段，无论是在众创空间的发展定位还是在运营模式等方面，都存在着不成熟的地方。粤港澳大湾区的规划让湾区内的许多众创空间得到了较好的发展，可即便是像深圳柴火创客空间、广州创意产业园这样发展相对较好的众创空间，也不可避免地存在着一些发展问题。这些问题具体表现在以下几方面：

（一）起步较晚，内忧外患并存

1. 缺乏核心创新能力

粤港澳大湾区众创空间的起步相对国外要晚，缺乏系统专业的创新创业体系，早先由"9＋6"融合发展的城市所形成的珠三角地区，对科技创新起了较大的推动作用，但是离形成完整的众创空间服务体系和产业链还有较大的距离。

———————————

①　数据来源于广东省科技厅。

2. 发展遭受传统行业阻力

国外三大湾区的发展离不开科技创新企业，科技创新企业占据着湾区的主导地位，相比之下，粤港澳大湾区的一些龙头企业仍是传统企业。在提出"双创"口号和建设粤港澳大湾区之后，创新创业的浪潮袭来，国家相关政策主要向科技创新企业倾斜，传统企业受惠较少，甚至受到创新企业的冲击。在这种情况下，拥有庞大资产和资源的传统企业不愿意对众创空间这类创新事物的发展提供支持，间接导致众创空间面临融资难的困境。

（二）众创空间与政府双向依赖

众创空间的数量在提出"双创"口号之后呈现"井喷式"增长，2018年广东省新增科技企业孵化器和众创空间 200 多家，拥有国家级高新技术企业数量超过 4 万家。其中，广州市共有科技企业孵化器 335 家。此时，产生了"众创空间泡沫"。究其原因，可能是政府一开始通过政策对初创空间给予鼓励、援助，目的是要帮助初创空间起步，激发创客的创新创业热情，可是，直接给予资金的扶持形式造成了一些众创空间对政府过度依赖，进一步加剧了行业"虚火"，也让市场上出现了打着创新创业名号却干着收地租活的众创空间，使得广大创客难以找到真正能够将创意变成现实的众创空间。

除了众创空间过度依赖政府之外，在个别地方，也存在着政府放不开众创空间的情况。如今大多数的传统型众创空间还是采取以政府为主导进行自上而下的引导和培训模式，在众创空间的运营和发展中，个别地方政府存在对众创空间越位、错位、缺位管理的情况，导致众创空间不能根据市场需求灵活调整发展方向，赶不上时代创业的浪潮。

（三）盈利模式单一

目前粤港澳大湾区联合办公型众创空间之所以受到创客和空间负责人青睐，是因为仅依靠地租就可以满足空间部分资金需求。众创空间早期一般都采用联合办公的形式，通过获得地租盈利筹集资本，抢占市场份额。不过，这种盈利模式门槛低且单一，造成联合办公型众创空间"泛滥"，形成巨大的"众创空间泡沫"。深圳"地库"是一家典型的众创空间，但收入来源严重依赖工位租金，当空间入驻率无法保证 100% 时，就会入不敷出，这样致命的盈利模式使得"地库"最终倒闭。而盈利能力更强的服务型盈利模式和投资型盈利模式之所以尚未普及，是因为众创空间客户体量小，限制了空间提供多项服务和发展多种盈利模式的能力，得不到资金帮助的众创空间只能往联合办公模式发展，靠着地租满足早期发展需要，陷入恶性循环，盈利模式单一的状况难以打破。

（四）服务和资源未实现共享

众创空间的共享还停留在物理概念上，做到了场地共享却没有做到服务共享、资源共享，而且入驻创客群体的创业类型不一，同一众创空间的服务和资源无法适用于所有团队。以某一类服务为优势突出发展的众创空间，提供其他类别服务的能力相对较弱，项目开展难度大。项目之间的联系程度不高，导致许多资源和服务无法共享，仅仅在场地方面实现共享。

（五）高水平人才短缺

1. 创业门槛降低，创客数量激增，寻找高水平人才的难度更大

在国家出台创新创业相关政策、提出"大众创业、万众创新"口号、积极建设粤港澳大湾区的背景下，创业的门槛更低了，大批创客涌进众创空间。参与创新创业活动的人数迅速上升并没有带来高水平人才数量的同步上升，众创空间的创客良莠不齐，对于生产和孵化优秀的创新项目有一定影响。

2. 各地高校及科研机构数量不一，高端人才储备能力有限

在 2015 年"一带一路"沿线 15 个沿海港口城市竞争力比较研究中，以每万人高校在校生数为指标，粤港澳大湾区中的核心城市广州和深圳分别是 772 人和 79 人[①]，更不用说惠州、中山这些教育水平相对落后的城市。

四、粤港澳大湾区众创空间发展对策

结合国内外众创空间发展经验和粤港澳大湾区内众创空间发展存在的问题，下文拟从宏观、中观、微观三个层面对粤港澳大湾区众创空间发展提出对策。

---

① 阮红伟，李晓静，赖秀云. "一带一路"沿线十五个沿海港口城市竞争力比较研究 [J]. 东方论坛，2016（5）：77-84.

（一）政府不仅要有宏观决策能力，还要有主导某些市场行为的能力

针对众创空间投资难和传统企业对初创企业发展的阻力问题，政府可以参考美国的做法，设立小企业管理局（SBA），让其为信用度还不足以抵押较多资金但具备良好发展因素的初创企业向银行提供担保，解决初创企业起步资金缺乏的问题。

在参考国外做法的基础上，结合粤港澳大湾区的建设规划，政府可以突破以往单一、直接地提供优惠、支持等政策局限，发挥杠杆效应，引导社会资本投资众创空间，为初创企业建立专业的前景或能力评估平台，提供给银行和投资机构多方面的参考信息，设计政府牵头、市场化运作的创业项目投资引导基金与风险投资补偿基金等。[①]

（二）政府支持众创空间"自我造血"

政府可改变直接给予资金的扶持形式，换成税收优惠、资源倾斜、增加学术活动交流机会等有助于众创空间自我发展的扶持形式，通过"授人以渔"的方式，让众创空间学会"自我造血"。这一方面能够让成长起来的众创空间更好地结合市场环境进行调整和发展；另一方面能够让政府将资源倾向尚未走上发展正轨的众创空间，更快、更高效地营造良好的创新创业生态环境。香港的工创空间虽不隶属特区政府，但一直与特区政府保持着良好的合作关系。其在创立初期得到特区政府的指导和援助，中后期实现自我运营，将科创成果反哺特区政府，最终成长为一个创新创业体系相对完善的众创空间。

（三）政府要明确"9 + 2"个城市规划，利用好城市优势资源

政府要明确粤港澳大湾区4个核心城市和7个重要节点城市的发展规划，打造世界级城市群、世界级大学群、大湾区优质生活圈和"一小时"出行圈，畅通人才流动和科技流动，让各方面资源能够有效流入众创空间，加快众创空间的创新发展。对于"9 + 2"个城市掌握的人才、资金、科技和国际联系等资源要合理规划，逐步建设和优化众创空间的地理布局与多元功能，构建完善的创新创业体系，通过众创空间实现资源变现，

[①] 陈夙，项丽瑶，俞荣建. 众创空间创业生态系统：特征、结构、机制与策略——以杭州梦想小镇为例［J］. 商业经济与管理，2015（11）：35 – 43.

加快推动粤港澳大湾区的科技创新发展。粤港澳大湾区各城市的定位见表 12 – 3。

表 12 – 3　粤港澳大湾区各城市的定位

城市	定位
香港	国际超级联系人、国际金融中心、国际创科中心、国际航运贸易中心
广州	粤港澳大湾区核心增长极、国家科技产业创新中心、国际交往中心、枢纽型网络城市
深圳	粤港澳大湾区建设新引擎、全球科技产业创新中心、"一带一路"交通枢纽、具全球影响力的海洋中心城市
澳门	世界旅游休闲中心
珠海	珠江西岸的核心城市、粤港澳大湾区创新高地
东莞	粤港澳大湾区先进制造业中心
佛山	国家制造业创新中心、全球制造业创新中心、粤港澳大湾区西部航空枢纽、粤港澳大湾区高品质森林城市
惠州	粤港澳大湾区"近者悦、远者来、居者安"品质城市、粤港澳大湾区"2 + 1"产业集群
中山	粤港澳大湾区世界级先进制造业基地、区域性综合交通枢纽、产业创新中心和历史文化名城
江门	粤港澳大湾区西翼枢纽门户城市
肇庆	连接大西南的枢纽门户城市、粤港澳大湾区新型城市

（四）发挥核心城市的辐射带动作用

粤港澳大湾区城市群的视角定位高，地理位置优越，站立在全国乃至世界合作发展的高度；规划起点高，国家各项支持政策的出台有助其建立起世界级城市群。

"9 + 2"个城市中的 4 个核心城市与周边的节点城市之间要先经历资源向中心城市集中的资源集中化阶段，逐步发挥出核心城市的辐射带动作用，帮助周边区域众创空间的发展，再进入部分资源分散阶段，让多余的、闲置的优质资源流入周边城市，通过资源倾斜加快节点城市的升级。

（五）"9 + 2"个城市合作共赢，形成协同格局

"9 + 2"个城市之间要优势互补，合作共赢，发挥各自的不同优势，

在"术业有专攻"的同时，形成协同合作形势。《粤港澳大湾区发展规划纲要》提出，要优化提升中心城市，对粤港澳大湾区城市群分工协作进行"顶层设计"。粤港澳大湾区各城市的优势见表12-4。

表12-4 粤港澳大湾区各城市的优势

城市	优势
香港	高效的行政体系、丰富的教育资源、国际航运中心、全球资金流动最自由的国际金融中心、全球最自由经济体、自由贸易港区
澳门	世界旅游休闲中心、中国与葡语系国家商贸服务平台、语言人才丰富、博彩业
广州	智力资本和创新、区域行政中心、人才聚集、政府政策开放、科研机构丰富、区域交通枢纽、国际贸易中心
深圳	世界数字万用电表王国、高新技术研发和制造基地、世界四大集装箱港口之一、国家创新型城市、华南沿海重要的交通枢纽
珠海	良好的区位、丰富的资源、规模化的高端产业集群、完善的配套、新材料制造基地
佛山	完善的制造业基础、先进装备制造产业基地
东莞	完备的产业制造基础、区域交通枢纽、空间载体资源充裕、要素成本低、营商环境好
惠州	宜居的生态家园、能源保障基地、智造高地、便捷的区域交通枢纽、有潜力的开放合作平台
中山	国家历史文化名城、深厚的制造业基础、产业集群特色明显
江门	华侨华人文化交流合作重要平台、江珠高端产业集聚发展区
肇庆	旅游中心、节能环保产业千亿集群

（六）清晰自身发展定位，发展特色运营模式

1. 众创空间的发展要结合当地特色和时代发展趋势，打造与传统企业的转型升级紧密结合的发展模式

一方面，可以依靠传统企业的丰富资源解决众创空间初期主要面临的资金和人才问题；另一方面，促进传统企业在科技创新变革上向智能制造转型，有利于消除众创空间发展中遭受的传统企业阻力，打造人才和创新要素高度集聚的众创空间。

2. 明确自身发展定位，形成具有创新特色的发展模式

门槛越低、模式越单一的众创空间，彼此间的竞争就越大，像如今泛滥的联合办公型众创空间，对适合自身发展的生态区位认识不清，决定了它们无法成为第二个 We Work。在积极建设粤港澳大湾区的大背景下，众创空间要采取与传统企业转型紧密结合的特色运营模式，增强核心竞争能力，以应对同质化威胁。[①] 可打造"互联网 + 传统企业"新模式，借助线上平台，创客将创意产品呈现在平台上，传统企业在平台上寻找合适的创意产品后进行投资，实现资金和创意的交换，形成多方共赢局面。

（七）众创空间的选址要符合其未来发展方向

众创空间在选址时，要结合其运营主体和发展方向，选择拥有能够满足未来发展需求的优质资源的地方。比如，联合办公型众创空间可选在城市核心 CBD 或高档办公楼，利用中心城市圈内高水平人才供应力强、获取大型企业资金支持机会多、创新项目市场大等优势，促进联合办公型众创空间从"廉价、低端、小型企业"逐步向"时尚、高端、大型企业"的方向发展，有效解决众创空间同质化问题；培训辅导型众创空间可优先选择高等学府附近，有助于让培养的人才将来反哺众创空间；国际合作型众创空间可选在大型企业较多的地段，有利于与此类企业建立合作关系，实现共赢。良好的地理条件能为众创空间提供更多的资源和机会，让其在未来得到更好的发展。

总而言之，粤港澳大湾区众创空间的可持续发展需要优化顶层设计，推动众创空间的多元化、差异化发展，完善众创空间的投融资机制，落实粤港澳大湾区创新创业相关配套政策，充分发挥湾区内各区域的产业特色优势，让粤港澳大湾区众创空间的可持续发展进入新的高度，帮助粤港澳大湾区成为具有全球影响力的国际科技创新中心。

---

① 孙文静，袁燕军. 基于生态位理论的众创空间发展模式研究——以北京市为例 [J]. 科技管理研究，2017，37（24）：19－27.

第十三章 粤港澳大湾区高校众创空间发展策略

当前，粤港澳大湾区已具备建成国际一流湾区和世界级城市群的条件，具有重要的战略意义。高校众创空间建设对于粤港澳大湾区国际科技创新中心建设具有推动作用，但高校众创空间在顶层设计、运营管理、资源整合方面仍存在发展瓶颈。高校众创空间建设应利用粤港澳大湾区的开放型生态区位、叠加型湾区经济、创新型枢纽平台优势，树立"产学融创"理念、完善运营管理机制、优化人才发展环境、组建空间战略联盟，以实现高校众创空间的差异化、内涵式、可持续、共享式发展。

一、粤港澳大湾区建设为高校众创空间带来的发展机遇

粤港澳大湾区区位条件优越、开放程度高、经济总量大、产业优势明显，是我国现有湾区中发育较成熟的地区。粤港澳大湾区建设为高校众创空间带来了发展机遇。

（一）开放型生态区位：有利于构建高校众创空间生态系统

粤港澳大湾区经济是依托湾区形成的开放型区域经济形态。它具备"拥海抱湾""合群连河"的独特地理条件，依托湾区形成港口群，与周边城市共生形成城市群，拥有高度开放的创业生态环境。香港特区国际化、市场化程度高，澳门特区与欧盟、葡语系国家联系紧密。湾区汇聚了国内外的创新要素资源，激发了市场主体的创新创造活力，形成了包容性极强的"移民文化"。深圳就是典型的移民城市代表，孕育了敢闯敢拼、宽容失败的创新精神。在开放型生态区位下建设高校众创空间，可聚集众多创客角色、创业资源，形成合作共生的众创精神、创客生态圈、基础平台，构建多层次嵌套的创新创业生态网络。对外开放程度高，也降低了高校众创空间的门槛，增强了生态系统代谢能力，有利于打造优胜劣汰、动态演化的全方位、综合型的创业生态系统。

（二）叠加型湾区经济：有利于打造高校众创空间发展特色

粤港澳大湾区是一种复合型湾区经济体，叠加效应明显。湾区内部具有多层次构造，且处于不同制度框架之中，由"湾区群 + 港口群 + 产业

群 + 城市群"组成，形成差异化、体制性、组合体叠加效应。湾区第一层次区域为"9 + 2"城市群核心区域，经济总量大；第二层次区域包括汕头、河源、阳江等广东其他地区，为湾区建设提供了广阔腹地；第三层次区域延伸至福建、广西、海南、台湾，依托东南沿海湾区资源，形成一核引领、多翼融合发展的态势。湾区拥有香港、澳门两个特别行政区，深圳、珠海两个经济特区，南沙、前海蛇口、横琴三个自由贸易试验区，多重经济体体制叠加，产生了巨大的社会能量。湾区拥有湾区群、港口群，还形成不同的产业群、城市群。在诸多叠加效应下建设高校众创空间，依托区域不同的产业群，结合不同城市的独特文化，有利于打造国际化程度高、发展特色鲜明的众创空间。

（三）创新型枢纽平台：有利于激发高校众创空间发展活力

随着粤港澳大湾区建设上升为国家战略，深中通道、港珠澳大桥的开通，粤港澳大湾区逐渐从"世界工厂"向"国际科技创新中心"转型，创新要素吸引力强。在大湾区建设中，深圳—香港创新集群成为国内外关注的焦点，拥有华为、腾讯、中兴、万科、格力、大疆等大型企业，具备极为丰富的创新土壤。这类具备强大创新活力的企业，也致力于打造众创空间，集聚创新要素资源，培育顶尖的科技原创力。截至 2017 年底，腾讯众创空间已布局 34 个线下空间，分布于全国 28 个城市，总面积超过 100 万平方米，以全方位扶持创业者。腾讯众创空间（香港）于 2018 年 8 月在港设立，助推粤港澳大湾区创新创业发展。[1] 在此发展趋势下建设高校众创空间，可充分利用高校科研与人才优势，依托高校重点实验室、大学科技园等载体，有利于打造创新人才培育区、创业孵化服务区，激发活力助力大湾区建设，服务国家经济发展。

---

① 创业地图：腾讯布局全国 28 城、34 个众创空间［EB/OL］. http://tech.qq.com/a/20180123/026660.htm.

叠加型湾区经济
形成差异化、体制性、
组合体叠加效应

创新型枢纽平台
国际科技创新中心，
创新要素吸引力强

开放型生态区位
"拥海抱湾""合群连河"、高度开放

图 13-1 粤港澳大湾区建设为高校众创空间带来的三大发展机遇

二、粤港澳大湾区高校众创空间的发展策略

当前，我国国家治理体系和治理能力现代化水平显著提升，为创新粤港澳大湾区合作发展体制机制提供了新契机。高校众创空间建设应抓住粤港澳大湾区建设机遇，因势而谋，应势而动，顺势而为。

（一）树立"产学融创"理念，促进高校众创空间差异化发展

面对急剧加速的产业转型与技术升级，高校众创空间建设需加强顶层设计，对接区域产业集群，实现特色化发展。一是加强顶层设计，明确整体规划。高校应贯彻落实《粤港澳大湾区发展规划纲要》，以及政府关于发展众创空间的工作指引，明确众创空间发展定位，优化众创空间建设布局，尽量避免同质化建设。二是树立"产学融创"理念，与产业协同发展。"产学融创"是一种产学合作新模式，由政府、大学、企业等主体共同参与，聚焦大学与产业的互促融合，突出创新的核心作用。[①] 高校众创空间建设应注重与产业的深度融合，可根据湾区产业发展定位及优势细分市场，建设细分领域的众创空间，辐射带动湾区产业发展。三是凝练发展特色，实现专业化、差异化发展。高校众创空间建设可利用湾区经济的叠加效应，结合湾区不同的城市规划、市场需求，以及高校在专业定位、人才优势、文化积淀等方面的特点，整合优势资源，凝练发展特色，努力构

---

① 成洪波. 粤港澳大湾区"产学融创"：内涵实质、需求背景与路径探索 [J]. 中国高教研究，2018（10）：36-41.

建专业化、差异化的众创空间。广东工业大学"广州大学城两岸四地大学生创客空间"建设，紧抓粤港澳大湾区建设机遇，整合政府、高校、企业等创新创业资源，与广东崛起共成长，与地方产业深度融合。该众创空间依托广东工业大学创新创业训练与孵化基地、香港科技大学霍英东研究院、东莞华南设计创新院、佛山市南海区广工大数控装备协同创新研究院等基地，组织粤港澳台大学生创客开展实习实训等活动，打造特色化的创新创业生态文化圈。

（二）完善运营管理机制，推动高校众创空间内涵式发展

高校众创空间建设要关注"质"的提升，制定完善的运营管理机制，确保运行顺畅，实现高质量发展。一是构建专业化、社会化的运营管理团队。从科技部、广东省科技厅公布的高校众创空间名单可知，高校众创空间的运营主体以高校为主，在创业流程管理、行政事务审批、市场营销等方面经验欠缺。因此，高校众创空间可成立专业化的机构，或引进市场化的创业服务机构进行管理。[①] 广东工业大学众创空间由学校创新创业学院统筹管理，配备专职人员管理日常行政事务，并组建专业管理公司提供市场化运营服务，协助开展工商注册、技术研发、成果转化、政策咨询、培训指导、项目推介、投融资对接等一站式创新创业服务。[②] 二是建立全方位、动态化的运营管理制度。高校众创空间应制定运营主体和管理团队的日常管理细则，以及入驻团队的保障和激励机制；并建立合理的团队准入与退出机制，严格审核遴选申请入驻的创新创业团队，对成功入驻的团队实行动态管理，以提高创新创业人才培养质量。三是制定科学化、合理化的绩效评价指标。对高校众创空间的考核评价，除了考虑孵化面积、孵化数量、孵化企业存活率等指标外，还应考虑众创空间的创新创业培育能力、服务质量及服务满意度等。可通过第三方评估，将市场反馈纳入高校众创空间绩效考核体系，及时修订运营管理机制，促进众创空间内涵式发展。暨南大学"WE 创港澳台侨青年众创空间"是全国首个专为港澳台侨青年设立的众创空间。该众创空间与暨南大学"赢在创新"大赛、创业训练营、创新创业孵化基地协同运作，吸引政府机构、科研机构、孵化园区、天使投资者、企业及高校参与，并完善运营管理机制，为港澳台侨青

---

① 辜胜阻，曹冬梅，杨嵋. 构建粤港澳大湾区创新生态系统的战略思考 [J]. 中国软科学，2018（4）：1-9.

② 张育广. 高校众创空间的运行机制及建设策略——以广东工业大学国家级创客空间为例 [J]. 科技管理研究，2017，37（13）：101-106.

年开展创新创业项目孵化提供高质量服务。①

（三）优化人才发展环境，实现高校众创空间可持续发展

在高校众创空间发展过程中，高层次人才、充足资金是其顺利运行的重要支撑。基于高校众创空间"缺人才""缺资金"的发展瓶颈，应强化政府政策扶持力度，营造良好的人才发展环境和浓厚的创业文化氛围。② 一是强化政府政策扶持力度。对于大学生创客而言，较难享受到政府的扶持和优惠政策，税收优惠、资金补贴等政策壁垒依然存在。因此，政府应从工商税收、创业资金、技术产品、财政补贴、创业教育等方面加强政策扶持，对入驻高校众创空间的创业项目实行政策倾斜，与市场机制互为补充。③ 二是营造良好的人才发展环境。政府应努力打破人才流动的体制机制障碍，搭建粤港澳跨区域人才交流平台，鼓励科技和学术人才交往交流，提升高校众创空间的人才吸纳能力。高校应加强复合型创新型人才培养，制定高层次人才引进优惠政策，加强众创空间人才队伍建设，组建高层次专兼职导师团队、高水平创新创业团队，集聚创新创业人才资源，提高技术研发水平。④ 三是营造浓厚的创业文化氛围。高校众创空间应加强创业文化建设，在空间内部及外围的建筑环境中融入创新创业元素，营造浓郁的创客文化氛围；组织开展"学术科技节""创客文化节"、创新创业沙龙等活动，培育"宽容失败、鼓励冒险"的创业文化，打造创新人才培养的试验园、创新创业文化的辐射区，以实现众创空间的可持续发展。⑤ 香港中文大学创业研究中心创办"中大创进坊"，整合校内创新科技中心、知识转移办公室等资源，邀请香港天使投资脉络、香港科技园、香港生产力促进局、香港贸易发展局等伙伴机构，满足不同层次创客的需求。该中心还举办香港社会企业挑战赛，实施中大创业学长计划、青年创业者能力

① 焦磊. 粤港澳大湾区高校战略联盟构建策略研究［J］. 高教探索，2018（8）：20－24.

② 谈力，陈宇山. 广东新型研发机构的建设模式研究及建议［J］. 科技管理研究，2015，35（20）：45－49.

③ 赵剑冬，戴青云. 高校主导建设的新型研发机构运作管理模式［J］. 中国高校科技，2017（12）：11－15.

④ 郝君超，张瑜. 国内外众创空间现状及模式分析［J］. 科技管理研究，2016，36（18）：21－24.

⑤ 陈凤，项丽瑶，俞荣建. 众创空间创业生态系统：特征、结构、机制与策略——以杭州梦想小镇为例［J］. 商业经济与管理，2015（11）：35－43.

提升计划等,营造了良好的创业生态氛围。[①]

(四) 组建空间战略联盟,助推高校众创空间共享式发展

粤港澳高校在地理位置上具有临近优势,但在科技创新合作上尚未形成协同共享机制,创新要素无法充分流动。三地可基于共同的愿景和战略目标,遵循自愿平等、资源共享、互通有无、协同发展的原则,组建高校众创空间战略联盟,拓展众创空间的辐射边界,形成核心层、外围层和潜在层等多层次的创新创业生态圈,推动粤港澳高校众创空间共享式发展。联盟内部可成立协调组织管理机构,制订协商一致的合作发展计划,构建资源共享运行机制。[②] 具体而言,可成立粤港澳大湾区高校众创空间协作委员会,协调湾区高校众创空间合作发展事宜,完善跨区域协商机制,加强三地制度衔接,打破各种体制性障碍,促进粤港澳高校创新要素自由流动、创新主体跨区域合作;制订粤港澳大湾区高校众创空间合作发展计划、创新资助计划,支持众创空间联盟的发展;打造高校众创空间创新成果转化平台,促进粤港澳高校与社会企业之间的互联互通,加速高校众创空间的科研成果转化。此外,可将粤港澳高校众创空间联盟建设成"一带一路"高等教育合作高地,吸引"一带一路"沿线国家的大学生到中国创业,提高大湾区建设的国际化水平,构建高度开放的创新创业生态环境。

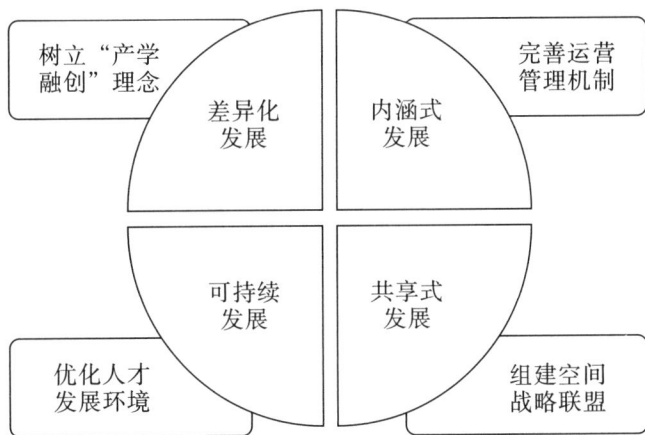

图 13-2 粤港澳大湾区建设背景下高校众创空间的发展策略

---

① 张育广. 高校众创空间的建设实践及发展路径——以广东工业大学创客空间的建设实践为例 [J]. 中国高校科技, 2017 (7): 81-83.

② 李胜利. 高校众创空间建设管理探析 [J]. 中国成人教育, 2017 (16): 62-65.

第十四章 粤港澳大湾区"双创"空间协同创新发展

《粤港澳大湾区发展规划纲要》中明确提出"建设国际科技创新中心"。推动粤港澳大湾区的协同创新发展，深化粤港澳创新合作，建设全球科技创新高地，成为大湾区建设的重要目标取向。粤港澳三地的行政区划、市场壁垒致使大湾区的协同创新发展、创新要素跨境流动等均存在深层次的体制机制问题，尤其是受到各城市的政策制度、科技资源基础和禀赋、功能定位以及空间区位等方面差异的影响，大湾区科技创新能力在区域空间布局上产生不平衡的现象，且其空间差异性呈逐步拉大态势，这显然不利于大湾区科技协同创新能力的整体提升。

"双创"空间是创新创业孵化服务在社会化进程中的重要载体，其在创新能力、资源整合、技术转化和创业孵化等方面的功能效应正逐渐演变成创新驱动经济发展的新动力，在深入推进大湾区科技协同创新发展中发挥着重要作用。根据《中国创业孵化发展报告2019》，截至2018年底，全国"双创"空间载体数量高达11 808家。其中，众创空间6 959家、科技企业孵化器4 849家；在孵企业和团队约62万家，年度营收为6 000亿~7 000亿元。通过内生孵化、外延孵化和协同孵化等模式的创业孵化，"双创"空间可有效促进跨区域科技创新联动发展，为经济社会发展增添新动力。但目前粤港澳大湾区"双创"空间的协同创新合作仍未达到理想状态，其在产业布局和区域布局方面均存在较大不足，多层级、跨区域的"双创"空间协同合作机制仍有缺失，这些问题在很大程度上制约了"双创"空间发挥跨区域、跨行业整合创新资源的作用。因此，如何解决粤港澳大湾区"双创"空间协同创新发展问题具有重要的现实意义。

目前，国内学者对粤港澳大湾区的研究主要集中于粤港澳大湾区建设的重要性、理论依据及其制度创新、大湾区城市群协同发展以及区域科技协同创新等方面，有关粤港澳大湾区"双创"空间的发展现状及其协同创新发展则鲜有研究。相关代表性研究有：蔡赤萌从城市群建设的战略定位及其跨境治理中所面临的现实挑战方面对粤港澳大湾区进行了系统研究①；钟韵和胡晓华结合粤港澳大湾区构建的基本特征，从不同学科理论角度分

---

① 蔡赤萌. 粤港澳大湾区城市群建设的战略意义和现实挑战 ［J］. 广东社会科学，2017（4）：5－14.

析了大湾区制度创新的理论依据，提出了宏观、中观、微观不同层面的实施机制[①]；覃艳华和曹细玉运用层次分析方法分析了粤港澳大湾区城市创新能力及其科技协同创新面临的问题，提出了大湾区城市群科技协同创新的策略[②]；范旭和刘伟从创新链视角构建协同治理框架，分析了粤港澳大湾区创新协同治理的障碍，提出了大湾区科技创新协同治理机制[③]。

本章将以粤港澳大湾区"双创"空间的协同创新为研究对象，分析总结粤港澳大湾区"双创"空间的基本特征及区域协同创新所面临的现实问题，从多学科视角寻找大湾区"双创"空间协同创新的理论依据，并在此基础上探索跨区域"双创"空间协同发展的策略，通过粤港澳大湾区宏观、中观和微观三个层面的制度创新，设计适应跨区域"双创"空间协同发展的合理制度安排；面向粤港澳大湾区产业价值链的现实布局，运用全局思维厘清区域分工协作与错位发展的关系，以区域整体合作发展的目标定位寻求"双创"空间与产业联系的空间优化重构；梳理粤港澳大湾区区域创新系统的作用机理，探索建立跨区域"双创"空间多维度协同创新机制，致力打造制度高效协同、多元主体联动、创新要素跨境顺畅流动的粤港澳大湾区"双创"空间协同创新生态系统。

一、"双创"空间协同发展的理论架构与主要共识

（一）"双创"空间协同发展的事实性特征

1987 年，我国第一家孵化器正式建立。2015 年，在"大众创业、万众创新"背景下，"众创空间"概念被首次提出。[④] 自此，全国掀起了"双创"热潮，从中央到地方的不同政府层面，不断有创新创业扶持相关政策出台，国内"双创"空间载体呈现繁荣发展的局面。

据统计，截至 2018 年底，广东省"双创"空间载体达 1 678 家，包括：科技企业孵化器 962 家，其中国家级孵化器 108 家；众创空间 716 家，其中国家级众创空间 228 家。广东省"双创"空间在孵企业 45 157 家，

---

① 钟韵，胡晓华. 粤港澳大湾区的构建与制度创新：理论基础与实施机制 [J]. 经济学家，2017（12）：50 - 57.

② 覃艳华，曹细玉. 粤港澳大湾区城市群科技协同创新研究 [J]. 华中师范大学学报（自然科学版），2019（2）：255 - 262.

③ 范旭，刘伟. 基于创新链的区域创新协同治理研究——以粤港澳大湾区为例 [J]. 当代经济管理，2020（8）：54 - 60.

④ 2015 年 3 月，《国务院办公厅关于发展众创空间推进大众创新创业指导意见》（国办发〔2015〕9 号）首次提出"众创空间"。

2018 年当年成功上市（挂牌）企业 154 家。① 从"双创"空间的区域布局来看，主要聚集在经济较为发达的穗深莞三地，并呈快速增长态势。广州围绕区域主导产业，逐步构建"众创空间—孵化器—加速器—科技园区"科技企业孵化育成体系，建成"双创"空间 551 家，其中，国家级孵化器 26 家、国家级众创空间 53 家，省级众创空间试点单位 37 家；深圳提出"创客之城"口号，针对地方产业和市场实际需求找准创新定位和生存发展空间，逐步形成"创客培养、创业起步、创新加速、创产联盟"的"双创"体系，建成"双创"空间 463 家，其中，国家级孵化器 22 家、国家级众创空间 114 家，省级众创空间试点单位 22 家；东莞依托自身丰富的市场主体、多样的产业结构、完善的硬件配套等区域优势，探索构建全产业链的创新创业载体，建成"双创"空间 185 家，其中，国家级孵化器 21 家、国家级众创空间 19 家，省级众创空间试点单位 32 家。② 香港特区政府十分重视科技创新发展，多措并举服务创新创业发展，逐渐形成多层次创新创业服务平台，推出"青年共享空间计划"，大力支持本地孵化器建设；鼓励科技企业、民间机构积极参与"双创"空间建设，如腾讯众创空间（香港）、"香港 X 科技创业平台"等，有效提升了创新创业孵化实效，实现初创公司数量年增 18%。③ 澳门"双创"空间建设起步较晚，2018 年 10 月才成立该地区首个国家级众创空间。④

然而，国内"双创"空间在"双创"浪潮中经过一轮爆发式增长后，出现了良莠不齐的现象。过去"自上而下"、简单追求规模和数量的发展模式逐渐暴露出"双创"空间功能性不高、缺乏价值链支撑、成长性不强等问题。⑤ 在区域经济转型创新体系构建中，粤港澳大湾区"双创"空间建设主要存在以下三个方面的问题：

---

① 拓晓瑞，颜振军. 构建粤港澳大湾区创业孵化体系，助力广东"双创"升级 [J]. 广东科技，2020（4）：22 - 26.

② 数据来源于广州科技企业孵化协会、深圳市科技创新委员会、东莞市科技企业孵化协会等官网，http://www.gsbia.org.cn/index.php?s=/Home/Map/index.html，http://stic.sz.gov.cn/kjfw/cxzt/kjqyfhqmd/，http://www.dgkjfuhua.com/.

③ 参见 21 世纪经济报道网，https://baijiahao.baidu.com/s?id=1623685091888957652&wfr=spider&for=pc.

④ 参见新华网，http://www.xinhuanet.com/gangao/2018 - 10/08/c_1123529862.htm.

⑤ 潘冬，严登才. 新常态下众创空间建设的结症及其优化策略研究 [J]. 城市发展研究，2018（5）：65 - 73.

1. "双创"空间跨区域壁垒制约了创新要素的交互作用

粤港澳三地的行政区划、市场壁垒制约着大湾区的整体深度融合。面对各区域创新主体的不同利益诉求及区域发展不均衡等问题,跨区域协同成为粤港澳大湾区的核心困境,行政区划、市场壁垒导致跨区域"双创"空间的政策安排、运行模式、管理手段很难有效衔接。利己行为准则导向在一定程度上弱化了"双创"空间的协同作用,促使大湾区内的"双创"空间处于"集而不群"相互分割的状态。"双创"空间跨境合作缺乏顶层设计和统筹协调机制,基本停留在民间和非正式层面,彼此间缺乏协同合作的制度化、法制化基础,极易导致政策无序现象出现。这些行政与市场的藩篱,导致了粤港澳大湾区创新要素与创新主体跨境流动和交互作用的深层次机制体制障碍,制约了"双创"空间的协同创新能力。

2. "双创"空间结构性矛盾容易导致区域创新生态的内生性冲突

"双创"空间的粗放式野蛮生长给"双创"空间建设带来了结构性矛盾:一是盈利模式不可持续。目前,国内大部分"双创"空间盈利渠道相对固定、单一,主要来源于政府扶持资金和场地工位费;部分"双创"空间的孵化功能不完善,缺乏对创新创业的专业化、个性化配套增值服务及系统科学、有效合理的空间运营管理机制。二是区域布局不均衡。粤港澳大湾区的"双创"空间往往在经济发达地区(如穗深莞等地)发展较好,且主要分布于创新资源丰富的高校周边,在更需要创业孵化的经济落后地区反而很少布局;缺乏从大湾区城市体系结构考虑的整体宏观布局思路,与跨区域产业链和创新链的对接耦合质量不高,导致对周边区域的溢出效应和辐射带动作用不明显。三是与产业融合不顺畅。目前国内"双创"空间在产业上的布局主要聚焦于"互联网+"、教育服务、文化创意等轻资产领域,与区域产业需求融合深度不够。个别地方政府之间对于"双创"空间建设依然存在"晋升锦标赛"的囚徒博弈现象,忽视匹配本地产业结构需求的差异化选择,容易引起"双创"孵化体系不合理和同质化现象,导致多数"双创"空间只是简单聚集而非创新创业思维聚合,很难形成交叉创新的梯度格局。这些矛盾容易引起"双创"空间的功能同质化、无序生长和恶性竞争,在区域内资源有限的生态空间和条件下,会进而引起无序竞争和内耗危机等内生性冲突[①],从而在很大程度上限制了大湾区自主创新能力的整体提升。

---

① 王鹏. 构建粤港澳跨行政区域创新系统的制约因素分析 [J]. 科技与经济, 2008(4):19-21.

3."双创"空间孤岛化特征阻滞了区域创新生态的内聚合力

粤港澳大湾区的创新要素包括政策、人才、知识、技术、资金等,具有明显的孤岛化、碎片化特征,在一定程度上造成了区域创新链的断裂。大湾区的创新要素跨区域流动面临诸多障碍,特别是对于尚未建立协同共享长效机制的"双创"空间来说,大部分看起来更像是一座座孤岛,彼此之间独立运作,缺乏常态化的创新合作机制和资源共享互联平台,使得创新要素无法在各类与创新相关的主体之间自由流动,产生"孤岛效应"。在个别地方,跨区域"双创"空间的协同发展仍囿于创新资源和要素的独享独用,这种利己行为准则容易致使多元创新主体之间的协同合作面临利益固化的藩篱,"小圈子"现象容易导致跨区域"双创"空间活动无法形成创新合力。此外,部分城市之间的产业体系缺乏科学合理分工,各类与创新相关的主体主要以分散、自发的合作为主,缺乏制度化、全局化的协同机制,不同城市之间的"双创"空间孵化链条很难有效衔接,节点之间处于相互割裂状态,创新创业活动在区域间难以形成内聚外合的耦合效应。

(二)"双创"空间协同发展理论的架构与主要共识

国务院办公厅印发的《关于发展众创空间推进大众创新创业的指导意见》出台后,一般认为,"双创"空间主要是为创新创业者提供便利的空间载体和专业化的增值服务,强调构建网络化资源集成平台和主体间协同发展机制,为新型创新创业服务平台的统称。"双创"空间建设对培育初创企业、促进产学研交流、营造区域创业文化氛围、丰富区域创新创业生态系统均有着重要作用。"双创"空间的协同发展需要创新创业团队/经营管理者、地方政府等主体之间的良性互动,应重点在制度、空间和协同发展机制等方面构建区域创新创业生态系统(见图14-1)。

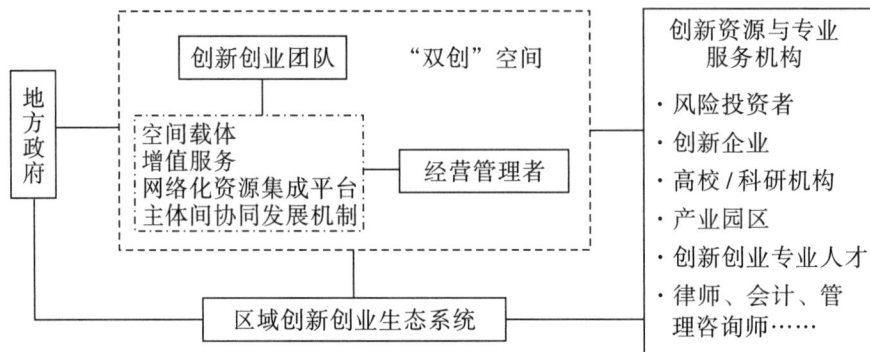

图14-1　区域创新创业生态系统

粤港澳大湾区"双创"空间协同发展重点强调不同城市间的协同,以充分利用粤港澳三地区位优势突出、产业结构丰富、创新资源集聚、国际化水平高、合作基础良好的发展条件。跨区域"双创"空间协同发展需要良好的协同机制与动力来源,笔者认为以下三方面共识是关键:

1. 基于制度的互动行为与集体学习

创新创业团队需要不断利用"双创"空间经营管理者提供的空间载体、增值服务及网络化资源集成平台,积极与政府、高等院校、科研院所、行业企业、中介机构、风险投资者等创新资源互动。各要素间的互动行为和集体学习是新知识、新创意的重要来源;各主体间的互动行为和集体学习需要良好的制度与一定的社会资本支撑,正式规则、习惯、惯例、社会资本等决定了主体间交流的互动行为方式和集体学习效果。"双创"空间的创新创业成功高度依赖于良好的制度支持。

2. 创新创业的空间集聚性

有学者通过研究发现,创新创业活动总是在特定地点和特定时期发生。[①]"双创"空间的发展离不开知识投入和互动学习,而最佳的认知距离是有效知识溢出的最有利因素,而这离不开本地化的特定地理环境支撑平台。一个地方的"双创"空间的空间集聚享受着外部范围经济和集聚经济带来的优势,城市化经济、本地化经济和产业活动多样性的差异也会导致不同地方的创新创业呈现出不同特征。"双创"空间需要不同城市合作共享,充分利用本地创新资源、产业基础和专业服务优势,形成开放、共享、高效的格局。

3. 协同发展机制的建构

发挥节约成本、资源互补、知识共享等各种优势需要跨区域"双创"空间的协同发展。跨区域"双创"空间的协同发展强调区域间的创新创业服务制度对接,从政策、资源、服务和平台等方面建立多维度、全方位、常态化的协同发展机制,促进区域间的创新要素科学合理配置、自由开放流动,创新主体协同共进,形成跨区域"政产学研用"深度融合的开放式、网络化、全链条创新创业生态系统。

---

① 布朗温·H. 霍尔,内森·罗森伯格. 创新经济学手册 [M]. 上海市科学学研究所,译. 上海:上海交通大学出版社,2017:421-453.

二、推进"双创"空间适应跨区域协同发展的多层面制度创新

制度创新是指在特定的制度环境下,为了充分挖掘、实现潜在合作利益而实行一种新的制度安排。其对区域经济发展会起到关键性作用,可改变社会演进的具体方式。① 跨区域的创新创业政策、要素和主体等方面合作或交流互动存在现实制约,需要通过制度创新实现深层次的制度性整合,使得跨区域协同创新达到更高层次。按照区域经济一体化理论,粤港澳大湾区"双创"空间协同创新发展的过程同样遵循"贸易—要素—政策一体化"经济整合过程的客观规律,实现从低层次个体自发交流的要素互动到高层次制度性集体行为的规则对接转变,同时也受到在区域协作中由初始制度自我强化和报酬递增特征引起的历史惯性和路径依赖的制约。② 因此,尽管粤港澳大湾区创新创业的合作制度安排在近几年得到很大改善和提升,但在推进"双创"空间跨区域深度协同合作时依然面临各种挑战。

从本质上讲,粤港澳大湾区建设不能简单看成是区域内 11 个城市的经济总量叠加,或是产业要素的归并,也不是"粤港合作"与"粤澳合作"的内容总和,而是通过区域内各城市的协同创新发展,打破跨区域的行政藩篱和市场壁垒,实现"1 + 1 > 2"的集群效应。从行政区域政府之间的合作机制来看,由于各地方创新主体都有不同的利益诉求,使得跨区域的制度性机制执行力较弱,甚至会因为短期的本位主义导致"囚徒困境"。下文将围绕制度创新的核心目标,对宏观、中观和微观的协同策略进行逐层细化分析,探索适应"双创"空间跨区域发展制度创新的实施机制,从而实现创新资源、要素和主体的自由高效流动。

(一)宏观层面:营造"双创"空间跨区域融合发展的宏观制度环境

做好跨区域合作制度的顶层设计是推动跨区域经济社会协同发展的权

---

① FURUBOTN E G, RICHTER R. Institutions and economic theory: the contribution of the new institutional economics [J]. Revista de economia institucional, 2010, 2 (2): pp. 165 – 169.

② ARTHUR W B. On learning and adaptation in the economy [R]. Kingston: Queen's University, 1992.

威保障和根本支撑。^① 粤港澳大湾区的协同创新需从国家层面出发，寻求大湾区"双创"发展机制的趋同点，做好顶层设计，实现跨区域"双创"空间协同合作的法律和政策衔接，营造良好的宏观制度环境。地方政府再根据中央政府统筹协调布局，在已有合作制度安排的基础上探索体制机制创新，寻找制度创新的落脚点，以制度优势科学合理地规划创新创业资源；打破行政区划界限，对于分散在不同区域、不同机构部门的条块政策，以跨区域协同视角进行全局系统的梳理、整合；打造多元"双创"制度优势叠加的创新创业"特区"，积极推进大湾区"双创"空间协同创新的政策、法律、文化环境的协同，建立跨区域"双创"空间协同创新的政策法规保障体系。

（二）中观层面：建立"双创"空间跨区域协同合作的统筹协调机构

可借鉴旧金山湾区的区域性地方政府协会、纽约湾区的区域规划协会在区域协调发展过程中的成功经验，在粤港澳大湾区协同创新体制机制框架下，建立"制度化""无缝隙"的"双创"空间发展统筹协调机构，拓宽常态化沟通协调互动的"双向联系"渠道，以促进"双创"空间的集群发展。通过这种高规格、跨区域的协调机构，消除区域间既有的体制机制障碍，对粤港澳大湾区"双创"空间进行全局统筹规划；针对产业链和创新链上不同环节的价值能力差异，建立跨区域的技术转移、利益共享与补偿等机制，在不同层面就跨区域"双创"空间的协同创新活动进行常态化的协调和沟通，促使人才、知识、技术、资金等创新要素跨区域自由高效流动；逐步建立粤港澳"双创"空间战略联盟，促进三地"双创"空间从松散状态向边界模糊、创新集群和资源共享方向发展，实现知识创新、技术转化和产业集群的有效对接，推进粤港澳大湾区"双创"空间协同创新体系的建设。

（三）微观层面：构建"双创"服务多主体协同联动的创新合作体系

粤港澳大湾区"双创"空间协同创新发展，要求粤港澳三地政府、高等院校、科研机构、行业企业、专业服务机构等多元创新主体共同参与协同治理。要想实现粤港澳大湾区"双创"空间"1 + 1 + 1 > 3"的集群效

---

① 张铠麟，王娜，黄磊，等. 构建协同公共服务：政府信息化顶层设计方法研究［J］. 管理世界，2013（8）：91 - 101.

应，就需要疏通好不同创新主体的协同联动关系，建立"双创"空间与政府管理体系、金融服务体系、文化环境体系和技术支持体系等之间的多主体、多层级协作机制，有效整合跨区域创新创业资源形成共建共享的治理格局，为大湾区"双创"空间创新主体之间的互动行为提供微观层面的保障体系；促使"双创"空间的创业孵化方式由个体或少数主体的单兵作战转向多主体参与的协同合作，孵化服务内容从技术或产品单向供给转向产业需求导向，空间治理模式则由局域碎片化向跨区域网络化转变，加速创新孵化的人才与技术"溢出"，推动粤港澳大湾区"双创"空间的协同创新发展。

三、推动"双创"空间面向跨区域产业布局的全局化空间重构

自改革开放以来，粤港澳三地的城市空间结构经历了快速演变的过程，从"前店后厂"的阶梯状层级结构逐步发展成为"多中心"协同网络结构，与此同时，各地方产业分工和产业结构也发生了变化。根据已有城市体系结构理论研究成果，粤港澳大湾区城市体系的发展应突显复杂网络化结构，逐渐脱离原有的地缘政治格局，通过重塑治理模式实现区域空间尺度重构，形成城市群多中心、组团式发展新格局。[①] 在经济一体化的框架下，大湾区经济由分工经济和共享经济有机构成，基于区域空间分工理论逻辑，各城市根据自身的功能定位和产业优势逐步完成区域内产业发展不同阶段的结构与空间演变，建立错位发展、互为补充、利益共享的产业价值链，形成跨区域、多层次的产业分工合作体系。[②] 根据地区间职能分工与专业化生产关系理论，不同产业之间或同一产业内部在不同发展阶段利用空间异质性相互协作，可以实现"1 + 1 > 2"的效果。[③] 从理论上讲，区域内城市群的竞争优势取决于在区域空间范围内因不同规模城市聚集而形成的集聚效应和正外部性，并受制于区域一体化市场的形成及其对资源

① TAYLORP J. Regionality in the world city network [J]. International social science journal, 2004, 56 (181): pp. 361 – 372.

② DESMET K, HENDERSON J V. The geography of development within countries [M] // Handbook of regional and urban economics, Volume 5B. Amsterdam: Elsevier B. V., 2015: pp. 1457 – 1517.

③ 陈建军，刘月，邹苗苗. 产业协同集聚下的城市生产效率增进——基于融合创新与发展动力转换背景 [J]. 浙江大学学报（人文社会科学版），2016（3）：150 – 163.

的有效配置。而"双创"空间集群的发展内生于不同空间之间的比较优势竞争，只有当区域内不同空间形成科学合理的结构布局时，才能引起相互间的高度功能互补和强大创新溢出，从而产生集聚和扩散效应。①

因此，面对当下粤港澳大湾区"双创"空间的区域和产业布局不均衡、不匹配的集聚现象，以及市场化、内生、有效的协作机制缺乏的现实，绝大多数"双创"空间载体集中于广州、深圳、东莞、佛山等汇聚了丰富创新要素与资源的大湾区主轴线城市。"双创"空间的未来布局规划不应简单地在数量、规模上增加或者在形态上叠加，而应立足不同城市的资源禀赋和产业分工逻辑，面向大湾区产业价值链的布局，以区域整体合作思路推动"双创"空间布局的空间尺度重构，逐步形成区域科学合理布局的"双创"空间集群发展格局和协同创新体系，建立产业链与创新链深度融合的联动机制，促使创新主体之间实现要素高效流动。

粤港澳大湾区"双创"空间的结构调整要注重引导"双创"空间与地方的创新功能定位和优势产业资源的有效衔接和良性互动，尽量避免同一区域内大量同质"双创"空间的无序引入，应搭建不同层级专业化细分的"双创"空间载体，引导多维空间建立协同创新机制，力求通过社会化力量为不同阶段的创业企业提供不同层次的孵化服务，形成具有产业链式孵化联系的"双创"空间集群。在科技研发阶段，依托香港、广州、深圳聚集的一流高校资源和先进科研机构，重点布局孵化器前端体系"创业苗圃/前孵化器 + 众创空间 + 科技孵化器"，营造局部优化、孵化前移的创新创业环境，推动知识创新和技术开发的创新成果加快转化应用。在成果转化阶段，利用大型科技龙头企业和互联网平台企业的创新"溢出"效应，创建横向综合创业生态和纵向垂直整合产业链的企业众创空间，带动大中小、上中下游企业的协同创新，提高企业技术创新的成果转化率。在科技成果产业化阶段，依托"粤港澳联合创新区""港深创新及科技园""粤澳合作中医药科技产业园""粤港澳科技产业园"等跨区域高水平科技创新载体，面向地方产业分工布局专业化的加速器、"双创"功能载体，聚合当地创新创业优势资源，助推科技初创企业加速发展。根据大湾区重要节点城市的产业分工安排，依托地方自身优势产业或主导产业，承接中心城市外溢或转移的产业资源，建设符合各地区产业特色、对接转移产业的共建共享科技产业聚集区，吸引区域内外的创新要素向本地区聚集，通过立体式的产业链孵化网络合作，促进科技产业集群生成。这些不同类型、

---

① 刘亮，吴笙. 众创空间集群与区域产业结构转型升级 [J]. 科研管理，2017，38（8）：19 - 26.

层级的"双创"空间载体通过创新创业资源的横向聚集和纵向流动，在区域一体化协同创新体系中，建立协同有序、梯度发展、有效对接的互动机制，形成产业链上下游孵化相互关联、匹配或融合的链条式"双创"空间集群结构，构建起"创业苗圃（前孵化器）—众创空间—孵化器—科技企业加速器—科技产业聚集区"全链条创新孵化育成体系，建成一条实现科技创新型企业从创意项目培育，到创新成果创业孵化，再到产业集群全过程孵化的"双创"空间生态链。

四、构建"双创"空间嵌入跨区域创新生态的多维度协同机制

从生态学理论视角看，创新生态系统本质上是指在一定创新生态环境中，由多元创新主体、要素以及环境有机融合和相互作用而形成的动态系统。[①] 创新生态系统不只能在原有网络形态上实现各创新主体单一化的最优产出，更能通过不同创新主体间互动交流、协同合作等协同机制实现资源共享，构建协同创新网络，最终形成具有自我适应、自我组织和自我协调功能的复合体。[②] 从"双创"空间集群发展的内涵来看，它不是简单的数量相加，更重要的是通过协同创新机制，整合区域优势创新创业资源，发挥多元化创新集群效应，实现从源头创新到产业集群纵向延伸的全链条创新孵化，构建起跨区域的创新主体、要素以及环境相互作用、有机融合、互动开放的创新生态系统。在粤港澳大湾区协同创新体系中，由于粤港澳三地的区域创新合作尚未达到理想状态，同时面临区域内制度差异与跨境要素流动障碍等问题，创新主体间缺乏深层次、高效的协同合作机制，因此，构建大湾区"双创"空间协同创新生态系统，要在《粤港澳大湾区发展规划纲要》框架下，加强粤港澳三地的创新创业孵化服务对接，从政策、资源、服务和平台等方面建立协同机制，促进大湾区跨区域创新要素科学高效配置、自由交互流动，创新主体协同共进，形成跨区域"政

① VILMA L A, SAARA H. Intangibles and innovation: the role of communication in the innovation ecosystem [J]. Innovation journalism, 2010, 7 (2): pp. 1 – 19；辜胜阻，曹冬梅，杨嵋. 构建粤港澳大湾区创新生态系统的战略思考 [J]. 中国软科学, 2018 (4): 1 – 9.

② COOKE P, HEIDENREICH M, BRACZYK H J. Regional innovation systems: the role of governance in a governance in a globalized world [M]. London: Routledge, 2004: pp. 1 – 18；刘芹良，解学芳. 创新生态系统理论下众创空间生成机理研究 [J]. 科技管理研究, 2018 (12): 240 – 247.

产学研用"一体化的协同创新生态系统。①

（一）政策协同，建立跨区域空间协同发展体系

粤港澳三地针对创新创业的政策和法律体系各不相同，三地政府对跨区域"双创"空间建设和创新创业资源整合的主导与推动存在较大差异。在《粤港澳大湾区发展规划纲要》框架下，三地应结合宏观、中观、微观不同层面的合作制度安排，在跨区域"双创"空间发展统筹协调机构指导下，用好政策并提高政策的有效供给力度，建立跨区域空间协同发展的政策体系。一是出台更有利政策，推动跨区域"双创"空间建设统筹规划，直接引导和参与跨区域"政产学研用"协同创新活动，有效汇聚整合粤港澳三地创新主体和创新资源的协同创新。二是制定、完善粤港、粤澳联席会议制度，建立地方政府对口职能部门对接沟通合作机制，完善政府间常态化的协商协调机制，有效促进跨区域"双创"空间创新合作的可持续发展。

（二）资源协同，引导跨区域创新资源优化配置

建立"政产学研用"相结合的跨区域协同创新体系，推动跨区域创新资源的共建共享共治，实现创新资源的高效配置，提升跨区域协同创新创业效率。建立实体化的粤港澳高校联盟，完善粤港澳高校创新创业教育联盟，协同共享大湾区优质高校的优势资源，为"双创"空间建设聚集、培育高层次创新创业人才和高水平科技创新成果。依托粤港澳高校、科研机构和科技企业联合建设的协同创新平台，加快面向港澳的国家级"双创"空间共建共享，如粤港澳大湾区青年创新中心、粤港澳创业孵化联盟等，加强与港澳先进技术和创新人才的无缝对接。创建开放共享的"双创"服务平台，依托前海、南沙、横琴自由贸易试验区建设，整合、集聚境内外优质创新资源，引入国际化、多元化的公共服务，成立大湾区"自由创新创业服务平台"，推动跨国跨境的技术转移，探索粤港澳大湾区产学研合作一体化治理机制和创新创业服务体制机制。

（三）服务协同，构建协同创新全过程、全方位服务体系

建立跨境"双创"服务法制保障体系。凭借香港在知识产权保护、交易和仲裁等方面的优势与经验，逐步完善跨区域协同创新保障机制，建立

---

① 谢宝剑，高洁儒. 粤港跨境区域协同创新系统研究［J］. 港澳研究，2017（1）：56－67，95.

粤港澳"双创"空间知识产权交易和服务机构，完善多元化、国际化知识产权评估、风险控制和争端解决机制，提升"双创"空间科技成果转化和产业孵化效率，为粤港澳"双创"空间孵化初创科技企业"走出去"提供法制保障。建立多元化、多渠道、国际化的"双创"服务投融资体系。设立粤港澳大湾区"双创"空间孵化项目投资基金，实行联合资助计划，加强粤港澳三地具有共性的科研创新项目的协同合作，重点对具有高成长性、高发展潜力的高科技孵化项目进行联合资助和研究；依托自贸区建设创投服务中心，建立健全粤港澳三地金融市场互联互通合作机制，吸引国际资本、技术"走进来"和推动区域"双创"成果"走出去"。建立健全跨区域创新人才交流服务机制。借助香港"超级联系人"角色，引进与产业发展需求相匹配的高层次创新创业人才；探索大湾区内高等教育学分互认，共同开发创新创业教育课程体系，推动粤港澳创新创业人才协同培育和资质互认；解决人才跨境流动的生活问题，如个税、就业、购房、社保、子女入学等，推动大湾区内部创新创业人才的充分高效流动。

（四）平台协同，搭建跨区域"双创"信息开放共享平台

利用"互联网+"探索"双创"空间建设和创新孵化的资源精准匹配新模式，打破"信息孤岛"效应。通过线上打造整合政策、技术、人才、高校、企业、科研机构、资金、产业等全要素资源的信息共建共享数据库，线下依托"双创"空间、协同创新平台等组织跨区域创新创业供需资源对接匹配活动，线上线下相结合打通创新成果与产业需求精确匹配和无缝对接的渠道，建成跨区域"技术创新—成果转化—企业孵化—产业集群"的一站式"政产学研用"合作孵化服务体系。

在粤港澳大湾区战略背景下，需要抓住粤港澳大湾区建设的契机，针对"双创"空间建设过程中存在的市场壁垒、结构性矛盾、供求关系割裂和缺乏协同机制等现实性问题，促成跨区域"双创"空间协同创新发展；需要从制度创新、空间重构和协同机制等方面落实回应跨区域协同发展需求的体制机制创新。应从宏观、中观和微观三个层面逐层理顺跨区域合作制度安排，打破市场壁垒：在宏观层面，做好政策顶层设计，建立跨境协商管治机制，为"双创"空间跨区域协同发展提供适应政策衔接的宏观制度环境和可靠的组织管理保障；在中观层面，拓宽常态化沟通协调互动的双向联系渠道，建立跨境统筹协调机构，如粤港澳联席会议等，为"双创"空间跨区域合作做好宏观政策与微观机制的沟通对接；在微观层面，促进创新主体协同联动，建立"双创"空间与政府管理体系、金融服务体系、文化环境体系和技术支持体系等之间的多主体、多层面协作机制，充

分发挥"双创"空间构建节点联系的载体作用，促进"双创"空间的跨区域合作以及创新要素的开放高效流动。

根据粤港澳大湾区的功能分工和产业分布格局，"双创"空间建设须立足于不同城市的资源禀赋和产业特色，置身于区域全局来谋划，把握好跨区域分工协作与错位发展的关系，重新梳理不同类型、性质"双创"空间的结构布局，避免同质化、无序引入，以有效促进"双创"空间功能定位与地方优势产业资源合理对接，实现创新链与产业链的无缝衔接。从"双创"空间集群发展的内涵来看，跨区域"双创"空间的协同创新发展关键在于不同创新主体的互动交流与协同合作，突破创新要素跨区域流动的限制。可通过政策、资源、服务和平台等多维度建立跨区域"双创"空间的协同创新机制，实现跨区域不同创新主体的深度融合、协同共进以及创新要素的科学高效配置、自由交互流动，最终建成粤港澳大湾区协同创新生态系统，从而推动大湾区"双创"空间高质量发展，提升大湾区的创新质量。

第五篇

环广州大学城
创新创业生态圈

人才和教育是广州创新生态系统的最宝贵资源、最大优势。广州大学城作为广州高水平大学最为集中的区域，拥有突出的知识、人才、软硬件设备、科研机构和服务等创新资源优势，对环大学城创新创业资源形成强大的吸附和辐射作用。因此，从创新价值链角度梳理、整合环大学城创新创业优势资源，结合区域产业链结构部署创新链，布局和建设环广州大学城创新创业生态圈，构建全链条式的创新孵化育成体系，提升高校科技创新成果的有效转化率，形成更为紧密的"政产学研用"结合体，为区域经济发展培育新动能，对服务广州大学城提升计划的实施、提升广州科技创新治理水平、推动广州建设成为国际科技创新枢纽具有重要的现实意义。

本篇将在梳理所涉主题和内容研究现状的基础上，基于创新价值链视角，厘清环广州大学城创新创业生态圈的内在机理，并提出以下建议：可通过改革创新机制体制、构建创新主体协同治理体系和孵化金融服务体系、推进创新孵化国际化布局，从生态圈的内核系统提升到外核延伸拓展，全程化构建创新创业孵化运行机制，进一步整合区域创新创业优势资源，打造全链条式的创新孵化育成体系，系统谋划创新发展新路径，将创新链更好地融入产业链，突破科技创新价值困境。

第十五章 创新创业生态圈研究现状

我国著名高等教育学家潘懋元等在2002年曾对大学城的功能与模式做了精辟的论述：大学城是高等教育与社会经济协同发展的枢纽，是高等学校成为经济社会中心的重要基地。同时，大学城不应仅仅是高等教育机构的密集区，还应是知识型产业的密集区和孵化中心，是对社会经济发展起策动、推动和引导作用的技术源、思想库和智慧中心。大学城的建设要努力营造一个有利于高校、企业和社区协同发展的生态环境，在高等教育与社会经济协同发展方面起枢纽作用。此外，大学从经济社会的边缘走进经济社会的中心，产学研相结合是一条关键的途径，应当促进产学研一体化，促使大学城、高教园区、高科技园区打成一片，你中有我，我中有你。[①] 学术界围绕大学城有哪些功能属性、应该如何建设，以及如何发挥其独特的作用也有相关研究。

下文分别对大学城的功能属性和发展模式、大学城建设及其与城市的互动效应、创新创业生态圈与孵化体系建设三个方面的研究现状进行梳理。

一、大学城的功能属性和发展模式

（一）功能属性

大学城是指按照地理邻近原则，聚集多所高校组成具有一定规模的高等学校群体；它是知识密集型组织的一种形式，也是大学园区的综合体。[②] 大学城内高校的地缘集聚优势衍生出文化、信息及资源的互促相长。

实践证明，大学城的建设不仅有效解决了大学原有空间与设施严重不足的问题，为高等教育普及化、大众化提供了广阔的空间，同时也在区域产学研协同创新、产业转型升级过程中担负着关键角色，大力推动了地方

---

① 潘懋元，高新发，胡赤弟，等. 大学城的功能与模式［J］. 高等教育研究，2002，23（2）：36-41.

② 张海生，黄利利. 大学城创新创业教育资源共享联盟探析［J］. 中国高校科技，2017（5）：83-86.

经济社会和城镇化的发展。Wim Wiewel 等阐述了大学在带动区域经济、营造区域文化艺术氛围方面所产生的不可替代的作用。[①] 何心展和张真柱认为，建设大学城非常有利于孵化器的形成，能集聚优秀高科技人才，促使科研成果转让，提高成果转化率；同时，大学城影响着城市的发展定位和产业发展，可以推进城市的扩展和资源开发，依托高校集中的优势来发展当地的高新技术产业。[②] 张真柱认为，大学城在推进区域经济、文化和社会发展方面具有以下功能：集聚功能，汇集高素质人才，吸引优势高校入城发展；辐射功能，满足地方加快培养高素质人才，发展高等教育的愿望和要求；联动效应，使得城市文明程度得以提升，促进了区域文化事业的发展。[③] 赵效为分析了高校对城市化的外部经济效应，指出高校促进了经济结构优化和产业结构升级，对加速城市化进程起着重要作用。[④] 马凤才和李恩会从经济动力贡献、文化动力贡献、科技创新动力贡献和人才培养贡献四个方面，阐述了大学城高等教育对城市发展的贡献。[⑤] 高璐敏以上海松江大学城为例，分析其建设与区域经济发展之间的关系，指出大学城对区域经济的促进体现在五个方面：提升周边土地的价值、刺激当地消费和扩大就业、推进了区域基础设施建设、促进产业的创新转型升级，以及推动区域文化和社会的发展。[⑥]

（二）发展模式

国外方面，《校园与社区》（Charles W.，1960）、《英国与西德的大学城》（Gilbert E. W.，1961）和《大学城：社区的影响》（Selland O. T. H.，1981）研究了大学城与社区的关系，主要是围绕大学与社区如何融合共建，将两种空间与文化融在一起，实现共同发展。《剑桥的历史》（Christopher B.，1997）、《从历史的角度看小城镇规划：牛津大学的成长》

---

① WIEWEL W, GAFFIKIN F, 王珏. 城市空间重构：大学在城市共治中的作用 [J]. 国外城市规划, 2002 (3)：10-13.

② 何心展, 张真柱. 建设大学城促进教育与经济协调发展 [J]. 中国高等教育, 2002, 23 (9)：34-36.

③ 张真柱. 大学城建设使高等教育与区域经济双赢 [J]. 国家教育行政学院学报, 2003 (3)：64-67.

④ 赵效为. 积极推进高校与城市互动发展 [J]. 求是, 2004 (2)：53-54.

⑤ 马凤才, 李恩会. 高等教育聚集对城市发展贡献分析——以大庆市为例 [J]. 科技资讯, 2008 (13)：123-124.

⑥ 高璐敏. 集聚、辐射与创新：大学城对其周边区域经济的影响——以上海松江大学城为个案 [J]. 东北师大学报 (哲学社会科学版), 2014 (1)：155-158.

（Lopata R. H. ，1982）系统地研究了英国两座古老大学城的形成过程和规划特点。

国内方面，任春洋通过对国内一些具有代表性的大学城建设用地布局进行分析，归纳了四种大学城空间布局模式，即平行带状模式、中心轴模式、比邻模式和圈层模式，最后创造性地提出了一种综合布局模式，即基于拉动理念的"圈层＋扇区"共享布局模式，突破了原有相对独立或仅内部共享的理念，重视大学城与周边地区的开放共享及对周边地区的拉动作用。① 侯景新和马琳根据大学城建设所依附的条件，将我国大学城基本布局模式分为依山傍水型、发展引导型和产学研一体型三类，并提出了相应的对策建议。② 刘慧从社区建设的角度，阐述了大学城建设的思路，指出我国大学城建设应重点做好规划工作，并且"多管齐下"地推进。③

二、大学城建设及其与城市的互动效应

（一）大学城的建设问题

大学城经过一段时间的发展后，不少学者对其建设中的一些问题进行了反思和总结，如叶志坚和华敏对某大学城内教育资源的共享情况进行了问卷调查，结果发现无论是软件方面还是硬件方面，大学城内教育资源的共享程度和水平都很低，并指出其原因在于地理空间上的阻隔、实际利益的冲突，以及学校文化和社会心理上的隔阂。④ 张立利用公共政策分析工具，对我国大学城建设的初衷、发展状况及未来趋势进行了分析，指出大学城建设中所存在问题的关键是在于建设管理过程中的价值偏离。⑤ 欧雪银和罗能生通过详细分析美国的硅谷、中国台湾的新竹大学城的四种集聚经济效应机制——合作创新机制、风险投资机制、自组织机制、人力资本机制，指出在建设大学城过程中，要把大学城作为区域经济发展的引擎，

---

① 任春洋. 新开发大学城地区土地空间布局规划模式探析［J］. 城市规划汇刊，2003（4）：90－92，94.

② 侯景新，马琳. 我国大学城的发展规划研究［J］. 管理观察，2014（28）：18－21.

③ 刘慧. "社区建设"思路下的大学城建设［J］. 中共银川市委党校学报，2014，16（2）：81－83.

④ 叶志坚，华敏. 大学城距离"共享"还有多远——对某大学城教育资源使用情况的调查与思考［J］. 教育发展研究，2004（4）：15－18.

⑤ 张立. 大学城是"政策的失误"还是"建设管理的价值偏离"——大学城建设的公共政策分析［J］. 现代城市研究，2006，21（9）：72－80.

对区域经济产生集聚经济效应,只有这样大学城才可能具有旺盛的生命力。[1] 李杰和刘露指出大学城在发展过程中缺乏科学规划,高校附近发展的非教育用地也在吞噬着大量耕地,而且部分高校的征地处于一种无序状态。[2] 杨运鑫和罗频频提出,在新的发展时期,大学城的整体功能优化与品质改善提升,需要延续大学城高层次人才培养和集聚的传统功能,彰显大学城高水平科研成果转化和应用的现代功能,溢出大学城的经济效益;需要拓展大学城全方位城市对话和国际互动的多元功能,溢出大学城的社会效益。[3]

可见,大学城的兴起与发展,虽然给区域经济带来了多方面的促进作用,但是由于缺乏科学规划、有效管理和深度整合,仍存在一定的问题,值得各界关注和探索。

(二) 大学城与城市的互动效应

就国外而言,研究大学城对区域经济发展的影响,具有代表性的就是A. 萨克森宁在1981年发表的硕士学位论文中对硅谷半导体工业的一项数据研究,其分析结论指出,正是硅谷地区产业群的集聚效应带动了美国区域经济的迅猛发展。在我国,大部分学者都是结合大学城与所在区域的经济关系进行研究,有学者研究了国外大学城与城市融合的关系,提出大学城对区域经济的发展具有集聚教育资源、集中综合人才、提升城市形象、集聚第三产业和集聚科技产业五个方面的集聚效应。何心展把区域经济学作为切入点,探讨了大学城的集聚效应和辐射效应在其不同发展阶段的表现。大学城在发展初期主要发挥集聚效应,主要表现在大学城内部高水平专业、大学城集聚优秀人才资源、大学城周边的基础设施和公共服务投入以及大学城传播创新信息四个方面。大学城在发展后期主要发挥辐射效应,通过辐射效应带动区域经济社会的发展。[4] 兰文巧解析了沈北大学城对区域经济发展的拉动效应,指出直接拉动效应主要在于大学城建设促进

---

① 欧雪银,罗能生. 国外大学城向高等教育产业集群演变机理探讨 [J]. 社会科学家,2007 (2): 68 – 70.

② 李杰,刘露. 大学城对区域经济发展的影响研究——以西部大学城为例 [J]. 广东交通职业技术学院学报,2011,10 (2): 51 – 54,58.

③ 杨运鑫,罗频频. 中国大学城提升运动:广州大学城的整体功能优化与品质改善 [J]. 高教探索,2014 (2): 53 – 58.

④ 何心展. 大学城的聚集与辐射效应分析 [J]. 浙江海洋学院学报 (人文科学版),2005,22 (2): 1 – 5.

了高等教育的发展，完善了区域内终身教育体系，为研发高新技术提供了智力支持和人才支撑。① 刘姿含聚焦以高校集聚区为中心建立的大连高新技术园区，从外部效应剖析高校集聚对所在区域经济增长的作用，通过高校的溢出效应带动地区经济的增长，溢出效应主要表现在居民消费、企业投资、政府支出以及国家进出口等方面，还带动了高新技术产业的发展，为区域经济技术进步提供了空间，促进了区域经济的发展。② 苗硕和盛喆依据内增长理论，指出大学城作为知识密集区，是科技创新的动力和源泉，发挥着创造知识、服务社会的功能。大学城与区域发展良性互动需从内外部着手：以项目带动，实现高校的融合，加快内部"软环境"建设，形成集聚效应；引入多元化中介机构，在大学城与企业之间建立有效衔接。③

总体而言，大部分学者对大学城建设持肯定态度，认为大学城集聚的外部效应会起到拉动区域经济增长的作用。同时，大学城建设能优化地区的人文环境，提高人文素养，促进周边软硬投资环境的完善，对周边的产业发展也会产生积极的影响。

三、创新创业生态圈与孵化体系建设

（一）创新生态系统和创新创业生态圈

创新生态系统是将技术创新理论与生态学、生态链、生态群落理论等结合，其理论研究主要围绕商业生态系统、价值创造、开放式创新、创新生态系统四大聚类展开。④ 有学者经实证研究发现，产学研联系强度对新产品产出贡献明显，创新主体分工与协同的动态均衡非常重要。有学者分析了市场、技术、制度等因子与技术创新组织的相互影响⑤，以及产学研合作模式的弊端，提出了发挥政府宏观调控能力搭建产学研合作发展平

① 兰文巧. 沈北大学城的形成及其对区域经济发展的拉动效应解析 [J]. 辽宁经济，2008（3）：46.

② 刘姿含. 高校集聚区对地区经济增长的带动效应 [J]. 城市，2010（5）：39－41.

③ 苗硕，盛喆. 大学城科技创新功能推动区域经济转型增长——以郑州高新区大学城为例 [J]. 河南师范大学学报（哲学社会科学版），2014，41（6）：107－110.

④ 梅亮，陈劲，刘洋. 创新生态系统：源起、知识演进和理论框架 [J]. 科学学研究，2014，32（12）：1771－1780.

⑤ 黄鲁成. 区域技术创新生态系统的制约因子与应变策略 [J]. 科学学与科学技术管理，2006，27（12）：93－97.

台、促进产学研回归适宜的生态位、建立利益共享与风险共担机制、促进产学研战略联盟形成与运转的运作机制①，以及基于生态位理论的产学研联盟中的企业动机与绩效研究、基于创新生态链的产学研合作模式等②。闫静苗指出，山西省大学城作为太原都市圈的技术研发中心和人才储备中心，充分发挥了大学城的经济集聚效应，带动了太原都市圈的经济社会综合发展；把大学城建设成太原都市圈高新技术的孵化中心，有助于实现大学城与太原都市圈的良性互动发展，实现太原都市圈在国家中部地区崛起中"北引擎"的价值和太原都市圈对山西省经济社会发展的辐射带动作用。她还以集聚理论为基础，针对发挥大学城内部、外部双向功能提出了三点政策建议。③ 吕一博等基于创新的阶段性，对开放式创新生态系统运行的驱动因素进行探索研究后发现：研发生态圈和商业生态圈不同的融合表现是开放式创新生态系统运行的外在表征；分别扮演生态系统消费者、生产者和分解者角色的核心企业是不同创新阶段开放式创新生态系统运行的驱动主体；充足的金融资源、稀缺的市场资源、互惠的平台资源是不同创新阶段开放式创新生态系统运行的基础性驱动因素；核心企业定向性的扫描吸收能力、整合性的协同创新能力、规范性的治理分配能力是不同创新阶段开放式创新生态系统运行的关键性驱动因素；变革型的能人文化、合作型的氏族文化、协奏型的共赢文化是不同创新阶段开放式创新生态系统运行的保障性驱动因素；活跃的科技创业环境、统一的技术标准环境、广泛的用户参与环境是不同创新阶段开放式创新生态系统运行的支持性驱动因素。④ 赵广凤等指出，创新生态系统是一种试图从生物学视角来揭示创新的系统范式，把企业、大学、科研院所、政府等创新主体比作物种、种群乃至群落，把各种创新活动看作创新主体对环境变迁、扰动的应答过程；高校创新生态系统是高校的科技创新单元与其他创新物种、种群、群落及创新环境之间，在一定的时间和空间内，以协同创新为目的，以共生竞合为基础，实现优势互补、风险共担的相互依赖、相互作用的共存共

① 荣四海. 基于创新生态链的产学研合作模式研究 [J]. 郑州大学学报（哲学社会科学版），2007, 40（5）：66 – 68.

② 秦玮. 基于生态位理论的产学研联盟中企业动机与绩效研究 [D]. 上海：上海交通大学，2011.

③ 闫静苗. 山西省大学城对太原都市圈发展的作用研究 [D]. 太原：山西财经大学，2013.

④ 吕一博，蓝清，韩少杰. 开放式创新生态系统的成长基因——基于 iOS、Android 和 Symbian 的多案例研究 [J]. 中国工业经济，2015（5）：148 – 160.

生、共同进化系统，具有类似于自然系统的生态关系特征。^① 它涵盖高校、科研机构、科技中介机构、政府、金融机构以及高校进行科技创新活动所需的各种资源、维持系统运转的规则等。吕一博等依据开放式创新理论，认为大学作为基础研究的承担者和原始性创新的源头，在开放式创新生态系统中显现出更强的主导性与推动性，大学驱动型开放式创新生态系统的构建成为相关理论研究和产业发展的新趋势。他们还基于系统构建的阶段性特征，指出了大学驱动型开放式创新生态系统的构建主体、构建要素、构建机制与边界拓展特征。^②

（二）创新价值链与孵化体系建设

创新价值链从创新过程出发，对知识来源、获取、转化和开发的循环递归的过程进行解构，也对企业的创新行为、创新绩效等方面有着广泛的应用，诸多学者将其当作一个概念框架和建模工具来使用，对其进行了深入的跟踪研究。创新价值链的内涵主要包含两个方面：一是分解创新的价值实现过程，认为创新价值链是从研发、生产、销售直至提供售后服务的整个过程，或由知识源到新产品或新工艺的产生再到市场化的创新价值实现过程，甚至将跨国公司 R&D 的国际化看作创新价值链的延伸；二是把创新过程分成三个阶段（创意的产生、转换和扩散）和六个临界点（部门内、跨部门、企业外获取新创意；创意的选择、开发、扩散）；余泳泽和刘大勇将创新过程分为"知识创新、研发创新和产品创新"^③。创新价值链的工具应用主要体现在：构建创新价值链理论模型，从"价值共享"的角度，以全球化视角和供给视角梳理创新价值链内容，论证创新价值网络，能激发企业创新成长的驱动力。国内的研究构建了基于创新链的创新政策体系，利用创新价值链，对研发资本的空间外溢效应和价值链外溢效应以及由此产生的"协同效应"与"挤占效应"进行分析，利用三阶段 DEA 模型考察了创新过程各阶段的创新效率等。^④

---

① 赵广凤，马志强，朱永跃. 高校创新生态系统构建及运行机制 [J]. 中国科技论坛，2017（1）：40 - 46.

② 吕一博，韩少杰，苏敬勤，等. 大学驱动型开放式创新生态系统的构建研究 [J]. 管理评论，2017，29（4）：68 - 82.

③ 余泳泽，刘大勇. 创新价值链视角下的我国区域创新效率提升路径研究 [J]. 科研管理，2014，35（5）：27 - 37.

④ 余泳泽. 中国区域创新活动的"协同效应"与"挤占效应"——基于创新价值链视角的研究 [J]. 中国工业经济，2015（10）：37 - 52.

　　Peters 等将孵化器分为营利性孵化器、非营利性孵化器与大学孵化器三种类型；Grimaldi 等将孵化器分为企业创新中心、大学企业孵化器、个体所有孵化器和公司所有孵化器四种类型；吴寿仁将孵化器分为政府创办的孵化器、科技工业园区创办的孵化器、大学科技园、多元化合资或合作创办的企业孵化器四种类型。Rice 基于孵化网络的资源分类以及资源作用机制，构建了企业孵化资源积累综合动态模型，并指出影响被孵企业创新实力的因素包括孵化网络中的物质资源、人力资源以及组织资源。曹莹和苗志刚提出高等院校孵化器在整个科技企业孵化体系中占有主导地位。[①]然而，单一高校由于受自身办学条件、师资水平、科研实力、学缘结构等因素的影响，孵化效果不理想。地域高校集群可以形成大型综合性科研、培养、服务机构，在其孵化衍生网络中，可以取得纵向一体化低成本的优势，发挥稀缺资源的最大经济效益。有学者重点介绍滨海新区中小企业生存现状与孵化体系发展情况，通过数据结果验证企业融资对于企业自身发展的重要价值，以及融资体系对孵化体系发展的重要作用。袁河等以南京邮电大学国家大学科技园为例，重点介绍该科技园在大学生互联网创新创业教育方面的机制创新，并研究构建了大学生互联网创新创业的孵化体系。[②]《中国经贸导刊》在 2016 年介绍：广州开发区加快实施创新驱动发展战略，大力推进广州科学城国家级"双创"示范基地建设，构建"产业链、创新链、资金链"三链融合发展模式，不断推动"双创"组织模式和服务模式创新，充分释放创新能量、激发创业活力，形成了以活跃的创业者和创新企业为主体，以高效的政务服务和完善的政策体系为沃土，拥有强大孵化体系和协同创新平台的创新生态系统。中关村在创新创业方面的地位和作用将进一步凸显。布局创新创业孵化体系，将创新创业服务提升到产业发展的高度，是中关村强化"双创"优势，加速产控实现的重要途径。[③]

---

　　① 曹莹，苗志刚. 基于地域高校集群衍生网络的孵化机制研究 [J]. 人民论坛，2012（29）：136 – 137.

　　② 袁河，陈洪涛，张登银. 基于大学科技园的互联网创新创业孵化体系构建——以南京邮电大学国家大学科技园为例 [J]. 产业与科技论坛，2015，14（13）：246 – 247.

　　③ 柳进军. 从未来·已来角度审视中关村产业布局 [J]. 中关村，2017（3）：71.

四、研究述评

综上所述，当前学界对于大学城的研究主要集中在大学城自身建设问题以及大学城对区域经济社会发展的影响两大方面。国外研究多集中在大学城的历史演变、形成过程，大学城与高科技园区的经济转化作用，以及大学城与周边社区的共融关系问题。国内方面，相关学者研究视角较广，对于大学城建设的理论较成熟，包括大学城的良性促动作用，大学城共享的益处与产业拉动方式，大学城选址的考虑因素，大学城的建设投入模式等。在创新创业生态圈方面的研究也较成熟，主要集中在创新生态系统的概念、框架和模型，探讨了创新生态系统的动态性、栖息性与生长性，进而考虑了建设和完善创新生态、落实创新驱动发展战略的若干问题。总体来说，目前相关研究仍存在以下不足：

（一）缺乏新形势下对大学城功能作用的重新审视

现有对大学城的研究主要集中在大学城存在的必要性和实用性，大学城发展战略和运营策略，大学土地利用结构以及相互作用，大学城对区域经济发展产生的互动效应等方面，更多地聚焦于大学城的教育和社会服务功能，对大学城科技创新的功能属性研究不够深入。

（二）缺乏对以大学城为核心形成的创新创业生态圈的研究

大学城作为基础研究的承担者和原始性创新的源头，在开放式创新生态系统中显现出更强的主导性与推动性，对区域产学研协同创新、自主创新能力的全面提升，从而顺利实施创新驱动战略，具有重大作用。以大学城作为驱动力构建创新生态系统，是理论研究和产业发展的新趋势。然而，现有针对以大学城等高校集群为核心的创新创业生态圈的相关研究匮乏。

（三）缺乏从创新生态系统角度和创新价值链视角对大学城及其所形成的创新创业生态圈的研究

现阶段对于大学城的研究多是从社会互动、公共政策和中外比较三个角度进行分析，实际上，按照创新生态系统理论，应更多关注大学城的科技创新功能，并研究以其为核心形成的创新创业生态圈的布局和建设，从而打造全链条式的孵化体系，发挥环大学城创新创业生态圈在助力区域自主创新能力提升、社会经济发展中的重要作用。

（四） 对大学城整体规划布局的研究相对较少

大学城的建立，应以规划为先。科学的规划，一方面能使大学城内各个区域相互配合、协调发展，实现"1 + 1 > 2"的效果；另一方面能使大学城实现健康可持续发展，助力区域社会经济持续进步。未来应该加强对大学城规划问题的研究和论证，实现大学城内各个区域的协调联合，促进现有资源的合理有效利用。

第十六章　环广州大学城全链条
创新孵化育成体系建设

近年来，广州市以建设国家自主创新示范区为契机，根据科技创新的区域集聚规律，通过出台一系列政策促进体制机制创新，大力引进科研顶尖人才，因地制宜地探索创新创业发展路径，不断完善区域科技创新孵化体系。孵化器的规模和数量都呈现爆发式增长的发展态势，形成从中心城区向周围地区辐射发展的区域创新分布格局，对大众创新创业发挥了强有力的支撑作用，集中力量为建成国家创新中心城市和国际科技创新枢纽而努力。人才和教育是广州创新生态系统的最宝贵资源、最大优势。广州大学城作为广州高水平大学最为集中的区域，拥有突出的知识、人才、软硬件设备、科研机构和服务等创新资源优势，对环大学城创新创业资源形成了强大的吸附和辐射作用。因此，从创新价值链角度梳理、整合环大学城创新创业优势资源，结合区域产业链结构部署创新链，布局和建设环广州大学城创新创业生态圈，构建全链条式的科技创新孵化体系，提升高校科技创新成果有效转化率，形成更为紧密的"政产学研用"结合体，为区域经济发展培育新动能，对服务广州大学城提升计划的实施、提升广州科技创新治理水平、推动广州建设成为国际科技创新枢纽，具有重要的现实意义。

一、广州大学城的集聚效应与创新生态雏形

大学城是高校园区综合体。其内部各高校在地缘上有集聚的优势，它们相近的组织架构、文化背景和学术氛围能够有效地促进相互间的交流和合作，不断增强高校知识资源、科研成果的分享、交流、传播和传授。在宏观经济学经济增长理论中，内生增长理论将古典增长理论中外生给定的知识、技术、人力资本等要素"内生化"，认为它们在区域经济增长中起着主导性作用，是决定经济长期增长的关键因素。新经济地理学证明，知识溢出具有区域局限性，空间集聚对提升企业创新绩效、规模扩张和区位选择具有重要作用。大学城的空间集聚实质上是以知识、人才集聚带动科技创新企业或者产业的集聚，建立更先进、更及时、更准确的信息源，提高沟通渠道的畅通性、快捷性和实效性，进而产生区域信息共享的邻近效

应和社会化效应，最终形成集聚经济效应。波特认为，产业集群有助于企业在集群内不断提升创新的能力和水平，主要包括知识的溢出效应、企业之间的技术扩散、人才流动、公共设施共享和信任增强等方面。① 大学城作为知识密集区，聚集了巨量的知识、技术、人才等资源，具备科技创新的"硬条件"和"软环境"，使高校、科研机构、企业和市场建立起联系，通过知识溢出、技术扩散和人力资本正的外部效应，形成促进区域经济发展的内生动力。在开放式创新生态系统中，大学不仅承担着基础研究的任务，更是作为知识创新源头推动着原始性创新，显现出更强的主导性。大学城作为大学的聚集区，一方面借助大学的科技创新能力，不断吸引一些中小型高科技企业向大学城聚集，形成区域经济的增长极；另一方面通过孵化机构或协同创新平台促进大学科技创新成果的转化和应用，形成科技创业或产业集群，辐射和带动区域经济发展。同时，大学城内各高校的地理区域集聚为形成高校的空间集群提供了天然的地理优势。集群中各行为主体以自身的核心优势作为基础，加强各主体间的交流合作，扩大可整合知识和信息资源的规模，实现资源优势互补，产生规模效应，建成要素完整的创新创业生态圈。

硅谷是大学城发挥辐射作用的典型代表。它依靠地理优势，聚集斯坦福大学等美国顶尖名校，不仅成为美国高科技人才的集中地，也汇聚了世界各国的高科技和新型技术研究机构，促使科技创新企业实现了集科研、技术交流和开放、生产经营为一体的运行机制，成为世界领先技术发源地和高新技术产业地。在国内，则以中关村最具代表性，其依托毗邻高校（如清华、北大等）的资源优势，促使教育、科技、创新创业与产业有效连接，成为我国高新科技领域的代名词。高校聚集区和环高校的资源集聚，为区域经济技术进步提供了空间，促进了区域经济发展，为创新生态的良好发展提供了健康要素。

广州大学城占据重要的创新战略位置，北接天河、黄埔创新带和琶洲互联网创新资源集聚区，南连番禺万博商务区及南沙自贸区，与深圳、东莞等重要创新城市距离相对较近，逐渐形成了以广州大学城为内核、以环大学城周边区域为支撑的创新创业辐射地带。广州大学城自 2004 年建成以来，历经十几年建设发展，在整合创新资源、集聚创新人才、优化创新环境等方面取得了极大的发展。截至 2020 年，广州大学城拥有 12 所高校、20 多万名师生，其中院士 65 人、高层次人才 1 400 余人；国家重点学科 49

---

① 张海生，黄利利. 基于创新教育的大学城传授知识共享的实证研究［J］. 科技管理研究，2016，36（10）：170-174.

个，博士后流动站 78 个，博士点 573 个、硕士点 1 231 个；国家重点实验室 7 个、省部级重点实验室 105 个；各类创新创业空间 14 个，其中国家级科技企业孵化器 3 个、国家级众创空间 4 个，高校内外创新创业空间面积有 4 万多平方米。大学城作为广州这一国际科技创新城的"智力"核心，其周围集聚了大量的创新主体和科技创新活动，形成了集聚经济效应。环大学城基本形成了以"一核"（智核）定位、"双擎"（国家超级计算广州中心、广东国际创客中心）驱动发展、"三园"（数字家庭应用示范产业园、国家 IC 基地、健康产业产学研孵化基地）引领创新、"十二校"（各高校创新创业平台）支撑创新、"多极"（公共区域众创空间、孵化器）培育孵化的创新创业格局。然而，受到政策、市场化程度、制度壁垒等"软性"因素的制约，个别高校各自为政，资源缺乏深度整合；科技创新与区域产业结构融合不紧密，科技创新成果有效转化率不高；孵化模式创新不足，缺乏层级细化、配套专业的孵化体系；孵化机构协同创新机制不完善，创新价值链的关键节点缺乏有效衔接，等等。这些问题导致广州大学城的智力支持、知识存量优势无法得到充分发挥，知识溢出和技术扩散效应受到限制，影响了大学城科技创新功能、辐射带动作用的发挥。因此，根据创新生态系统理论，只有按照广州大学城"内核提升—轴线发展—外核放射"的轴向圈层组团模式，运用创新价值链视角厘清环广州大学城创新创业生态圈的内在机理，从内核（广州大学城）系统提升到外核（周边产业园）延伸拓展，全程构建完善的创新孵化运行机制，打造一个具有区域产业特色的全链条式创新孵化体系，才能系统性地解决大学城创新功能发挥不理想、周边产业经济带动能力不足、企业孵化效益不高等问题，真正提升大学城科技创新驱动经济发展的能力。

二、创新创业活动的实践逻辑模型及特征

（一）概念模型

熊彼特首先提出"创新"概念：创新是一种企业行为，其目的是构建一种新的生产函数，即在原有生产关系中通过新技术或新发明的应用产生生产要素与生产条件的新组合。① 后来，弗里曼对"创新"概念进行重新定义：创新是新发明第一次投入商业及其扩散过程。其中，发明是指将新想法、图纸或者模型运用于全新的或者经改良的产物、工艺或者制度中，

---

① 李新宁. 创新价值链构建的战略路径与发展逻辑 ［J］. 技术经济与管理研究，2018（1）：24 – 30.

通常表现为一种全新的构思。① 这两种"创新"概念的定义对于创新过程起始阶段的认识有本质区别。熊彼特讨论的创新，其核心要义是技术创新，认为创新源头在企业，企业是创新的主体，创新链的起点就是企业新技术的孵化或发明。弗里曼则认为创新应该从最原始的知识创新开始。这个观点更符合当今全球产业革命发展的创新进程。如习近平总书记所说，科技革命是从"科学"到"技术"的转化，基本要求是科技创新成果实现技术产业化。这充分证明了科技创新的起始阶段应该是知识创新，创新源头也应从企业前移至具有知识创新功能的大学或科研院所。在创新价值链中，创新源头的前移赋予了大学科技创新更多内容和活力，大学城的科技创新功能就是汇集大学的知识资源、人才资本等创新资源，通过全过程科技创新孵化体系，把知识创新融入创新孵化链条，实现从创新价值链起点把以知识创新（科学发现）为核心的科研成果孵化成新技术、新产品，并把它们成功推向产业市场，完成科技创新成果产业化的跨越式发展，最终到达创新价值链终点。

随着经济活动与知识创新的相互联系日益紧密，创新逐步升级为一个体系，并在此过程中相应地产生增值，由此形成"价值链"。② 汉森和伯金肖在2007年6月发表的论文中首次提出"创新价值链"概念。③ 他们认为，创新价值链是一个完成创意的产生、转化和扩散三个关联连续阶段的过程。在此基础上，余泳泽和刘大勇结合我国技术创新的实践过程，基于生产过程的视角，总结出创新价值链是一个实现创新技术产出的价值链传递过程，其中涉及了多元创新要素的投入和多维创新主体的参与，完成了"知识创新—技术创新—产品创新"。④ 遵循这一研究思路，本书结合大学科技创新实践活动的动态过程和科技创新成果转化的产出形式，将大学的创新过程参照创新价值链分为三个阶段：第一阶段，知识创新，由大学科研团队、实验室、科研机构完成，利用知识存量、人才智力资源探索基础（原始性）研究（创新理论、颠覆性创新、原创性创新等）和改良型创新（基础技术、通用技术等）；第二阶段，技术创新，由协同创新平台、众创

① 洪银兴. 科技创新路线图与创新型经济各个阶段的主体 [J]. 南京大学学报（哲学·人文科学·社会科学版），2010（2）：5–11，158.

② 王伟光，张钟元，侯军利. 创新价值链及其结构：一个理论框架 [J]. 科技进步与对策，2019，36（1）：36–43.

③ HANSEN M T, BIRKINSHAW J. The innovation value chain [J]. Harvard business review, 2007（6）：pp. 121–130.

④ 余泳泽，刘大勇. 我国区域创新效率的空间外溢效应与价值链外溢效应——创新价值链视角下的多维空间面板模型研究 [J]. 管理世界，2013（7）：6–20，70，187.

空间、孵化器进行技术孵化，完成专利开发、技术测验、成果试制和技术优化等；第三阶段，产品创新，由加速器、科技创业企业完成，通过技术交易、转移或创业加以技术改良，以及市场营销，实现创新成果转化。由此可以看出，创新价值链充分说明了创新活动的价值产生、增值过程以及与之相对应的组织结构，反映了创新行为在不同阶段的价值属性，总结出创新创业活动的最终功能和意义。① 其理论的实践逻辑模型见图 16 - 1。

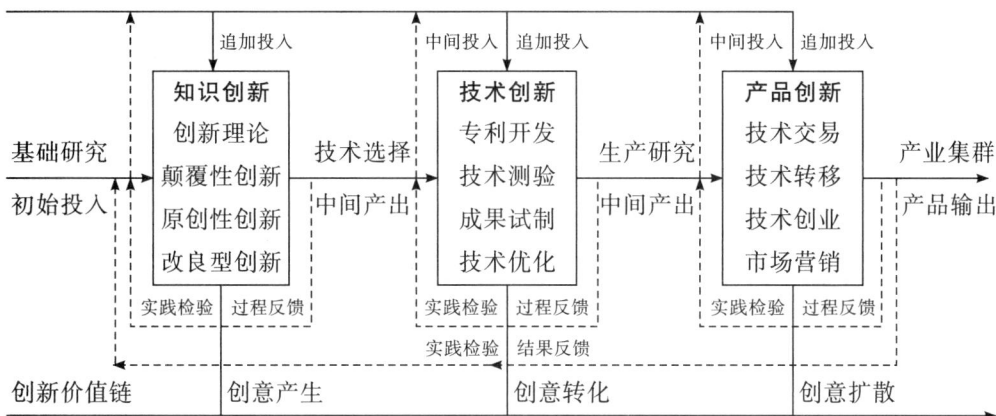

图 16 - 1　创新价值链理论的实践逻辑模型

（二）特征分析

从创新价值链的概念内涵可以看出，创新过程表现出较为明显的整体性、连续性、互动性。

1. 整体性

在创新价值链中，知识具有流动性，会从上游向下游的创新活动流动。只有将创新过程当作一个有机整体，高效整合体系内的创新主体、创新资源、经济与政策等不同创新要素，才能从整体上增强创新能力，实现知识创新、技术孵化、技术扩散、创新集群到产业化全过程。②

---

① 张晓林，吴育华. 创新价值链及其有效运作的机制分析 [J]. 大连理工大学学报（社会科学版），2005（9）：23 - 26.
② SCHOENHERF, GNIF D A, CHANDRA A. Knowledge management in supply chains: the role of explicit and tacit knowledge [J]. Journal of business logistics，2014，35（2）：pp. 121 - 135.

2. 连续性

创新价值链把相关创新主体、创新要素进行链条式排列组合，使不同阶段创新主体的创新活动得以有效衔接，保障创新在各个阶段之间顺利过渡，以获得最大的整体创新效益。①

3. 互动性

创新价值链旨在形成创新的利益共同体，以链条形式打通不同阶段节点的创新孵化衔接，构建各方创新主体互利共赢的协同合作机制，完成系统内部创新主体的分工协作和创新要素的优化整合配置，实现不同阶段参与各方的协同创新。②

三、"前孵化器—孵化器—加速器—产业园"链条式创新孵化育成体系

在创新价值链视角下，创新创业孵化是一个在创新的不同阶段中，通过建立创新创业孵化载体，开展创新创业孵化活动，集聚创新创业主体、资源、政策等要素，获得创新成果的全过程孵化培育，最终实现高新技术产业化的链状流式过程。③ 相比于技术创新价值链，创新创业孵化价值链延伸到高新技术产业化阶段，推动区域经济形成高新技术产业集群效应。在链状流式的创新孵化过程中，创新创业纵向和横向的互动联系要求同一阶段、不同阶段之间的创新创业要素建立互利共赢的协同创新机制，不能仅仅是将产学研等多维创新主体简单聚集，抑或是把前孵化器、孵化器、加速器、产业园直接叠加。创新孵化育成体系通过建立前后贯穿的链条式孵化体系，促使科技创新实现"技术发现—技术孵化—技术创业—产业集群"全过程孵化培育。这与创新价值链中"知识创新—技术创新—产品创新"的创新价值实现过程是相对契合的，并进一步实现了技术产业化的创新价值。

结合环大学城"一核""双擎""三园""十二校""多极"的创新创业格局，可以借助大学城强劲的创新创业要素吸附力和聚合力，推进构建

---

① 张慧颖，戴万亮. 基于创新价值链的区域创新价值链概念模型［J］. 科技进步与对策，2011，28（1）：28-32.

② 洪银兴. 科技创新阶段及其创新价值链分析［J］. 经济学家，2017（4）：5-12.

③ 郭俊华，杨艳. 全链条孵化视角下的科技创新创业载体研究——以上海市为例［J］. 科技进步与对策，2015，32（20）：12-17.

"内核提升—轴线发展—外核放射"的轴向圈层环广州大学城创新创业生态圈，根据科技企业孵化规律和产业供应链及价值链，系统梳理、整合生态圈的创新创业孵化载体、主体与资源，设计创新创业要素的协同创新机制，实现环广州大学城的"政产学研用"在同一阶段的协同合作和不同阶段的有效衔接，建立"前孵化器—孵化器—加速器—产业园"的链条式创新孵化育成体系（见图16-2）。

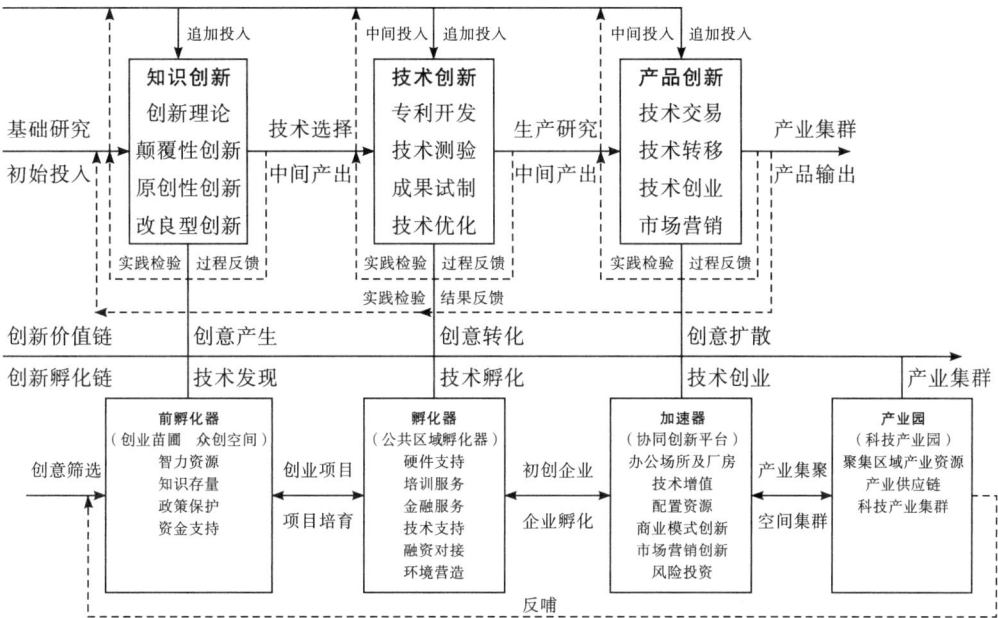

图16-2　链条式创新孵化育成体系

在环大学城的科技创新全链条孵化育成体系中，创新创业孵化通过"创意筛选—创业项目—初创企业—产业集聚"实现高新技术产业化全过程，关键在于各阶段之间的功能过渡、信息交换以及相应核心资源的流动，实现链条节点之间的精准联结。从知识创新的源头来看，关键在于大学科学研究成果向技术的转化，在这里起核心作用的是知识资源和人力资本。它们的作用在新经济增长理论中得到完美解释。该理论将知识资源和人力资本作为生产要素引入经济增长函数模型，指出它们既可以自身产生递增收益，也可以通过溢出效应渗透于其他生产要素并使其产生递增收益，从而形成整个经济的规模收益递增。[①] 硅谷的成功之道正是从周围大

① 贾丽虹. "解读新经济"专题（二）：新经济与知识创新 [J]. 广东科技，2001（3）：18-20.

学获得源源不断的知识和人才输入。在环大学城的创新创业格局中，"十二校"聚集了丰富的高端人才和高水平知识存量，促使大学城在科技创新孵化链条中发挥着源头核心作用（见表 16 - 1）。但高校的学术科研依然深受过去重研究、轻应用的思想痼疾影响，其科研创新成果与区域产业结构结合不紧密，知识创新环节与技术成果转化环节缺乏有效连接，造成高校学术科研产出效率（论文、专利等数量）与创新成果转化效率（科技创业企业、创业项目等数量）之间没有显著的价值链外溢效应。

（一）在孵化体系前端，要着重解决"知识"与"人才"问题

近年来，高校科研产出呈现持续快速增长的势头，但依然存在转化率偏低的问题。各高校要加快推进科研成果转化的体制机制建设，打破科技创新与产业结构供需之间的"藩篱"，加强科技创新与创新创业活动的互动融合，建立并完善具有高校"前孵化"功能的前孵化体系，实现创新创意"科研团队（科学家）—实验室—创业苗圃（众创空间）"孵化培育的有效连接，切实增强高校科技创新项目技术转化全过程的支持与服务力度，有效带动创新成果进入转化孵化链条；依托创客空间、创业咖啡、创新创业学院、众创空间等不同形式的创新创业孵化新业态载体，整合校内创业资源，实现资源优化配置，提高高校创新创业教育与服务能力，更深入、系统地挖掘和培育大批符合产业需求的高质量的创新项目与人才。从表 16 - 1 还可看出，各高校在科研产出、技术交易和产学研支撑平台建设方面存在发展不均衡的问题。因此，各高校要加强协同合作，面向区域行业产业发展需求，在充分发挥本校前孵化体系特色和优势的基础上，打破学校间的壁垒，在科研合作、人才交流、实验室共建、协同平台建设以及创新创业活动交流等方面，建立顺畅的交流沟通渠道和开放共享的协同发展机制，增强跨校科技成果的流动性以及横向交流，协同整合跨校专业、学科的优势资源，提升科技创新成果"前孵化"效率，促使创业项目能够顺利进入企业孵化器。

表 16－1 广州大学城高校科技创新产出和支撑地方经济社会发展指数

学校	国家重点实验室 /个	2019 年国家自然科学基金 /项	2018 年国家发明专利 /项	ESI 全球排名前 1% 学科 /个	2015—2020 年科技术奖 /项		国家和省部级以上科研机构 /个	高校创新创业载体	高校支撑地方经济社会发展指数 TOP10 数据 /%					2015—2020 年学生创业项目在高水平创新创业大赛中获国家级奖励情况 /项	
					国家级	省级			总体支撑指数	成果转化指数	产学研结合指数	产学研支撑指数	人才支撑指数	"互联网＋"	创青春
中山大学	4	987	332	19	16	104	206	2009 年成立创业学院 中山大学国家大学科技园（国家级孵化器） 中大创谷（国家级众创空间）	82.3	66.90	73.15	100	98.45	16	7
华南理工大学	3	269	1 228	9	14	117	212	2011 年成立创业教育学院 创新创业孵化基地 华南理工大学国家大学科技园（国家级孵化器）	100	100	100	83.70	100	20	11

（续上表）

学校	国家重点实验室/个	2019年国家自然科学基金/项	2018年国家发明专利/项	ESI全球排名前1%学科/个	2015—2020年科学技术奖/项		国家和省部级以上科研机构/个	高校创新创业孵化载体	高校支撑地方经济社会发展指数TOP10数据/%					2015—2020年学生创新创业项目在高水平创新创业大赛中获国家级奖励情况/项	
					国家级	省级			总体支撑指数	成果转化指数	产学研结合指数	产学研支撑指数	人才支撑指数	"互联网+"	创青春
华南师范大学		118	200	6		19	62	2009年成立创业学院 创业孵化基地（众创空间）	64.41	61.03	62.46	64.25	72.56	6	5
广东外语外贸大学		16					20	2016年成立创新创业教育学院 创新创业孵化基地						1	3
暨南大学		266	120	8	2	32	100	2011年成立创业学院 港澳台侨众创空间暨南大学科技园（国家级孵化器）	71.39	62.91	79.04	63.38	78.57	2	1

（续上表）

学校	国家重点实验室/个	2019年国家自然科学基金/项	2018年国家发明专利/项	ESI全球排名前1%学科/个	2015—2020年科学技术奖/项		国家和省部级以上科研机构/个	高校创新创业孵化载体	高校支撑地方经济社会发展指数TOP10数据/%					2015—2020年学生创业项目在高水平创新创业大赛中获国家级奖励情况/项	
					国家级	省级			总体支撑指数	成果转化指数	产学研结合指数	产学研支撑指数	人才支撑指数	"互联网+"	创青春
广东工业大学	1	152	605	4	2	46	83	2014年成立创新创业学院 创新创业孵化基地 创客空间（国家级众创空间）	70.14	67.30	62.56	83.29	69.94	15	12
广州大学		128	56	2	1	14	54	2016年成立创新创业学院 三创营众创空间（国家级众创空间）	64.18	60.83	61.34	65.79	72.01	7	6
广州中医药大学		87	37	2	2	7	51	2013年成立创业学院 创业实践园 众创空间					63.58	1	3

（续上表）

学校	国家重点实验室 /个	2019年国家自然科学基金 /项	2018年国家发明专利 /项	ESI全球排名前1%学科 /个	2015—2020年科学技术奖 /项		国家和省部级以上科研机构 /个	高校创新创业孵化载体	高校支撑地方经济社会发展指数 TOP10 数据 /%					2015—2020年学生创新创业项目在高水平创新创业大赛中获奖情况 国家级奖励情况 /项	
					国家级	省级			总体支撑指数	成果转化指数	产学研结合指数	产学研支撑指数	人才支撑指数	"互联网+"	"创青春"
广东药科大学		17		1		3	49	2015年成立创新创业学院 创新创业教育孵化基地 广州大学城健康产业产学研孵化基地（国家级孵化器）	62.20	60.76	62.93	65.12			
广州美术学院							13	创新创业孵化基地							
星海音乐学院															
广州医科大学	1	143		4	3	6	20	2017年成立创新创业学院					66.98	1	

注：高校支撑地方经济社会发展指数 TOP10 数据来源于《在穗主委高校和科研院所支撑地方经济社会发展评价报告（2019）》。

（二）创业项目进入技术孵化阶段，孵化器将发挥重要作用

孵化器作为全链条孵化的核心载体，是整个孵化链条建设的主体，对孵化链条的发展起着关键作用。在这个阶段，科技创新成果转化创业项目相当于刚度过哺乳期，需要在继续吸收高校母体资源（知识、技术与人才外溢）的基础上，通过孵化器吸收更多元化和更专业化的创业孵化服务资源，满足初创企业的成长需求。而且，依据新经济地理学理论分析，知识溢出的局域性特征导致高校知识外溢效应受到地理距离的影响。[①] 随着空间距离的不断增大，高校溢出的创新知识或人才资源对创新的作用程度会不断衰减，促使区域创新产生空间聚集。[②] 目前，在环大学城有效的知识外溢效应范围内，除各高校创新创业前孵化平台之外，在公共区域布局的创新创业孵化载体呈现粗放形态（见表 16 - 2），所涉及的行业、学科、专业门类不全，与高校科研产出结合不紧密，面临着竞争孤立、功能重叠、供需结构矛盾等问题，未能有效承接高校创业项目特别是高新科研技术的孵化，导致孵化器的孵化企业总体质量不高。因此，在创新孵化链条中，要从精细化管理角度出发建设多层级细分化、专业化的孵化器，同时进一步整合现有孵化器，聚合成相互交融的动态协作网络系统，联结政府、大学、科研机构、中介机构和企业等多方异质性创新创业主体，有效承接高校前孵化器中已孵化成熟的创业项目，为科技初创企业提供多元化、多渠道、多层次的差异化孵化服务，解决中小微科技初创企业可能遇到的创业危机，提高科技创新创业成功率。

---

① 廉勇. 科技型小微企业集聚、知识溢出和创新策略选择：新经济地理学和博弈理论解释 [J]. 北京交通大学学报（社会科学版），2017，16（2）：41 - 49；KELLER W. Geographic localization of international technology diffusion [J]. American economic review，2002（92）：pp. 120 - 142.

② 赵勇，白永秀. 知识溢出：一个文献综述 [J]. 经济研究，2009（1）：144 - 156.

表 16-2　广州大学城主要科技企业孵化器

名称	成立时间	建筑面积/m²	提供服务	孵化、入驻企业/项目情况	涵盖产业、领域	备注
广州国家现代服务业集成电路设计产业化基地（国家级孵化器）	2010年6月	20 000	提供完善的产业培育与项目孵化服务	已孵企业/项目140余家/项，其中2家在新三板上市、15家被认定为高新技术企业	主要涉及物联网、互联网、大数据、云计算、智能机器人等产业，如广晟微电子有限公司、广州飞腾信息技术有限公司、广州钧衡微电子科技有限公司等	政府、高校与企业共建
广州国家数字家庭应用示范产业基地（国家级孵化器）	2008年7月	13 800	搭建软件检验检测、智能技术支撑、产品公共展示及投融资等服务平台，引入第三方专业服务机构，提供一站式创业孵化服务	已孵企业148家，其中3家在新三板上市，11家被认定为高新技术企业	主要涉及平板显示、数字家电、数字安防、电子商务等产业，如有米科技公司、超谷科技园、艾媒数聚公司等	政府与企业共建
广州大学城健康产业产学研孵化基地（国家级孵化器）	2009年12月	15 000	提供横跨政务、商务、企业管理咨询、法律咨询、创新研发、投融资、业务拓展、人才和产业落地、产业链协作等领域的一站式全生命周期全流程服务	已孵企业逾210家，其中14家被认定为高新技术企业，3家被认定为科技创新小巨人企业	主要涉及生物医药、健康行业等领域，如广州华大基因、广州新百泰、美中生物、基迪奥生物科技等	政府、高校与企业共建

（续上表）

名称	成立时间	建筑面积/m²	提供服务	孵化、入驻企业/项目情况	涵盖产业、领域	备注
粤港澳青年创业孵化器	2019 年 1 月	4 200	引入社会机构资源，提供创业孵化服务，推动科技成果转化	实体在孵项目 35 项，在线远程孵化企业近 100 家	主要涉及在线医疗、在线教育、新媒体、区块链＋零售、区块链＋动漫 IP、智能服装定制、智能硬件等领域	政府与企业共建

（三）加速器是孵化器功能向后端的重要延伸，是创业技术向产业化过渡的中间业态

在这个阶段，科技初创企业从孵化器"破壳"后，成功跨过创业"死亡谷"进入高速成长的扩张期，面临着对支撑企业快速成长的前后延展物理空间、高新技术产业集约发展以及深层次企业加速服务的迫切需要。在从孵化器"育苗"到高新技术产业"育林"的过程中，加速器通过不断聚合区域产业资源，加速形成技术产业集群效应和创新网络形态，实现与科技创新企业的共同增值。高成长科技初创企业进入加速阶段后，其创新价值目标不仅是采用新技术，更重要的是推进新技术产业化和商业模式创新，促使创新链与产业结构、服务供给、金融资本有效对接。目前大学城内尚未建成完全意义上的加速器，其主要布局于环大学城周围的开发区、科技园等，与大学城内的孵化器缺少顺畅的对接渠道。因此，在高校创新孵化链条中，该阶段主要依托高校、企业与政府共建的协同创新平台、产业研究院等加速机构，通过高校渠道建立科技企业与区域产业资源的联系，实现从"技术孵化"到"产业孵化"无缝链接。一方面，高校继续在企业孵化过程中输入知识和人才资源，为科技创新企业在生命周期内的成长和价值实现不断提供新动能；另一方面，高校、企业与政府联合培养兼具科学创造精神和企业管理能力的科技企业家[①]，配套高水平、高素质的科技创业团队，促进科技创新行为与创业管理策略的融合，推动企业的技术创新、商业模式与营销模式创新，使科技创新成果的市场价值最大化。

---

① 洪银兴. 科技创新阶段及其创新价值链分析 ［J］. 经济学家，2017（4）：5－12.

此外，创新孵化器与加速器的耦合链接机制构建了高效、动态、完整的创新创业服务供给链，通过"集群孵化"和"专业孵化"相结合，促进科技产业的集聚与规模化发展。①

（四）科技产业园是创新成果全链条孵化的终点

广深科技创新长廊构建起 180 公里创新经济带，布局了 10 个核心创新平台和 37 个创新节点，在环大学城辐射范围聚集了丰富的创新空间载体和创新资源，涵盖不同产业的科技园区，其中广州就建有 6 个不同产业的国家高新技术产业化基地，大学城也正在谋划建设或即将入驻一批重点科技产业园区，如计算科学与大数据产业园、广州大学城科技创新产业园等，为科技创新与区域经济的深度融合提供了有效渠道和载体支撑。因此，在创新孵化链的这个阶段，应着重强调大学城的"外核放射"功能，逐层向外辐射延伸，融入区域产业结构需求，建立渠道促使供需信息顺畅流通和准确匹配，提升创新链与产业链的耦合对接能力，促进高校科技创新成果对应创新经济带中不同特色产业需求转移转化，有效精准地引导科技创新企业集群化、规模化发展。作为孵化器与加速器的纵向延伸，科技产业园的功能以区域产业结构升级需求为导向，围绕某一个主导产业技术或关联优势产业，在区域空间内集聚与产业相关的科技创新孵化企业，利用非实体的社会联系和信息联系建立多元主体协同创新机制，打造区域相关产业软硬件、前后端、上下游、跨领域的融合创新体系，促进技术创新、创业孵化、产业集群等服务功能的空间集成，推动区域产业链的整合与重构，构建起完整的科技产业创新生态系统，拓展大学城核心功能辐射带动范围，带动环大学城形成创新经济带"高精尖"增长极。

四、环广州大学城全链条孵化育成体系的机制与布局

瞄准粤港澳大湾区国家科技创新中心建设的战略需要和产业需求，高质量科技供给已成为区域经济发展的重要支撑。面对全球化发展趋势带来的挑战，环大学城的科技创新孵化体系需拓展延伸其辐射范围，完善区域协同创新机制，将创新链更好地融入产业链。

---

① 汪艳霞，钟书华. 科技园区企业"孵化—加速"耦合对接对策研究［J］. 科技进步与对策，2014，31（16）：71－75.

（一）创新体制机制改革，提升大学城科技创新供给能力

大学城作为基础研究的承担者和知识创新的源头，承担着环大学城创新创业生态圈"创新内核"的角色，在科技创新孵化链条中通过人力、知识和技术等创新资源优势，整合区域创新要素，以知识创新带动技术创新，实现技术创业，为区域经济发展提供内生动力。因此，大学城建设要面向区域科技创新发展需求，强化高校"智核"的主体地位，从价值链源头抢占创新发展空间，探索体制机制创新，促进科技创新要素在孵化链上的有效集聚和优化配置，建立多元创新主体的协同合作机制，全面提升大学城科技创新供给能力。

1. 加强区域协同创新的顶层设计

政府要科学规划环大学城辐射区域，加强辐射区域的地方政府间合作；出台政策确定和巩固大学城作为全链条上孵化内核的作用，制订环大学城全链条孵化体系建设专项规划，科学引导大学城创新资源流动和创新价值链形成。

2. 建立大学城高校集群发展新机制

着力破除高校之间的壁垒，建立高校创新主体协同联动的共建机制和创新要素自由流动的共享渠道，打破科技创新"谷仓效应"，推动创新功能平台的合理布局和开放共享，如联合共建优势学科专业、实验室、研究中心、专业科技孵化器等，引导区域创新资源的聚集融合，探索协同创新内生动力、利益协调和激励的作用机制，强化优势互补，做到主体交互作用的合理化、增值化，推动分散式创新转向多主体协同合作的系统性创新，形成区域高校科技创新"共轭效应"。

3. 建立健全引才育人机制

落实人才引进政策，探索"育才融智"机制创新。围绕区域经济社会和产业发展需求，高校应加大对海内外"高精尖缺"人才引进力度，完善青年创新人才的发现与培育机制，打造衔接有序、分布合理、梯次结构完备的人才队伍；构建"人才复用"新机制，打通高校与企业等不同类型单位的人才共用渠道；完善科技创新人才的评价激励机制，构建多重导向的多元化科技创新人才评价体系，破除目前机制存在的"挤出效应"。

4. 知识产权保护与转化运用并举

一方面，应创新知识产权保护机制，明确环大学城孵化全链条过程中知识产权成果的归属问题，避免高校、孵化器、孵化企业之间产生不必要

的知识产权冲突，以切实提升知识产权的保护实效。另一方面，应强化知识产权转化运用，建立新型知识产权运营机构，如广州大学城国际技术转移中心，探索以促进创新知识增值为导向的利益分配政策，推动知识产权成果的产业化。

（二）构建多元创新主体互动的协同治理体系，完善环大学城全链条科技创新孵化服务机制

创新的核心任务，不仅限于知识创新或技术发明，更本质的目的是实现从科学发现到科研成果转化再到创新技术产业化，成功跨越"达尔文海"①。科技创新过程是一个涉及多个创新创业主体、多元创新创业要素、多级孵化培育阶段的复杂系统。其价值链条不可能是横向关系孤立、垂直关系呈简单序列式线性的，而是一个通过多元创新主体分工协作和交互作用，实现价值链条中关键节点的有效衔接，完成科技创新成果产业化的复杂网络关系。② 这种创新效率的提升，不能仅仅依靠各创新主体自身的高效运转，更重要的是彼此间保持紧密的互动联系和协同合作。③ 因此，在粤港澳大湾区建设的背景下，环大学城科技创新体系建设需理顺各个创新主体的角色定位与功能职责，拓展创新主体间的联系渠道与协作机制，把不同创新创业要素真正放到最佳位置，让技术创新孵化在不同阶段得到最恰当的服务供给、金融资本和产业资源，突破区域产业链布局的"技术孤岛"困境。

1. 加快推进粤港澳大湾区高等教育共同体建设

继续推动粤港澳高校创新创业联盟的发展，深度整合大湾区高校创新创业优势资源，共同促进创新人才培养和科学研究。构建多层次、宽领域的创新创业孵化平台体系。根据创新孵化链阶段性、差异化需求，从优化增量、改革存量两方面统筹协调孵化机构的服务供给关系，建立垂直连接有序、横向作用互补的全链条式创新创业孵化载体，大力支持高校、龙头企业针对细分领域、优势学科建设平台型众创空间，引导创新创业孵化平台服务溢出与功能互补，延伸服务科技成果输出及产业集群发展的触角。

---

① 汪怿."人才驱动创新"时代到来 [N]. 光明日报，2015 - 01 - 13 (16).

② 徐言琨，侯克兴. 科技型企业创新网络结构与创新绩效影响关系研究 [J]. 工业技术经济，2020，39 (4)：36 - 41.

③ 张明莉. 基于创新系统理论的开发区创新文化体系研究 [J]. 河北经贸大学学报，2009，30 (5)：80 - 83.

2. 搭建科技创新信息开放共享平台

利用"互联网＋"渠道打通"政产学研用"信息网络，突破"信息孤岛"困境，线上依托信息共建共享数据库整合政策、技术、人才、高校、企业、科研机构、资金、产业等资源，线下依托"双创"空间、协同创新平台等组织跨区域创新创业供需资源对接匹配活动，线上线下相结合打通创新成果与产业需求精确匹配和无缝对接的渠道。

3. 构建多种形式的产业技术创新联盟

围绕区域科技产业链布局，梳理、整合环大学城的产业技术创新孵化链，通过政策引导和市场机制建立有效的合作机制和链接渠道，促进"政产学研用"等多元主体在战略层面的协同创新，探索联合攻关、利益共享、风险共担的"创新联合体"协同模式，集聚区域内最具优势的创新资源，突破创新孵化过程中面临的产业共性问题、"卡脖子"问题，为科技创新企业上下游阶段提供订单式创新孵化服务，如广东机器人产业技术创新联盟等。

（三）构建全过程、全方位孵化金融服务体系，拓宽环大学城科技创新投融资服务渠道

金融资本在科技创新孵化链条中发挥着至关重要的作用，并贯穿科技创新企业的全生命周期。[①] 金融创新和技术创新在孵化过程中必须相辅相成、互相支撑，否则将会导致"闭锁效应"或"无米之炊"。[②] 硅谷的大学周围活跃着一批风投公司，它们有助于知识资本与金融资本的有效融合，让金融资本能够更深层次地对接科技创业差异化需求，实现金融资本与科技创新企业的共生存、共发展。在现实中，虽然环大学城拥有丰富的金融资源，但科技创新企业面临着风险高、不确定因素多、收益来源不稳定等问题，难以获得投融资保障。因此，构建完善高效的科技创新投融资体系，突破科技创新企业投融资困境，成为迫切的需求。

1. 建立多元化、多层次投融资服务机制

根据创新价值链进行垂直全生命周期孵化体系的投融资服务机制细分，注重资助前移：在创新研发阶段（种子期）和孵化阶段（初创期），

① 马卫民，张冉冉. 金融科技创新助力科技型中小企业融资——基于企业生命周期视角的分析 [J]. 科技管理研究，2019，39（22）：114－121.

② 辜胜阻，曹冬梅，杨嵋. 构建粤港澳大湾区创新生态系统的战略思考 [J]. 中国软科学，2018（4）：1－9.

鼓励各高校依托众创空间、创客空间等载体引入天使基金、风投公司等，联合政府建立科技创新创业项目投资引导基金，以政府资助、扶持资金为主导，扩大范围吸收社会资本；在企业成长阶段，推动孵化器功能提升，着力建设投资型孵化器，引入创投机构和投资管理机构，建立科技保险、风险共担机制，构建"孵化＋投资"最优组合模式，探索股权代持、投贷联动、以贷跟投等形式，提供股权交易、债券市场直接融资和科技信贷、科技银行等间接融资支持；在企业成熟后，则提供上市辅导和融资等服务。

2. 建立政府引导、市场主导、社会参与的科技金融资源配置机制

推动政府资本补贴、投资模式改革，以市场化形式运作政府资本，撬动社会金融资源进入科技创新。

3. 搭建科技创新金融综合服务平台

依托科技创新信息开放共享平台，创建"互联网＋科技金融"的云服务平台，实现科技创新项目、市场需求、企业信息和金融资源的精准对接，连接科创板、创业板等，助推科技创新孵化企业挂牌上市。

（四）推进创新孵化国际化布局，打造全球性科技创新服务生态链条

作为粤港澳大湾区的人才"宝库"和创新源头，环广州大学城创新创业生态圈应该从全球层面抢占发展优势和集聚创新资源，以国际化视角布局科技创新孵化，坚持"走出去"和"引进来"相结合，包括利用现有孵化器扩展国际孵化功能，特别是借助港澳优势，如粤澳青创国际产业加速器等，吸引国际创新孵化项目和人才；吸引国外优秀孵化器在本地落地或者与本地孵化器联合共建；鼓励本地孵化器在国外建设国际孵化器，或者与国外创新孵化机构合作，提供离岸孵化服务；设立创新创业国际联合培训机构，开展、举办国际性的创新创业培训、论坛等，构建全球有效互动的科技创新服务生态链，集聚国际高端人才、技术、项目、资金等全球性创新创业资源，实现区域科技创新孵化体系的国际化发展。

在创新价值链的工作理念指导下，环大学城集聚创新创业生态系统发展所需的资源、人才、资金等生态要素，构建"前孵化器—孵化器—加速器—产业园"全链条创新孵化育成体系，打造层级分明、互补衔接的立体创新创业生态圈，形成创新主体活跃、创新效率不断提高、创新技术与产业需求相契合的科技创新磁力场。以粤港澳大湾区建设为延伸，拓展科技创新孵化链条的辐射范围，为大湾区的产业转型和经济发展提供高质量技

术支撑。本章就构建环大学城全链条创新孵化育成体系建设展开了较为宏观的讨论，在创新孵化链的微观结构搭建上未做深入研究，如各高校创新资源如何建设共享平台，科研部门如何加强横向交流，创新功能如何实现联动，还需引进、补充哪些创新要素等问题，仍需进一步探讨和实践探索。同时，环广州大学城创新创业生态圈应当如何提高指向性，即具体的目标要求，仍要结合当前广州市创新创业产业结构、产业转型进度、创新能力现状等，予以进一步明确。另外，在产业导向上，如何实现与国际前沿产业接轨，如何利用市场"无形之手"作为环大学城创新创业发展的内生动能，并结合政府"有形之手"的引导，发展新经济、新业态，以科技创新提升传统优势产业的竞争力，发挥环大学城的辐射作用，应当作为下一阶段的研究重点。

参考文献

［1］国家发展和改革委员会. 2018 年中国大众创业万众创新发展报告
［M］. 北京：人民出版社，2019.

［2］林成华. 重塑创新创业教育理念［N］. 光明日报，2019 -
10 -29.

［3］教育部新闻发布会介绍深化高校创新创业教育改革及中国"互联
网＋"大学生创新创业大赛有关情况［EB/OL］.（2019 - 10 - 10）. http：//
www. gov. cn/xinwen/2019 - 10/10/content_5438032. htm.

［4］万玉凤，梁丹. 创新创业教育改革晒出"成绩单"［N］. 中国教
育报，2019 - 10 - 11.

［5］刘延东. 深入推进创新创业教育改革 培养大众创业万众创新生
力军——在深入推进高校创新创业教育改革座谈会上的讲话［N］. 中国教
育报，2015 - 10 - 26.

［6］刘译阳，边恕. 高校创新创业教育存在的问题、原因及对策
［J］. 现代教育管理，2019（9）.

［7］钟磊，袁媛. 高校创新创业教育的价值定位、现实困境及策略选
择［J］. 黑龙江高教研究，2019（4）.

［8］刘福才，王发明. 高校创新创业教育：理性反思与实践路向
［J］. 国家教育行政学院学报，2016（8）.

［9］吴学松. 应用型本科院校创新创业教育现状、问题与对策［J］.
职业与教育，2020（5）.

［10］王雁，张竹，李承霞. 中国高校开展创新创业教育的关键要素
与基本模式［J］. 中国高等教育，2019（17）.

［11］中国大学生就业创业发展报告课题组. 创新创业教育：多少瓶
颈待突破［N］. 光明日报，2016 - 02 - 04.

［12］黄兆信，曾尔雷，施永川. 高校创业教育的重心转变——以温
州大学为例［J］. 教育研究，2011（10）.

［13］朱华兵，费志勇. 地方本科高校开展创新创业教育的路径探讨
［J］. 学校党建与思想教育，2020（1）.

［14］王占仁. 中国创业教育的演进历程与发展趋势研究［J］. 华东
师范大学学报（教育科学版），2016，34（2）.

［15］沈成君，杜锐．基于文献计量的创新创业教育研究热点与趋势可视化分析［J］．中国大学教学，2020（1）．

［16］杜辉，朱晓妹．创新创业教育与专业教育的深度融合——基于北京地区高校的数据分析［J］．中国高校科技，2017（5）．

［17］成希，张放平．基于核心素养理念的高校创新创业教育课程建设［J］．大学教育科学，2017，3（3）．

［18］范昕俏．国际创新创业教育研究现状及启示——基于 Web of Science（2009—2018）文献的数据分析［J］．技术经济与管理研究，2019（6）．

［19］闻慧，梁磊，贺嬿敏．教育生态学研究发展综述［J］．现代经济，2011（11）．

［20］尚玉昌．现代生态学中的生态位理论［J］．生态学进展，1988，5（2）．

［21］王刚，赵松林，张鹏云．关于生态位定义的探讨及生态位重叠计测公式改进的研究［J］．生态学报，1984，4（2）．

［22］刘建国，马世骏．扩展的生态位理论［M］//马世骏．现代生态学透视．北京：科学出版社，1990．

［23］朱春全．生态位态势理论与扩充假说［J］．生态学报，1997，17（3）．

［24］张录强．生态位理论及其综合应用［J］．中学生物学，2005，21（7）．

［25］马金虎．论高等教育生态位的重叠与矫正［J］．教育评论，2010（3）．

［26］王子迎，吴芳芳，檀根甲．生态位理论及其在植物病虫害研究中的应用前景（综述）［J］．安徽农业大学学报，2000，27（3）．

［27］董旖旎，徐阳．高校创业教育生态发展体系的构建［J］．中国大学生就业，2013（2）．

［28］林嵩．创业生态系统：概念发展与运行机制［J］．中央财经大学学报，2011（4）．

［29］齐绍平，张婧．区域协同创新动力机制研究［J］．求索，2013（2）．

［30］国务院办公厅关于深化高等学校创新创业教育改革的实施意见［EB/OL］．（2015－05－13）．http：//www.gov.cn/zhengce/content/2015－05/13/content_9740.htm．

［31］田贤鹏．教育生态理论视域下创新创业教育共同体构建［J］．

教育发展研究，2016，36（7）.

［32］李琳璐. 斯坦福大学的创新创业教育：系统审视与经验启示［J］. 高教探索，2020（3）.

［33］郑刚，郭艳玲. 世界一流大学如何打造创业教育生态系统——斯坦福大学的经验与启示［J］. 比较教育研究，2014（9）.

［34］丽贝·卡洛温. 创建冷战大学——斯坦福大学的转型［M］. 北京：清华大学出版社，2007.

［35］包水梅，杨冬. 美国高校创新创业教育发展的基本特征及其启示——以麻省理工学院、斯坦福大学、百森商学院为例［J］. 高教探索，2016（11）.

［36］胡剑，张妍. 麻省理工学院创新创业教育课程体系建设特点研究［J］. 高教探索，2019（12）.

［37］张昊民，张艳，马君. 麻省理工学院创业教育生态系统成功要素及其启示［J］. 创新与创业教育，2012（2）.

［38］亨利·埃兹科维茨. 麻省理工学院与创业科学的兴起［M］. 王孙禺，等译. 北京：清华大学出版社，2007.

［39］刘凤云. 借鉴美国经验的中国高校创业教育研究［J］. 江苏高教，2010（4）.

［40］何郁冰，周子琰. 慕尼黑工业大学创业教育生态系统建设及启示［J］. 科学学与科学技术管理，2015，36（10）.

［41］徐强. 德国政府引导科技与经济紧密结合的举措及其借鉴意义［J］. 经济研究参考，2012（51）.

［42］成希，李世勇. 大学创新创业教育生态系统的指标构建与权重分析［J］. 大学教育科学，2020（1）.

［43］曾国屏，苟尤钊，刘磊. 从"创新系统"到"创新生态系统"［J］. 科学学研究，2013，31（1）.

［44］蔡晓明. 生态系统生态学［M］. 北京：科学出版社，2000.

［45］罗汉军. 生态系统的演化［J］. 自然辩证法通讯，1981（3）.

［46］刘海滨. 高校创业教育生态系统构建策略研究［J］. 中国高教研究，2018（2）.

［47］黄轩. 生物多样性与景区生态系统稳定性关系探讨［J］. 河南林业科技，2011（3）.

［48］胡艳，张光辉. 风险投资生态系统的构建及其特征分析［J］. 武汉理工大学学报（信息与管理工程版），2007（8）.

［49］侯杰，陆强，石涌江，等. 基于组织生态学的企业成长演化：

有关变异和生存因素的案例研究［J］．管理世界，2011（12）．

［50］黄兆信，王志强．高校创业教育生态系统构建路径研究［J］．教育研究，2017（4）．

［51］杨晓慧．高校创业教育生态系统建设的国际比较和中国特色［J］．中国高教研究，2018（1）．

［52］叶峻．从自然生态学到社会生态学［J］．西安交通大学学报（社会科学版），2006，26（3）．

［53］余中元，李波，张新时．社会生态系统及脆弱性驱动机制分析［J］．生态学报，2014，34（7）．

［54］约瑟夫·熊彼特．经济发展理论［M］．郭武军，译．北京：华夏出版社，2015．

［55］黄鲁成．关于区域创新系统研究内容的探讨［J］．科研管理，2000（2）．

［56］张运生．高科技企业创新生态系统风险识别与控制研究［J］．财经理论与实践，2008，29（3）．

［57］张利飞．高科技产业创新生态系统耦合理论综评［J］．研究与发展管理，2009，21（3）．

［58］郑小勇．创新集群的形成模式及其政策意义探讨［J］．外国经济与管理，2010，32（2）．

［59］黄敏．基于协同创新的大学学科创新生态系统模型构建的研究［D］．重庆：第三军医大学，2011．

［60］杜德斌．破解创新密码［N］．文汇报，2012 - 11 - 21（12）．

［61］杨荣．创新生态系统的界定、特征及其构建［J］．科学与管理，2014（3）．

［62］赵放，曾国屏．多重视角下的创新生态系统［J］．科学学研究，2014，32（12）．

［63］李万，常静，王敏杰，等．创新3.0与创新生态系统［J］．科学学研究，2014，32（12）．

［64］陈菲琼，范良聪．基于合作与竞争的战略联盟稳定性分析［J］．管理世界，2007（7）．

［65］魏江，曹建萍，焦豪．基于竞合理论的集群企业技术能力整合机理研究［J］．科学学与科学技术管理，2008（6）．

［66］叶芬斌，许为民．技术生态位与技术范式变迁［J］．科学学研究，2012，30（3）．

［67］汤临佳，郑伟伟，池仁勇．创新生态系统的理论演进与热点前

沿：一项文献计量分析研究［J］．技术经济，2020，39（7）．

［68］H.哈肯．协同学——自然成功的奥秘［M］．上海：上海科学普及出版社，1988．

［69］解学梅，方良秀．国外协同创新研究述评与展望［J］．研究与发展管理，2015（4）．

［70］陈劲．完善面向可持续发展的国家创新系统［J］．中国科技论坛，2000（2）．

［71］许庆瑞．研究、发展与技术创新管理［M］．北京：高等教育出版社，2010．

［72］王成军．三重螺旋：官产学伙伴关系研究［M］．杭州：浙江大学出版社，2005．

［73］王雁．创业型大学：美国研究型大学模式变革的研究［D］．杭州：浙江大学，2005．

［74］易高峰，赵文华．创业型大学：研究型大学模式的变革与创新［J］．复旦教育论坛，2009，7（1）．

［75］陈钰芬，陈劲．开放度对企业技术创新绩效的影响［J］．科学学研究，2008（2）．

［76］吴琨，殷梦丹，赵顺龙．协同创新组织模式与运行机制的国内外研究综述［J］．工业技术经济，2016（4）．

［77］李祖超，梁春晓．协同创新运行机制探析：基于高校创新主体的视角［J］．中国高教研究，2012（7）．

［78］许庆瑞，谢章澍．企业创新协同及其演化模型研究［J］．科学学研究，2004（3）．

［79］杨耀武，张仁开．长三角产业集群协同创新战略研究［J］．中国软科学，2009（S2）．

［80］陈劲，阳银娟．协同创新的理论基础与内涵［J］．科学学研究，2012（2）．

［81］侯普光．基于协同创新与国家创新体系建设研究［J］．科学管理研究，2013（2）．

［82］刘丹，闫长乐．协同创新网络结构与机理研究［J］．管理世界，2013（12）．

［83］范群林，邵云飞，尹守军．企业内外部协同创新网络形成机制——基于中国东方汽轮机有限公司的案例研究［J］．科学学研究，2014，32（10）．

［84］解学梅，左蕾蕾，刘丝雨．中小企业协同创新模式对协同创新效应的影响——协同机制和协同环境的双调节效应模型［J］．科学学与科

学技术管理，2014，35（5）.

［85］马硕，沈艳. 中兴通讯知识产权：立足国内，面向国际［J］. 科技创新案例与研究，2014（1）.

［86］袁纯清. 共生理论——兼论小型经济［M］. 北京：经济科学出版社，1998.

［87］陈少雄. 大学创业教育生态系统培育策略研究：基于广东省高校的调查分析［J］. 教育发展研究，2014（11）.

［88］屠火明，柯玲，刘吕高，等. 建设"整合体验式"创新创业教育长效机制［J］. 中国高等教育，2011.

［89］黄兆信，罗志敏. 多元理论视角下高校创业教育的发展策略研究［J］. 教育研究，2016（11）.

［90］2015年政府工作报告［EB/OL］.（2015－03－11）. http：//www. gov. cn/xinwen/2015－03/11/content_2832629. htm.

［91］王占仁，刘海滨，李中原. 众创空间在高校创新创业教育中的作用研究——基于全国6个城市25个众创空间的实地走访调查［J］. 思想理论教育，2016（2）.

［92］万力勇，康翠萍. 互联网＋创客教育：构建高校创新创业教育新生态［J］. 教育发展研究，2016（7）.

［93］克里斯·安德森. 创客：新工业革命［M］. 萧潇，译. 北京：中信出版社，2012.

［94］赵婀娜，李银鸽. 清华有一群懂技术、爱艺术、好捣鼓的学生创客科技动手派［N］. 人民日报，2014－08－26（20）.

［95］高茜. 国外图书馆创客空间的实践与启示［J］. 北京广播电视大学学报，2015（5）.

［96］张亚君. 图书馆创客空间协作建设研究［J］. 大学图书情报学刊，2015（1）.

［97］徐思彦，李正风. 公众参与创新的社会网络：创客运动与创客空间［J］. 科学学研究，2014（12）.

［98］刘志迎，陈青祥，徐毅. 众创的概念模型及其理论解析［J］. 科学学与科学技术管理，2015（2）.

［99］王佑镁，叶爱敏. 从创客空间到众创空间：基于创新2.0的功能模型与服务路径［J］. 电化教育研究，2015，36（11）.

［100］关于发展众创空间推进大众创新创业的指导意见（国办发〔2015〕9号）［Z］. 2015－03－02.

［101］众包、众筹、众创，创新创业的新模式——中国科学技术大学

管理学院刘志迎教授演讲［EB/OL］. http://www. chnsourcing. com. cn/outsourcing – news/article/?i =97309.

［102］郝君超，张瑜. 国内外众创空间现状及模式分析［J］. 科技管理研究，2016，36（18）.

［103］范海霞. 各地众创空间发展政策比较及启示［J］. 杭州科技，2015（6）.

［104］陆澜清. 2018—2023 年中国众创空间发展模式与投资战略规划研究报告［R］. 前瞻产业研究院，2018.

［105］张力. 透过美国看中国众创空间的问题［N］. 中国出版传媒商报，2015 – 04 – 10（14）.

［106］张娜. 互联网 + 时代本土化的创客空间［N］. 科协论坛，2015（10）.

［107］尹煜. 从全球视野看众创空间［J］. 互联网经济，2015（8）.

［108］国务院：确定支持发展"众创空间"的政策措施［EB/OL］.（2015 – 01 – 28）. http://money. 163. com/15/0128/19/AH2QKHFE00253B0H. html.

［109］李玲. 众创空间：为创业者打造创业"天堂"［N］. 中国文化报，2015 – 10 – 17（5）.

［110］蒋安琦，尚超. 关于大学建立众创空间的思考：基于创业型大学的视角［J］. 安徽行政学院学报，2015（4）.

［111］安宇宏. 众创空间［J］. 宏观经济管理，2015（4）.

［112］吴立涛. 我国众创空间的发展现状、存在问题及对策建议［N］. 中国高新技术产业导报，2017 – 02 – 20.

［113］中国科协创新战略研究院. 高校专利成果转化率低［EB/OL］.（2016 – 05 – 26）. http://www. cast. org. cn/n17040442/n17179927/n17179972/17211613. html.

［114］覃波. 基于"GIS"模型的"众创空间"建设对策［J］. 企业改革与管理，2015（21）.

［115］张育广. 高校众创空间的运行机制及建设策略——以广东工业大学国家级创客空间为例［J］. 科技管理研究，2017，37（13）.

［116］孙文静，袁燕军. 基于生态位理论的众创空间发展模式研究——以北京市为例［J］. 科技管理研究，2017，37（24）.

［117］陈夙，项丽瑶，俞荣建. 众创空间创业生态系统：特征、结构、机制与策略——以杭州梦想小镇为例［J］. 商业经济与管理，2015（11）.

［118］孙荣华，张建民．基于创业生态系统的众创空间研究：一个研究框架［J］．科技管理研究，2018，38（1）．

［119］浙江省团校课题组．从"创客"到"创业"：高校众创空间创业生态圈的构建［J］．青少年研究与实践，2016，31（4）．

［120］贾天明，雷良海，王茂南．众创空间生态系统：内涵、特点、结构及运行机制［J］．科技管理研究，2017，37（11）．

［121］林健．深入扎实推进新工科建设——新工科研究与实践项目的组织和实施［J］．高等工程教育研究，2017（5）．

［122］顾佩华．新工科建设发展与深化的思考［J］．中国大学教学，2019（9）．

［123］吴岩．新工科：高等工程教育的未来——对高等教育未来的战略思考［J］．高等工程教育研究，2018（6）．

［124］王武东，李小文，夏建国．工程教育改革发展和新工科建设的若干问题思考［J］．高等工程教育研究，2020（1）．

［125］陆国栋，李拓宇．新工科建设与发展的路径思考［J］．高等工程教育研究，2017（3）．

［126］阮俊华．面向工程类学生开展创业教育的意义与路径探析［J］．高等工程教育研究，2016（5）．

［127］王焰新．高校创新创业教育的反思与模式构建［J］．中国大学教学，2015（4）．

［128］李正，钟小彬．美国斯坦福大学技术创业计划探析［J］．高等工程教育研究，2013（3）．

［129］徐小洲，臧玲玲．创业教育与工程教育的融合——美国欧林工学院教育模式探析［J］．高等工程教育研究，2014（1）．

［130］许涛，严骊，殷俊峰，等．创新创业教育视角下的"人工智能＋新工科"发展模式和路径研究［J］．远程教育杂志，2018（1）．

［131］陆秋萍．基于产教融合的高校"众创空间"创新探析［J］．中国青年社会科学，2018（3）．

［132］张立国，张临英，刘晓琳．基于 GIS 的高校众创空间：模型构建与实施路径［J］．现代教育管理，2019（9）．

［133］李双寿，李乐飞，孙宏斌，等．"三位一体、三创融合"的高校创新创业训练体系构建［J］．清华大学教育研究，2017，38（2）．

［134］高良谋，张一进．平台理论的演进与启示［J］．中国科技论坛，2018（1）．

［135］许慧珍．平台视角下众创空间商业模式研究［J］．商业经济研

究，2017（13）.

[136] 张镒，刘人怀，陈海权. 平台领导演化过程及机理——基于开放式创新生态系统视角 [J]. 中国科技论坛，2019（5）.

[137] 王节祥，田丰，盛亚. 众创空间平台定位及其发展策略演进逻辑研究——以阿里百川为例 [J]. 科技进步与对策，2016，33（11）.

[138] 蔡宁，王节祥，杨大鹏. 产业融合背景下平台包络战略选择与竞争优势构建：基于浙报传媒的案例研究 [J]. 中国工业经济，2015（5）.

[139] 李燕萍，陈武，陈建安. 创客导向型平台组织的生态网络要素及能力生成研究 [J]. 经济管理，2017，39（6）.

[140] 陈武，李燕萍. 嵌入性视角下的平台组织竞争力培育——基于众创空间的多案例研究 [J]. 经济管理，2018，40（3）.

[141] 章云，李丽娟，杨文斌，等. 多专业融合培养模式的构建与实践 [J]. 高等工程教育研究，2019（2）.

[142] 李双寿，杨建新，王德宇，等. 高校众创空间建设实践——以清华大学 i. Center 为例 [J]. 现代教育技术，2015，25（5）.

[143] 赵劲松，刘红新. 高职院校众创空间建设的定位与策略 [J]. 职教论坛，2016（28）.

[144] 孔祥辉，孙成江. 公共图书馆创客空间服务研究 [J]. 图书馆学研究，2013（21）.

[145] 夏自钊. 创客：“自时代”的造物者 [J]. 决策，2013（6）.

[146] 蔡赤萌. 粤港澳大湾区城市群建设的战略意义和现实挑战 [J]. 广东社会科学，2017（4）.

[147] 邓志新. 粤港澳大湾区与世界著名湾区经济的比较分析 [J]. 对外经贸实务，2018（4）.

[148] 汤贞敏. 创新驱动粤港澳大湾区发展的若干思考 [J]. 广东经济，2017（11）.

[149] 张梦龙. 高职院校众创空间实施路径探索——基于本科院校众创空间发展模式的分析 [J]. 厦门城市职业学院学报，2016，18（1）.

[150] 阮红伟，李晓静，赖秀云. “一带一路”沿线十五个沿海港口城市竞争力比较研究 [J]. 东方论坛，2016（5）.

[151] 钟韵，胡晓华. 粤港澳大湾区的构建与制度创新：理论基础与实施机制 [J]. 经济学家，2017（12）.

[152] 覃艳华，曹细玉. 粤港澳大湾区城市群科技协同创新研究 [J]. 华中师范大学学报（自然科学版），2019（2）.

[153] 范旭，刘伟. 基于创新链的区域创新协同治理研究——以粤港

澳大湾区为例［J］. 当代经济管理，2020（8）.

［154］新华社. 中共中央　国务院印发《粤港澳大湾区发展规划纲要》［EB/OL］. http://www. gov. cn/zhengce/2019 – 02/18/content_5366593. htm#1.

［155］创业地图：腾讯布局全国 28 城、34 个众创空间［EB/OL］. http://tech. qq. com/a/20180123/026660. htm.

［156］成洪波. 粤港澳大湾区"产学融创"：内涵实质、需求背景与路径探索［J］. 中国高教研究，2018（10）.

［157］焦磊. 粤港澳大湾区高校战略联盟构建策略研究［J］. 高教探索，2018（8）.

［158］谈力，陈宇山. 广东新型研发机构的建设模式研究及建议［J］. 科技管理研究，2015，35（20）.

［159］赵剑冬，戴青云. 高校主导建设的新型研发机构运作管理模式［J］. 中国高校科技，2017（12）.

［160］张育广. 高校众创空间的建设实践及发展路径——以广东工业大学创客空间的建设实践为例［J］. 中国高校科技，2017（7）.

［161］李胜利. 高校众创空间建设管理探析［J］. 中国成人教育，2017（16）.

［162］拓晓瑞，颜振军. 构建粤港澳大湾区创业孵化体系，助力广东"双创"升级［J］. 广东科技，2020（4）.

［163］潘冬，严登才. 新常态下众创空间建设的结症及其优化策略研究［J］. 城市发展研究，2018（5）.

［164］王鹏. 构建粤港澳跨行政区域创新系统的制约因素分析［J］. 科技与经济，2008（4）.

［165］布朗温·H. 霍尔，内森·罗森伯格. 创新经济学手册［M］. 上海市科学学研究所，译. 上海：上海交通大学出版社，2017.

［166］张铠麟，王娜，黄磊，等. 构建协同公共服务：政府信息化顶层设计方法研究［J］. 管理世界，2013（8）.

［167］陈建军，刘月，邹苗苗. 产业协同集聚下的城市生产效率增进——基于融合创新与发展动力转换背景［J］. 浙江大学学报（人文社会科学版），2016（3）.

［168］刘亮，吴笙. 众创空间集群与区域产业结构转型升级［J］. 科研管理，2017，38（8）.

［169］辜胜阻，曹冬梅，杨嵋. 构建粤港澳大湾区创新生态系统的战略思考［J］. 中国软科学，2018（4）.

[170] 刘芹良，解学芳. 创新生态系统理论下众创空间生成机理研究 [J]. 科技管理研究，2018（12）.

[171] 谢宝剑，高洁儒. 粤港跨境区域协同创新系统研究 [J]. 港澳研究，2017（1）.

[172] 潘懋元，高新发，胡赤弟，等. 大学城的功能与模式 [J]. 高等教育研究，2002，23（2）.

[173] WIEWEL W，GAFFIKIN F，王珏. 城市空间重构：大学在城市共治中的作用 [J]. 国外城市规划，2002（3）.

[174] 何心展，张真柱. 建设大学城促进教育与经济协调发展 [J]. 中国高等教育，2002，23（9）.

[175] 张真柱. 大学城建设使高等教育与区域经济双赢 [J]. 国家教育行政学院学报，2003（3）.

[176] 赵效为. 积极推进高校与城市互动发展 [J]. 求是，2004（2）.

[177] 马凤才，李恩会. 高等教育聚集对城市发展贡献分析：以大庆市为例 [J]. 科技资讯，2008（13）.

[178] 高璐敏. 集聚、辐射与创新：大学城对其周边区域经济的影响——以上海松江大学城为个案 [J]. 东北师大学报（哲学社会科学版），2014（1）.

[179] 任春洋. 新开发大学城地区土地空间布局规划模式探析 [J]. 城市规划汇刊，2003（4）.

[180] 侯景新，马琳. 我国大学城的发展规划研究 [J]. 管理观察，2014（28）.

[181] 刘慧. "社区建设"思路下的大学城建设 [J]. 中共银川市委党校学报，2014，16（2）.

[182] 叶志坚，华敏. 大学城距离"共享"还有多远——对某大学城教育资源使用情况的调查与思考 [J]. 教育发展研究，2004（4）.

[183] 张立. 大学城是"政策的失误"还是"建设管理的价值偏离"——大学城建设的公共政策分析 [J]. 现代城市研究，2006，21（9）.

[184] 欧雪银，罗能生. 国外大学城向高等教育产业集群演变机理探讨 [J]. 社会科学家，2007（2）.

[185] 李杰，刘露. 大学城对区域经济发展的影响研究——以西部大学城为例 [J]. 广东交通职业技术学院学报，2011，10（2）.

[186] 杨运鑫，罗频频. 中国大学城提升运动：广州大学城的整体功能优化与品质改善 [J]. 高教探索，2014（2）.

[187] 何心展. 大学城的聚集与辐射效应分析 [J]. 浙江海洋学院学

报（人文科学版），2005，22（2）.

［188］兰文巧. 沈北大学城的形成及其对区域经济发展的拉动效应解析［J］. 辽宁经济，2008（3）.

［189］刘姿含. 高校集聚区对地区经济增长的带动效应［J］. 城市，2010（5）.

［190］苗硕，盛喆. 大学城科技创新功能推动区域经济转型增长——以郑州高新区大学城为例［J］. 河南师范大学学报（哲学社会科学版），2014，41（6）.

［191］梅亮，陈劲，刘洋. 创新生态系统：源起、知识演进和理论框架［J］. 科学学研究，2014，32（12）.

［192］黄鲁成. 区域技术创新生态系统的制约因子与应变策略［J］. 科学学与科学技术管理，2006，27（12）.

［193］荣四海. 基于创新生态链的产学研合作模式研究［J］. 郑州大学学报（哲学社会科学版），2007，40（5）.

［194］秦玮. 基于生态位理论的产学研联盟中企业动机与绩效研究［D］. 上海：上海交通大学，2011.

［195］闫静苗. 山西省大学城对太原都市圈发展的作用研究［D］. 太原：山西财经大学，2013.

［196］吕一博，蓝清，韩少杰. 开放式创新生态系统的成长基因——基于 iOS、Android 和 Symbian 的多案例研究［J］. 中国工业经济，2015（5）.

［197］赵广凤，马志强，朱永跃. 高校创新生态系统构建及运行机制［J］. 中国科技论坛，2017（1）.

［198］吕一博，韩少杰，苏敬勤，等. 大学驱动型开放式创新生态系统的构建研究［J］. 管理评论，2017，29（4）.

［199］余泳泽，刘大勇. 创新价值链视角下的我国区域创新效率提升路径研究［J］. 科研管理，2014，35（5）.

［200］余泳泽. 中国区域创新活动的"协同效应"与"挤占效应"——基于创新价值链视角的研究［J］. 中国工业经济，2015（10）.

［201］曹莹，苗志刚. 基于地域高校集群衍生网络的孵化机制研究［J］. 人民论坛，2012（29）.

［202］袁河，陈洪涛，张登银. 基于大学科技园的互联网创新创业孵化体系构建——以南京邮电大学国家大学科技园为例［J］. 产业与科技论坛，2015，14（13）.

［203］柳进军. 从未来·已来角度审视中关村产业布局［J］. 中关

村，2017（3）.

[204] 张海生，黄利利. 大学城创新创业教育资源共享联盟探析[J]. 中国高校科技，2017（5）.

[205] 张海生，黄利利. 基于创新教育的大学城传授知识共享的实证研究[J]. 科技管理研究，2016，36（10）.

[206] 李新宁. 创新价值链构建的战略路径与发展逻辑[J]. 技术经济与管理研究，2018（1）.

[207] 洪银兴. 科技创新路线图与创新型经济各个阶段的主体[J]. 南京大学学报（哲学·人文科学·社会科学版），2010（2）.

[208] 王伟光，张钟元，侯军利. 创新价值链及其结构：一个理论框架[J]. 科技进步与对策，2019，36（1）.

[209] 余泳泽，刘大勇. 我国区域创新效率的空间外溢效应与价值链外溢效应——创新价值链视角下的多维空间面板模型研究[J]. 管理世界，2013（7）.

[210] 张晓林，吴育华. 创新价值链及其有效运作的机制分析[J]. 大连理工大学学报（社会科学版），2005（9）.

[211] 张慧颖，戴万亮. 基于创新价值链的区域创新价值链概念模型[J]. 科技进步与对策，2011，28（1）.

[212] 洪银兴. 科技创新阶段及其创新价值链分析[J]. 经济学家，2017（4）.

[213] 郭俊华，杨艳. 全链条孵化视角下的科技创新创业载体研究——以上海市为例[J]. 科技进步与对策，2015，32（20）.

[214] 贾丽虹. "解读新经济"专题（二）——新经济与知识创新[J]. 广东科技，2001（3）.

[215] 廉勇. 科技型小微企业集聚、知识溢出和创新策略选择：新经济地理学和博弈理论解释[J]. 北京交通大学学报（社会科学版），2017，16（2）.

[216] 赵勇，白永秀. 知识溢出：一个文献综述[J]. 经济研究，2009（1）.

[217] 汪艳霞，钟书华. 科技园区企业"孵化—加速"耦合对接对策研究[J]. 科技进步与对策，2014，31（16）.

[218] 汪怿. "人才驱动创新"时代到来[N]. 光明日报，2015-01-13（16）.

[219] 徐言琨，侯克兴. 科技型企业创新网络结构与创新绩效影响关系研究[J]. 工业技术经济，2020，39（4）.

［220］张明莉. 基于创新系统理论的开发区创新文化体系研究［J］. 河北经贸大学学报，2009，30（5）.

［221］马卫民，张冉冉. 金融科技创新助力科技型中小企业融资——基于企业生命周期视角的分析［J］. 科技管理研究，2019，39（22）.

［222］黄国辉. 地方高校大学生创业教育生态系统的构建［J］. 创新与创业教育，2015（1）.

［223］GRINELL J. The niche relationship of the California thrasher［J］. Auk，1917（21）.

［224］ELTON C. Animal ecology［M］. New York：Macmillan，1957.

［225］HUTCHINSON G E. Concluding remarks［J］. Cold spring harbor symposia on quantitative biology，1957，22（2）.

［226］PRAHALAD C K，HAMEL G. The core competence of the corporation［J］. Harvard business review，1990（3）.

［227］DUNN K. The entrepreneurship ecosystem［EB/OL］.［2014 − 11 − 15］. http://www. technologyreview. com/article/404622/the-entrepreneurship-ecosystem/page/1/.

［228］COHEN B. Sustainable valley entrepreneurial ecosystems［J］. Business strategy and the environment，2006，15（1）.

［229］ISENBERG D J. How to start an entrepreneurial revolution［J］. Harvard business review，2010，88（6）.

［230］ALDRICH H E. Using an ecological perspective to study organizational founding rates［J］. Entrepreneurship theory and practice，1990，7.

［231］LEUNG A，ZHANG J，WONG P K，et al. The use of networks in human resource acquisition for entrepreneurial firms：multiple "fit" considerations［J］. Journal of business venturing，2006，21（5）.

［232］EESLEY C E，MILLER W F. Stanford University's economic impact via innovation and entrepreneurship［R］. Palo Alto：Stanford University，2012.

［233］Stanford innovation and entrepreneurship certificate：certificate courses［EB/OL］.（2016 − 02 − 14）. http://create. stanford. edu/courses/certificate-courses. php.

［234］Entrepreneurial impact：the role of MIT—an updated report［EB/OL］.［2016 − 06 − 24］. http://photos. state. gov / libraries / russia /231771 / PDFs /Roberts_Eesely_2011_update. pdf.

［235］MIT STS［EB/OL］.（2011 − 11 − 27）. http://web. mit. edu/sts/academic/index. html.

[236] CUMMING G S, BARNES G, PERZ S, et al. An exploratory framework for the empirical measurement of resilience [J]. Ecosystems, 2005 (8).

[237] OSTROM E. A general framework for analyzing sustainability of social ecological systems [J]. Science, 2009, 325 (5939).

[238] BRONFENBRENNER U. Ecological systems theory. Six theory of child development: revised formulations and current issues [M]. London: Jessica Kingsley Publishers Ltd. , 1992.

[239] STARZOMSKI B M. Navigating social-ecological systems: building resilience for complexity and change [J]. Ecology and society, 2004, 9 (1).

[240] DUNN K. The entrepreneurship ecosystem [J]. MIT technology review, 2005 (9).

[241] MOORE J F. Predators and prey: a new ecology of competition [J]. Harvard business review, 1993, 71 (3).

[242] President's Council of Science and Technology of the Untied States. Sustaining the nation's innovation ecosystems, information technology manufacturing and competitiveness [R]. Washington DC: President's Council of Advisors on Science and Technology, 2004.

[243] ADNER R. Match your innovation strategy to your innovation ecosystem [J]. Harvard business review, 2006, 84 (41).

[244] SHAKERA, ZAHRASN. Entrepreneurship in global innovation ecosystems [J]. Academy of marketing science review, 2011 (1).

[245] LUOMA-AHO, VILMA, HALONEN S. Intangibles and innovation: the role of communication in the innovation ecosystem [J]. Innovation journalism, 2010, 7 (2).

[246] RUSSELL M G, STILL K, HUHTAMAKI J, et al. Transforming innovation ecosystems through shared vision and network orchestration [R]. Triple Helix IX International Conference, 2011.

[247] GNYAWALI D, HE J, MADHAVAN R. Impact of co-opetition on firm competitive behavior: an empirical examination [J]. Journal of management, 2006, 32 (4).

[248] ANSOFF H I. Strategies for diversification [J]. Harvard business review, 1957, 35 (5).

[249] GLOOR P. Swarm creativity: competitive advantage through collaborative innovation networks [M]. Oxford: Oxford University Press, 2005.

［250］ FREEMAN C. Technology and economic performance: lessons from Japan ［M］. London: Pinter Publishers, 1987.

［251］ NELSON R R. Papers and proceedings of the ninety-eighth annual meeting of the American Economic Association ［J］// Institutions supporting technical advance in industry. American economic review, 1986, 76（2）.

［252］ PATEL P, PAVITT K. National innovation systems: why they are important and how they might be measured and compared ［J］. Economics of innovation and new technology, 1994, 3（1）.

［253］ BRACZYK H J, COOKE P, HEIDENREICH M, et al. Regional innovation systems: the role of governances in a globalized world ［M］. London: UCL Press, 1998.

［254］ DAIM T U. Sectoral systems of innovation: concepts, issues and analyses of six major sectors in Europe ［J］. Technological forecasting and social change, 2005, 72（9）.

［255］ ETZKOWITZ H. Incubation of incubators: innovation as a triple helix of university-industry-government networks ［J］. Science and public policy, 2002, 29（2）.

［256］ CLARK B R. Collegial entrepreneurialism in proactive universities: lessons from Europe ［J］. Change the magazine of higher learning, 2000, 32（1）.

［257］ CHESBROUGH H W. Open innovation: the new imperative for creating and profiting from technology ［M］. Cambridge: Harvard Business Press, 2003.

［258］ PERSAUD A. Enhancing synergistic innovative capability in multinational corporations: an empirical investigation ［J］. Journal of product innovation management, 2005, 22（5）.

［259］ SERRANO V, FISCHER T. Collaborative innovation in ubiquitous systems ［J］. Journal of intelligent manufacturing, 2007, 18（5）.

［260］ SATZGER G, NEUS A. Innovation and international corporate growth ［M］. Berlin Heidelberg: Springer-Verlag, 2010.

［261］ WANG Z T. Knowledge integration in collaborative innovation and a self-organizing model ［J］. International journal of information technology & decision making, 2012, 11（2）.

［262］ PONOMARIOV B. Government-sponsored university-industry collaboration and the production of nanotechnology patents in US universities [J]. The journal of technology transfer, 2013, 38 (6).

[263] COATES D. Sustaining innovation: collaboration models for a complex world, innovation, technology, and knowledge management [M]. LLC: Springer Science + Business Media, 2012.

[264] MATT M, SCHAEFFER V. Technology transfer in a global economy [M]. New York: Springer Science + Business Media, 2012.

[265] PRAHALAD C K, HAMEL G. The core competence of the corporation [J]. Harvard business review, 1990 (3).

[266] DOUGHERTY D. We are makers [EB/OL]. http://www. ted. com/talks/dale_dougherty_we_are_makers.

[267] DOUGHERTY D. The maker movement [J]. Innovations, 2012, 7 (3).

[268] BREITKOPF M. A makerspace takes over a local library[EB/OL]. (2011 - 12 - 01). http://infospace. ischool. syr. edu/2011/12/01/a-makerspace-takes-over-a-local-library/.

[269] ROUSH W. People doing strange things with soldering irons: a visit to hackerspace [EB/OL]. (2009 - 05 - 22). http://www. xconomy. com/national/2009/05/22/people-doing-strange-thingswith-soldering-irons-a-visit-to-hackerspace/.

[270] BARNISKIS S C. STEAM: science and art meet in rural library makerspaces[EB/OL]. [2016 - 05 - 06]. https://www. ideals. illinois. edu/bitstream/handle/2142/47328/158_ready. pdf?sequence = 2.

[271] COLEGROVE T. Editorial board thoughts: libraries as makerspace? [J]. Information technology & libraries, 2013, 32 (1).

[272] BURKE J. Making sense: can makerspaces work in academic libraries? [EB/OL]. [2016 - 05 - 06]. http://www. ala. org/acrl/sites/ala. org. acrl/files/content/conferences/confsandpreconfs/2015/Burke. pdf.

[273] PARHAM K E, FERRI A M, FAN S, et al. Critical making with a raspberry pi—towards a onceptualization of librarians as makers [EB/OL]. [2016 - 05 - 06]. http://www. asis. org/asist2014/proceedings/submissions/posters/261poster. pdf.

[274] ANDREW D. Pre-incubation and the New Zealand business incubation industry retrieved[EB/OL]. [2015 - 03 - 13]. http:/ /www. incubators.

org. nz/content/news/news4.

［275］ National Academy of Engineering. Educating the engineer of 2020：adapting engineering education to the new century ［M］. Washington DC：National Academies Press, 2005.

［276］ SHARTRAND, ANGELA, WEILERSTEIN P, et al. Technology entrepreneurship programs in U. S. engineering schools：course and program characteristics at the undergraduate level ［J］. American society for engineering education, 2010.

［277］ PARDO A, CARLOS. Is business creation the mean or the end of entrepreneurship education：a multiple case study exploring teaching goals in entrepreneurship education ［J］. Journal of technology management & innovation, 2013, 8 （1）.

［278］ WADHWA, VIVEK, FREEMAN R, et al. Education and tech entrepreneurship ［J］. Innovations, 2010, 5 （2）.

［279］ GAWER A, CUSUMANO M A. Industry platform and ecosystem innovation ［J］. Journal of product innovation management, 2014, 31 （3）.

［280］ FURUBOTN E G, RICHTER R. Institutions and economic theory：the contribution of the new institutional economics ［J］. Revista de economia institucional, 2010, 2 （2）.

［281］ ARTHUR W B. On learning and adaptation in the economy ［R］. Kingston：Queen's University, 1992.

［282］ TAYLORP J. Regionality in the world city network ［J］. International social science journal, 2004, 56 （181）.

［283］ DESMET K, HENDERSON J V. The geography of development within countries ［M］// Handbook of regional and urban economics, Volume 5B. Amsterdam：Elsevier B. V. , 2015.

［284］ VILMA L A, SAARA H. Intangibles and innovation：the role of communication in the innovation ecosystem ［J］. Innovation journalism, 2010, 7 （2）.

［285］ COOKE P, HEIDENREICH M, BRACZYK H J. Regional innovation systems：the role of governance in a governance in a globalized world ［M］. London：Routledge, 2004.

［286］ HANSEN M T, BIRKINSHAW J. The innovation value chain ［J］. Harvard business review, 2007 （6）.

［287］SCHOENHERF, GRIF D A, CHANDRA A. Knowledge management in supply chains: the role of explicit and tacit knowledge ［J］. Journal of business logistics, 2014, 35 (2).

［288］KELLER W. Geographic localization of international technology diffusion ［J］. American economic review, 2002 (92).